독재자의 노래

이 도서의 국립중앙도서관 출판시도서목록(CIP)은 e-CIP홈페이지(http://www.nl.go.kr/ecip)와 국가자료공동목록시스템(http://www.nl.go.kr/kolisnet)에서 이용하실 수 있습니다. (CIP제어번호: 2012002941)

독재자의 노래
그들은 어떻게 대중의 눈과 귀를 막았는가

민은기 엮음 | (사)음악사연구회 기획

| 들어가며 |
독재자, 음악으로 독재를 완성하다

최근 세계적으로 유명했던 많은 독재자들이 역사의 무대에서 물러났다. 예멘의 살레 대통령이 33년간의 장기 독재를 끝으로 권좌에서 물러났고, 30년간 이집트를 통치했던 무바라크 대통령이 시민혁명으로 인해 검찰에 구속되었다. 42년간 리비아에서 무소불위의 권력을 휘두르던 독재자 카다피 역시 혁명군에 의해 사살되는 비극적인 최후를 맞았다. 아랍권 전체에 불어닥친 재스민 혁명의 불길은 이제 40년 동안 독재 체제를 유지해온 알아사드 시리아 대통령을 정조준하고 있다. 북한 김정일의 죽음은 2011년 독재자들의 몰락의 화룡점정이다. 전 세계에서 가장 철저한 독재 체제를 이끌었던 그도 결국 죽음만은 피할 수 없었나 보다.

독재란 정치권력이 한 개인에게 집중된 정치체제를 말한다. 역사적으로 볼 때 독재는 내란이나 전쟁, 극심한 경제 불안 등의 위기 상황을 배경으로 나타난다. 위기 상황을 극복해줄 것이라는 기대가 독재를 탄생시키지만 대부분의 경우 독재는 위기를 해결하지 못한다. 오히려 독재는 본질적으로 그러한 위기를 필요로 하기 때문에 위기를 지속시키거나 오히려 악화시키는 경우가 다반사이다. 이와 같은 메커니즘을 통해 독재는 더욱 공고화되고 장기화된다. 독일의 히틀러, 이탈리아의 무솔리니, 일본의 천황, 소련의 스탈린과 흐루쇼프, 북한의 김일성, 대한민국의 박정희, 쿠바의 카스트로, 이라크의 후세인 등 모든 독재자들에게서 발견되는 공통점이다.

독재는 권력이 한 사람에게 집중되기 때문에 독재자의 만행이나 광기를 합법적으로 멈출 방법이 존재하지 않는다. 독재 체제가 일단 완성되면 독재자에 대한 견제 기능이 전혀 존재하지 않기 때문에 브레이크가 파열된 열차와 같이 더 심한 독재와 폭정을 향해 질주하게 된다. 독재자들은 자신의 권력을 유지하고 강화시키기 위해 수단과 방법을 가리지 않는다. 모든 독재자들은 자신에게 반대하는 사람들을 가차 없이 감옥에 가두거나 처형한다. 유대인 수백만 명을 가스실에서 처형한 히틀러의 아우슈비츠 수용소는 통제되지 않은 광기의 절정을 보여준다.

그러나 통제와 폭력만으로 독재가 유지되고 강화될 수는 없다. 모든 독재자들은 대중을 통제하고 탄압하지만 역설적으로 대중의 지지와 협력을 필요로 한다. 이를 위해 독재자는 집단 정체성을 만들어낼 수 있는 가치와 사상을 제시한다. 히틀러에게는 아리안족의 인종우월주의, 일본의 군국주의에는 대동아공영권, 그리고 박정희에게는 반공과 경제발전이 필요한 것이다. 그리고 이러한 집단적 가치를 대중이 수용하고 체화하도록 여론조작과 선전선동 등 치밀한 정치 공학이 동원된다. 그 결과 독재자는 대중이 지지하는 집단적 가치를 대변하는 선구자이자 리더로 존경받게 되고 대중은 독재자가 요구하는 지시들을 자발적으로 충성스럽게 수행하게 된다. 이때 대중은 독재의 피해자이자 가해자이다.

독재가 자신의 체제를 유지하고 공고하게 만들기 위해 활용하는 또 다른 중요한 전략은 대중의 취향을 동일화하는 것이다. 음악이 독재자와 만나는 지점이 바로 여기다. 음악을 통해 독재자는 대중의 생각과 행동을 획일화하는 한편 집단적 정체성에 강한 에너지와 열정을 부여한다. 독재 체제에서 음악을 활용하는 집단적 의식은 종교적인 의미를 가진다. 집단적 의식을 통해 독재 체제가 지향하는 명분이 집단 정체성으로 승화되며 반대 세력에 대해서는 가차 없는 응징과 복수가 이루어진다. 독재 체제에서의 대중 행사가 소름 끼치는 광기를 보이는 이유이기도 하다.

 독재자가 음악에 많은 관심을 기울이고 이를 활용하려고 하는 이유는 음악의 속성 때문이다. 음악은 다른 어떤 예술보다 인간의 정신 세계와 직접 맞닿아 있다. 사회학자 에밀 뒤르켐(Emile Durkheim)이 지적했던 것과 같이 음악은 사회 속에서 인간의 언어와 행위를 통합시키고 사회적, 종교적 계급을 강화하는 접착제 역할을 한다. 독재자들은 대중을 통제하고 세뇌하기 위한 정치공학적인 고려 속에서 음악을 이용한다. 그들은 음악가들에게 독재 체제가 지향하는 이데올로기를 대변하는 작품들을 만들도록 요구하며, 이렇게 만들어진 작품들을 통해 대중의 가치와 의식을 조종한다. 통제와 탄압만으로 유지되는 독재가 미숙한 독재 체제라면, 음악을 결합시켜서 음악으로 강화되는 독재는 원숙한 독재이다.

 그렇다면 독재자들은 자신의 독재 체제를 위해 어떻게 음악을 이용했는가? 독재자들 간에 발견되는 공통점이나 차이점은 무엇인가? 음악적으로 볼 때 독재적 이데올로기를 지지하거나 강화시키는 음악이 따로 존재하는 것인가? 음악 혹은 음악가들은 독재의 피해자인가 조력자인가? 이와 같은 문제들에 답하기 위한 노력의 결과가 바로 이 책이다.

　(사)음악사연구회 회원인 필자들은 독재자와 음악이라는 주제를 가지고 3년 전부터 연구를 해왔다. 독재자가 음악을 독재에 이용한다는 사실은 이미 오래전부터 알려져 있었지만 구체적으로 어떤 메커니즘을 통해 음악이 독재를 지지하고 강화하는 데 사용되는지, 그리고 독재적 음악이라는 것이 존재하는 것인지에 대한 본격적인 논의나 연구가 부족하다고 판단했기 때문이다. 우리는 근대사에서 중요한 위치를 차지하고 있는 독재자들 가운데 음악에 특별한 관심을 가졌던 8명의 독재자들을 선별해 이들과 음악의 관계에 대해 집중적으로 토론하고 연구했다. 그리고 그러한 연구 결과는 지난해에 이미 《독재자들과 음악》이라는 제목의 논문집으로 출간된 바 있다.

　예상치 못했던 높은 관심에 힘을 얻은 필자들은 연구내용을 일반 독자들에게도 소개하는 것이 좋겠다는 생각을 품게 되었다. 그러나 호사다마라고 했던가? 우리들의 이러한 소박한 꿈은 곧 심각한 벽에 부딪히게 되었다. 같이 출판을 준비해왔던 출판사가 인쇄 직전에 출판을 하기 어렵다는 결정을 내렸기 때문이다. 우리의 의도와는 전혀 관계없이 박정희 대통령이 책에 포함되어 있다는 이유만으로 정치적인 풍랑에 휘말리게 된 것이다. 새로운 출판사를 찾아서 여기저기 기웃거리면서 서럽고 억울했다. 여러 가지 어려움에도 불구하고 출판을 허락해준 도서출판 한울이 그래서 더욱 고맙다. 특별히 도서출판 한울의 이원기 실장님께 진심으로 감사를 드린다.

    책의 출판을 눈앞에 둔 지금 우여곡절을 겪은 것만큼 감회가 크다. 다른 누구보다도 먼저 출판의 기쁨을 김주현과 나누고 싶다. 기획부터 교정까지 그가 보여준 편집자로서의 열정과 식견은 저자에게는 고통이었으나 독자들에게는 커다란 축복이다. 그에게 고마움을 전한다. 출판을 준비하면서 그와 사제의 연을 이어갈 수 있어서 내내 행복했다. 끝으로 까다로운 저자들을 만나 많이 시달린 박경순 디자이너에게도 미안하고 고마운 마음을 전한다.

    음악이 가진 치명적인 매력은 양날의 검이다. 독재자들에게 순수한 예술혼을 빼앗기고 굴종했던 비극적인 음악가들, 혹은 독재에 맞서 희생을 감수하고 저항했던 음악가들 모두에게 이 책을 바친다.

(사)음악사연구회 회장
서울대학교 음악대학 교수
민 은 기

차례

들어가며 독재자: 음악으로 독재를 완성하다   4

- 나폴레옹, 전쟁 영웅에 의한 음악적 독재   민은기   11
- 스탈린, 철권 시대의 음악   양인용   47
- 무솔리니, 이탈리아 파시즘과 음악   박윤경   81
- 히틀러, 독재의 최면에 걸린 음악   정주은   119
- 마오쩌둥, 붉은 혁명의 음악   이서현   173
- 김일성, 붉은 독재의 노래   이재용   205
- 박정희, 국가 근대화 프로젝트와 음악   송화숙   237
- 카스트로, 혁명에 갇힌 음악   이진경   277

주(註)   305

참고문헌   316

나폴레옹,
전쟁 영웅에 의한
음악적 독재

민은기

나폴레옹 보나파르트 (Napoléon Bonaparte, 1769~1821)

1769.08.15. 코르시카 섬 아작시오에서 출생
1785.11.30. 16세의 나이로 파리 육군사관학교 졸업
1795.10.05. 왕당파의 봉기를 성공적으로 진압하여 사단장으로 승진
1796.03. 이탈리아 원정군 사령관으로 활약하며 전쟁 영웅으로 부상
1799.11.09. 브뤼메르 쿠데타에 성공하여 제1통령에 임명
1800.06.14. 마렝고 전투에서 오스트리아군에 압승
1802.08.02. 종신 통령에 취임
1804.03.21. 「프랑스 민법전」 공포
1804.12.02. 프랑스 제국의 초대 황제로 즉위
1805.10.21. 트라팔가르 해전에서 영국 해군에게 완패
1810.01.10. 조제핀과 이혼하고 오스트리아 황제의 딸과 결혼
1814.04.16. 동맹군과의 전투에서 패전한 후 지중해의 엘바 섬으로 추방됨
1815.03.20. 엘바 섬을 탈출하여 복위함으로써 백일천하를 이룸
1815.06.18. 워털루 전투에서 패배하여 영국령인 세인트헬레나 섬으로 유배
1821.05.05. 유배지에서 위암으로 사망(51세)

독재자 나폴레옹

조지 오웰의 『동물 농장』에 나오는 돼지는 사악한 독재자이다. 그런데 그의 이름이 바로 나폴레옹이다. 나폴레옹에게는 영웅의 이미지가 너무 강해 독재자로 불리는 것이 어색해 보인다. 나폴레옹은 당대에 기적 같은 승리를 거두며 유럽을 제패했던 위대한 영웅이었다. 훌륭한 전술과 탁월한 용기를 바탕으로 대단한 무훈을 세워 당시 프랑스에서 나폴레옹의 인기는 대단했다. 물론 지금까지도 프랑스를 비롯해 전 세계 많은 사람들에게 존경을 받는 말 그대로 영웅이다. 특히 "내 사전에 불가능이란 단어는 없다"라는 그의 명언은 아직도 전 세계 수많은 젊은이들에게 용기와 열정을 불어넣고 있다.

하지만 그는 전형적인 독재자였다. 흥미로운 점이 있다면 당시 프랑스 국민들은 그를 독재자가 아닌 국가를 무정부라는 수렁에서 구하고 혼돈 상태를 해결함으로써 프랑스 대혁명을 완성시킨 영웅으로 믿었다는 것이다. 나폴레옹 역시 이 점을 강조했다. 그러나 엄밀히 말해 그는 혁명의 아들이 아니었고, 프랑스 역사를 새롭게 창조한 개척자는 더욱 아니었다. 그는 차라리 구시대의 산물인 절대 권력을 추구하는 구체제(ancien régime)의 아들이었다. 게다가 그는 매우 독단적이었다. 그는 국민주권이니 의회 토론이니 하는 것을 믿지 않았다. 지도자의 확고한 의지와 그것을 뒷받침하는 힘만 있으면 무엇이든 이룰 수 있다고 믿는 그는 타고난 독재자였던 것이다.

나폴레옹이 정권을 잡은 것도 여느 독재자들처럼 쿠데타를 통해서였다. 그는 혁명력 8년 브뤼메르 18일(1799년 11월 9일)에 쿠데타를 일으켰다. 이집트 원정 도중 귀국하여 군대를 소집하고 파리에 입성해서 지금의 하원 격인 오백인회를 해산시키고 헌법을 폐기했다. 그리고 3명의 통령을 두는 새 헌법을 만들어 국민 투표에 부쳐 압도적인 지지를 얻어냈던 것이다. 이 당시 내부적으로는 대혁명 이후 동요와 불안이 계속되고, 밖으로는 주변국들의 군사적 위협이 끊이지 않던 상황이었기 때문에 프랑스 국민들에게 젊은 나폴레옹 장군은 구세주였다. 국민들은 나폴레옹에게 열광적인 지지와 환호를 보냈다. 나폴레옹은 이러한 개인적인 인기를 이용하여 프랑스 원로원으로부터 10년 임기의 제1통령으로 임명되었다. 통령 정부는 3명의 통령으로 이루어졌으나 제2통령과 제3통령은 명예직에 불과했고 제1통령에게 내정과 외교, 군사 등의 막강한 권한이 있었다. 이때 그의 나이는 겨우 30세에 불과했다.

쿠데타를 일으킨 후 나폴레옹은 4년에 걸쳐 자신의 독재 체제를 완성시켰다. 나폴레옹은 정권을 잡자마자 나라 안팎으로 통치력을 발휘했다. 우선 1800년 2월 나폴레옹은 부관들의 만류에도 불구하고, 대규모 군사를 이끌고 험준한 알프스를 직접 넘어가 오스트리아를 굴복시켰다. 이것이 그 유명한 "내 사전에 불가능이란 단어는 없다"라는 말을 남긴 마렝고 전투이다. 나폴레옹은 내정 면에서도 일대 개혁을 추진했다. 재정 개혁을 단행하여 세금 제도를 정비하고 산업을 부흥시켰으며, 1800년 프랑스 은행을 설립하여 경제 안정을 꾀했다. 행정제도도 대대적으로 개혁했다. 1802년 유명한 레지옹 도뇌르 훈장을 창설하여 신분이나 지위가 아니라 실력을 통해 국가에 공헌한 사람들을 격려했다. 또한 공공교육법을 제정하여 교육개혁을 감행했으며, 전반적인 국내법을 정비하여 1804년 3월 21일 최초의 민법전인 「프랑스 민법전」, 이른바 '나폴레옹 법전'을 공포했다. 나폴레옹 법전은 프랑스 혁명이 거둔 최대의 수

▲ 나폴레옹 초상화 치열한 전투에서 용맹을 떨치고 있는 젊은 장교 나폴레옹의 모습을 담았다.

확물로 개인의 자유, 노동의 자유, 양심의 자유, 법 앞에서의 평등 등을 뚜렷이 규정하는 근대적 가치관을 도입한 획기적인 헌법이었다. 그 밖에도 교육기관을 세우고 교통망도 근대적으로 정비했다. 그러나 나폴레옹이 가장 관심을 기울인 것은 역시 군대였다. 그는 강제 징집과 대리 징병을 통해 군대를 확장하는 한편, 징집병과 기존 군인을 함께 편성함으로써 신분에 관계없이 최고 계급까지 승진할 자격을 주는 군대 제도를 만들었다.

이와 같은 대대적인 개혁 작업은 아무런 충돌 없이 이루어졌다. 오히려 국민들은 더 열광적인 지지를 보냈다. 보수적인 원로원도 '국가 공헌에 대한 보상'이라는 명목으로 그에게 임기 10년을 연장해주면서 나폴레옹이 무한한 권력을 상실하지 않도록 도왔다. 하지만 여기에 만족하지 않고 나폴레옹은 '보나파르트를 종신 통령으로 할 것인가'의 문제를 국민투표

에 부쳐 357만 7,259명의 투표자 가운데 350만 8,885명의 찬성표를 얻어냈다. 통령은 왕이나 황제와는 이름도 다르고 의미도 다르지만, 어쨌든 그는 죽을 때까지 프랑스를 지배하는 명실상부한 군주가 될 것이다. 1802년 8월 2일 나폴레옹이 종신 통령이 되던 날 국민들은 "보나파르트 만세"를 외치며 그를 열렬히 환호했다.

나폴레옹의 강력한 내정 개혁의 성공으로 그의 인기가 나날이 높아지자 측근 인사들은 그에게 황제가 될 것을 권유했다. 나폴레옹 보나파르트를 황제로 등극시키는 결정적인 계기가 된 사건은 왕당파의 암살 음모였다. 나폴레옹의 핵심 참모들은 종신 통령 제도를 세습 제정으로 바꾼다면 암살을 통해 체제를 전복하려는 음모가 사라질 것이라고 주장했다. 이에 나폴레옹은 그것을 다시 한 번 국민투표로 결정하도록 했다. 1804년 7월의 국민투표에서 찬성표 357만 2,329와 반대표 2,569로 대다수의 국민들이 제정을 수락했다. 그리하여 나폴레옹은 1804년 12월 2일 마침내 즉위식을 거행하여 프랑스 제국의 초대 황제인 나폴레옹 1세가 된다.

나폴레옹이 제1통령에서 황제로 즉위하는 동안 프랑스에서 민주주의는 서서히 퇴보하고 있었지만 국민들은 그것을 인식하지 못했다. 어쨌든 황제의 왕관을 원했던 것은 나폴레옹 자신이지만, 이를 국민에게 강요한 적이 없기 때문에 표면적으로는 공화국의 안전이 정착되기를 원하는 국민들이 그에게 왕관을 받도록 요구하는 형국이 된 것이었다. 또한 그는 다양한 융화 정책으로 반대파를 끌어안았고 혹독한 전쟁터에서 터득한 탁월한 리더십으로 국민들의 마음을 얻었다. 프랑스 대혁명 이후 지속되어온 종교적 대립을 종교계와의 협약을 통해 완화하고, 왕당파나 자코뱅파 등의 파벌을 가리지 않고 인재를 등용함으로써 정치적 융화를 이끌어냈다. 나폴레옹의 강철 같은 의지와 성공을 향한 열정은 여러 사람들의 재능을 일깨우고 자극하였음이 분명하다. 하지만 그렇다고 해서 그를 도왔던 동료, 장관, 심의회 위원 들의 열정을 다 설명할 수는 없다. 그들이 최선을 다해 최대한의 능력을 발휘해서 일할 수 있었던 것은 나폴레옹의 개혁이 그들의 소망과 일치하는 것이며 국가가 필요로 하는 것이었기 때문이다. 나폴레옹은 독재를 하면서도 그것이 국민의 부름에 부응하는 것이라고 믿도록 만드는 능력이 있었다.

그것은 나폴레옹이 천재적인 예지와 뛰어난 통치력을 갖춘 정치가였다는 뜻이기도 하지만, 더 정확하게는 그가 정치적 프로파간다에 능숙했던 덕분이었다. 현대의 정권들이 프로파간다를 위해 정보부서나 선전부서를 따로 두고 있는 것과 달리, 나폴레옹은 자기 정부의 선전 업무를 직접 관할했다. 그는 철저하게 언론을 통제했다. 자신이 원하는 대로 기사를 쓰게 했고, 때에 따라서는 자신이 직접 쓴 기사를 신문사에 주는 경우도 많았다. 물론 통제에는 억압이 따랐다. 1806년에 이르면, 모든 출판물은 출간되기 전에 반드시 치안장관에게 사본을 제출하도록 공식적으로 규제되었다.

▲ **장 오귀스트 도미니크 앵그르가 그린 나폴레옹 초상화** 나폴레옹의 모습을 보색 대비로 부각시키고 있으며, 예전의 군사적 이미지를 버리고 정치인으로서의 이성적인 면모를 강조하였다.

나폴레옹은 프로파간다를 전쟁 무기로 사용한 최초의 지배자이다. 유럽 언론에 정교하게 조작된 거짓 정보들을 내놓음으로써 적군이 프랑스군의 실제 전력과 전략을 눈치채지 못하게 하고, 그 사이에 나폴레옹은 아군의 전투 진용을 확실히 가다듬을 수 있었다. 예를 들어, 1805년 프랑스가 영국 침공을 생각하고 있을 때 나폴레옹은 네덜란드 언론을 통해 프랑스군이 근동 지역 원정을 계획하고 있다는 기사가 나가도록 지시했다. 나폴레옹이 황제가 된 이후에는 유럽의 모든 언론을 그가 통제했다. 주로 자신의 통치를 정당화하고 프랑스의 위업을 칭송하기 위한 프로파간다였다.

처음에는 정치적 선전에서 시작했지만 시간이 지남에 따라 나폴레옹은 여기에서 더 나아가 자신에 대한 호의적인 이미지를 확립하고 자신을 미화하고자 했다. 다시 말해 이제 그가 바라는 것은 단순한 정당화가 아니라 개인 숭배였다. 그러나 이것은 언론 통제만으로는 불가능했다. 그것은 사람들의 마음을 움직여야 하는 문제였다. 그래서 이용된 것이 예술이다. 그는 예술을 통해 사람들이 자연스럽게 과거 전설적인 전쟁 영웅과 나폴레옹을 동일시하도록 했다. 이를 위해 문학, 연극, 미술, 음악 등 모든 예술을 정교하게 통제했을 뿐 아니라, 동시에 자신이 원하는 대로 예술작품을 만드는 작가들을 전폭적으로 지원했다. 체제 비판적인 서적은 판금 조치되었고, 극장에서는 현대물 상연이 금지되고 나폴레옹과 동일시될 수 있는 영웅이 등장하는 신화나 역사를 소재로 한 고전들만 무대에 올려졌다. 또한 나폴레옹의 치적을 기념하는 거대한 건축물이 세워졌다. 파리의 개선문과 방돔 광장의 기념탑 등이 그 대표적 예이다.

보다 노골적으로 나폴레옹을 신격화하는 미술품들도 많았다. '나폴레옹' 하면 가장 먼저 떠오르는 이미지인, 자크 루이 다비드의 <알프스를 넘는 나폴레옹>을 한번 보자. 힘겹게 대포를 끌고 가는 병사들의 모습에서 험난한 알프스의 협곡을 지나고 있음을 알 수 있다. 이 힘겨운 상황에서 붉은 망토를 휘날리며 마치 튀어 오를 듯이 더 높은 곳을 향해 진군을 명령하는 나폴레옹은 어떠한 적도 물리칠 수 있는 불세출의 영웅의 모습이다. 말발굽 아래 있는 바위에, 나폴레옹에 앞서 알프스를 넘었던 전설적인 영웅들인 카르타고의 한니발 장군과 신성 로마 제국의 샤를마뉴 대제의 이름과 나란히 '보나파르트'라는 이름을 선명하게 새겨놓은 의도는 누구라도 눈치챌 수 있을 것이다. 이보다 더 노골적으로 월계관을 쓰고 로마 황제의 복장을 한 모습, 로마 신화에 등장하는 전쟁의 신 마르스의 형상을 한 나신으로 나폴레옹을 표현한 작가들도 수없이 많았다. 나폴레옹의 황제 대관식이나 그의 재혼, 그리고 후계자인 로마 왕의 탄생과 같은 행사가 있을 때 예술가들은 많은 작품을 제작함으로써 이를 국가적 행사로 만들고, 그것을

▲ 자크 루이 다비드의 〈알프스를 넘는 나폴레옹〉
나폴레옹이 화가에게 직접 '궂은 날씨에도 불구하고 침착하고 용맹하게 말을 타고' 알프스를 넘는 모습을 그릴 것을 주문했다. 하지만 실제로 나폴레옹이 알프스를 넘을 때는 현지인이 끄는 노새를 탔으며, 날씨는 맑았다고 한다.

통해 개인숭배를 유도하는 데 일조했다. 이렇게 나폴레옹의 의도대로 예술을 통해 나폴레옹 신화가 탄생하게 된 것이다.

그가 처음부터 의도했던 것 같지는 않지만, 이처럼 예술을 적극적으로 지원하는 과정에서 그는 자국 예술에 대한 긍지가 대단한 프랑스 국민들로부터 강력한 예술 후원자로 추앙 받는 부수적인 효과도 얻게 되었다. 현재의 프랑스인들도 나폴레옹이 없었다면 한 해 천만 명이 넘는 방문객이 찾는, 전 세계에서 가장 큰 규모의 루브르 박물관이 존재하지 않았을 것이라는 사실을 잘 알고 있다. 당연히 당대에 나폴레옹은 많은 예술가들에게 큰 호감을 샀다. 독일 최고 문호인 괴테도 그를 접견한 후 그의 해박한 지식과 교양에 감탄하여 이와 같이 극찬했다. "나폴레옹은 훔멜이 피아노를 다루듯 세상을 능숙하게 다룰 줄 안다. 그가 다른 위인들

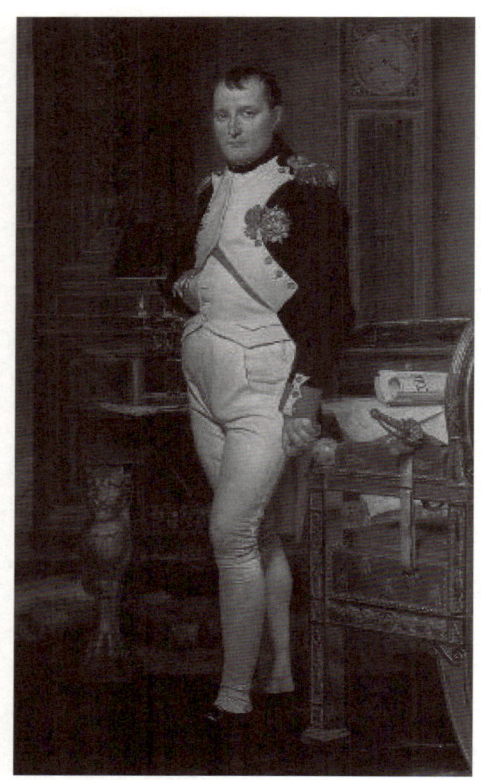

▲ **서재를 배경으로 한 나폴레옹의 초상화** 촛불이 켜 있고 시계가 4시 13분을 가리키며 책상 위에 유명한 「나폴레옹 법전」의 내용을 배치한 것은 나폴레옹이 국민을 위해 밤늦게까지 일하고 있음을 나타냈다. 중년의 나폴레옹을 위엄을 갖춘 지성적인 모습으로 부각시켰다. 화가는 오른손을 자주 조끼에 넣고 다녔던 나폴레옹의 평소 모습을 그대로 그렸는데, 이는 이후 나폴레옹을 상징하는 자세가 됐다.

과 다른 점이 있다면 항상 변함이 없이 훌륭하다는 것이다. 훔멜이 아다지오로 연주하든 알레그로로 연주하든 한결같이 훌륭하듯이, 진정한 재능을 지닌 그는 전쟁을 지휘할 때나 평화 시에나 똑같이 능숙하고 편안한 기술을 발휘한다."[1] 베토벤이 나폴레옹의 열성적인 추종자였다는 사실은 너무나 잘 알려진 사실이다. 즉, 예술을 통한 나폴레옹의 신격화는 강압적인 통제로 인한 경우보다는 예술가들의 자발적인 참여로 진행되었다고 말할 수 있다.

이러한 현상은 예술사적 흥미를 끌기에 충분했기 때문에 문학, 연극, 미술 등의 예술 분야에서 많은 연구가 이루어져 왔다. 그러나 유독 음악 분야에서는 나폴레옹의 독재와 음악의 정치적 역학에 대한 연구가 매우 빈약하다. 나폴레옹의 프로파간다에서 음악이 다른 예술에 비해 절대로 적은 비중을 차지했던 것이 아닌데도 그러하다. 나폴레옹은 개인적으로도 음악을 매우 좋아해서 음악적 지식이 해박했고, 평생 음악가들에게 우호적이었다. 그는 음악의 정치적 능력을 간파했고, 음악을 통해 사람들을 다스리는 방법을 이해하고 있었다. 나폴레옹은 음악에 자신의 가치관을 투영시켜서 그것을 자신의 정치적 목적에 맞게 적절히 사용했다. 나폴레옹 시대의 사람들은 그가 제공하는 음악에 열광했다. 그가 선택한 음악들이 일반 사람들의 삶 깊숙이 침투하도록 만들었으나 사람들은 그것을 불평하지 않았다. 한마디로 음악은 나폴레옹의 독재 정치의 도구였으며, 그 과정은 놀랍도록 정교하고 치밀했다고 할 수 있다. 이것이 바로 천재 나폴레옹의 정치적 기술이었을 것이다. 이것을 추적하여 그의 독재 정치에서의 음악의 역할을 이해하는 것은 매우 흥미로운 작업이 될 것이다. (1)나폴레옹의 제도적인 음악 정책, (2)나폴레옹과 음악가들의 관계, (3)나폴레옹을 위해 작곡된 음악 등 크게 세 가지 주제로 나누어 이를 살펴보고자 한다.

제도적 음악 개혁

나폴레옹이 음악을 정치적 도구로 이용한 것은 집권한 직후부터였다. 나폴레옹은 화려한 음악이 그의 통치를 위대하고 숭고한 것으로 만들어줄 것이라고 생각했다. 또한 프랑스의 음악이 훌륭하다면 외국인들에게 프랑스가 위대한 국가라는 이미지를 줄 것이라고 믿었다. 아무리 나폴레옹이 국민들의 열렬한 환영을 받으며 집권한다 한들, 그것은 엄연한 쿠데타였기 때문에 그의 통치에 대한 국민들의 반응에 신경을 쓰지 않을 수 없었다. 특히 전 유럽을 상대로 전쟁을 벌였던 만큼 나폴레옹에 대한 외국의 여론은 매우 부정적이었던 것이 사실이다. 이것이 그가 국가적 제도를 이용해 음악을 통제하기 시작한 동기라고 할 수 있다.

나폴레옹이 제일 먼저 관심을 가진 것은 오페라였다. 그는 오페라가 국민들에게 국가적 자긍심을 심어줄 수 있다고 생각했다. 과거 전제군주들이 주도하던 오페라는 여전히 특권 엘리트층이 즐기는 무대예술이라는 이미지를 갖고 있었다. 나폴레옹은 집권하자마자 '파리 오페라단'을 전폭적으로 재정비하기 시작했다. 입법기관은 개혁의 목적에 따라 순차적으로 칙령을 발표했다. 개혁 초기인 1800년에는 내무부 장관이 오페라 연주에 대한 허가권을 갖는 등 내무부가 개혁을 주관하도록 했다. 그러나 1802년 3월 8일에 극장에 대한 일반지침을 공표하여, 나폴레옹과 쿠데타를 공모했었던 그의 최측근 피에르 루이 뢰데레 국가 참사원 의원에게 오페라의 레퍼토리를 조정하는 일을 맡김으로써 이 작업을 보다 효과적으로 시행하게 했다. 그리고 나폴레옹은 제1통령의 직속 권한으로 매주 월요일마다 내무부를 거치지 않고 올라온 레퍼토리들을 직접 승인했다. 1802년 8월 종신 통령이 된 나폴레옹은 그해 11월 27일 지침을 통해 파리 오페라단의 경영을 자신의 행정부에게 맡김으로써 오페라단에 더 깊이 개입했다. 그리고 1803년 1월 10일부터는 파리 오페라단의 내부 행정 인력까지 나폴레옹이 직접 임명했다. 한마디로 개혁이 진행될수록 나폴레옹은 점점 더 파리 오페라단에 대해 직접적으로 관여했다고 할 수 있다. 또한 황제가 된 이후인 1804년에는 파리 오페라단의 이름을 '황실 음악 아카데미'로 바꾸었다. 그의 이러한 행보는 오페라에 '왕립 음악 아카데미'라는 이름을 붙여 자신의 절대 권력의 상징으로 삼았던 태양왕 루이 14세와 완전히 닮은 꼴이었다.

　파리 오페라단은 대혁명을 거치는 동안 재정 상태가 매우 악화되었다. 나폴레옹은 이를 만회하기 위해 파리 오페라단에 막대한 재정을 지원했다. 나폴레옹의 지배자로서의 권력이 점점 더 확고해질수록 오페라에 대한 재정 지원이 증가했다. 1800년에 30만 프랑에 못 미치던 정부 지원이 1803년에는 60만 프랑에 이르렀으며, 1810년부터는 66만 프랑과 81

만 프랑 사이에서 지원되었다. 이것은 관람료 수익의 절반이 넘는 금액이었다. 나폴레옹이 남긴 유명한 말 "Il faut jeter l'argent par les fenêtres pour qu'il rentre par les portes(돈이 문을 통해 들어오게 하려면 돈을 창밖으로 던져야 한다)"는 오페라에 대한 자신의 과도한 재정 지원에 대한 주변의 염려를 의식해서 한 말일 것이다. 나폴레옹이 1806년 4월 18일 참사원에서 했던 연설을 보면 오페라를 위한 재정적 지원에 관한 그의 계획을 알 수 있다. "정부가 오페라를 위해 지불해야 하는 돈은 한 해에 80만 프랑이나 됩니다. 하지만 국가의 자긍심을 높여주는 이 기관을 지원해야 합니다. 새로 세금을 걷지 않고도 우리는 이 기관을 도울 수 있습니다. 다른 극장들에게 들어가는 돈을 끌어다가 오페라를 보호해야 합니다."[2]

곧 나폴레옹은 세 개의 법령을 발표하며 자신의 의지를 실천에 옮겼다. 1806년 6월 8일 법령을 통해 극장 개관에 대한 허가와 특권 체계를 재설정했고, 1807년 4월 25일 법령에서는 각 극장에서 어떠한 장르의 작품을 상연해야 하는지 결정했다. '파리 오페라 극장'은 노래와 무용을 위한 작품을 전담했으며 '작품 전체가 음악으로 된 무대 작품', 즉 오페라를 초연할 수 있는 권리를 얻었다. 이것은 파리 오페라단이 혁명 정부에 의해 박탈당했던 프랑스어 오페라에 대한 독점권을 다시 얻게 된 것을 의미한다. 대신 다른 극장들은 훨씬 제한된 레퍼토리만 상연해야 했다. 오페라 코미크(Opéra-Comique)는 어쩔 수 없이 노래와 대사가 섞여 있는 작품만 상연해야 했고, 오페라 부파(Opéra-Buffa)는 이탈리아어로 된 작품만 상연할 수 있었다. 2부로 분류된 네 개의 소규모 극장들[3]에서는 아예 오페라를 상연할 수 없었고, 친숙한 노래로 된 쿠플레들을 엮어 만든 무대 작품을 상연했다. 이어 1807년 7월 29일에는 파리에 8개의 극장[4]만 허가하고 나머지는 모두 퇴출시키는 결정적인 법령을 공표했다. 결국 법령 제4조에 따라 얼마 후에 25개도 넘는 극장이 아무런 보상도 없이 문을 닫았다. 마

▲ **나폴레옹 황제와 황후 조제핀의 대관식** 전통적인 대관식에서는 교황이 왕에게 왕관을 씌워주지만, 나폴레옹은 교회로부터 독립된 왕권을 강조하기 위해 스스로 왕관을 썼고 황후 조제핀의 왕관도 직접 씌워주었다. 하지만 평민 출신으로서 자신의 왕위 계승에 대한 정당성을 확보하기 위해 교황을 대관식에 참석시켜 그의 축하를 받았다.

침내 1807년 극장 감독직이 생기고 1808년에는 극장 총감 사무소가 세워져 왕정시대와 같은 통제 기능을 맡았다. 1811년까지 음악회를 개최하기 원하는 모든 사람은 극장 감독관을 만나서 공연이 가능한 날짜를 받아야 했다.

오페라 극장에 대한 개혁은 외형적 제도뿐 아니라 오페라 극장에서 상연되는 작품의 구체적 내용에 대해서도 시행되었다. 1806년 6월 8일 법령에는 오페라의 주제가 "주인공들이 신이거나 왕이거나 영웅인 신화 또는 역사적 사건에서 끌어온 것"이어야 한다고 명시했다.[5] 수많은 전투에서 거둔 나폴레옹의 영웅적 승리에 크게 고무되어 있던 파리 청중들에게, **오페라 작품 속의 영웅과 나폴레옹을 연결**시키게 하는 것은 그리 어려운 일이 아니었다. 이러한 영웅적 주제의 작품이 오페라 극장에서 상연된다는 것은 어떤 의미에서 황제 자신이 무대에 오르는 효과가 있었고, 그로써 그는 살아 있는 전설이 될 수 있었다. 바로 이것이 나폴레옹이 원하던 것이었다.

　1806년 6월 8일 법령의 제4조에 명시된 바에 따라 파리에서 상연될 모든 무대 작품은 경찰 장관의 허가를 받았다. 하지만 이러한 식의 검열은 프랑스 국민들에게 전혀 새로운 것은 아니었다. 혁명 정부 시대에도 「르 샤플리에법」에 극장의 자유를 보장하고 있었으나 검열은 강제적으로 시행되어왔다. 프랑스 대혁명 때부터 무대라는 특권은 줄곧 정치적으로 이용되었던 것이다. 흥미로운 것은 프랑스 대혁명 시기든 통령 정부 시기든 나폴레옹 제정기든 무대에 상연된 작품들의 작가가 거의 동일했다는 사실이다. 앙리 몽탕 베르통, 에티엔느 니콜라 메율, 로돌프 크로이처 등의 오페라 작곡가들은 그것이 어떤 것이든 권력자가 원하는 대로 작품을 써줄 준비가 되어 있었다. 나폴레옹 시대의 검열은 극장 작품에만 한정된 것이 아니었다. 신문이나 책에 대한 검열은 더욱 철저했다. 오페라와 마찬가지로, 문학을 검열하면서도 적극적으로 문학을 장려했기 때문에 그에 대해 특별한 반발은 없었다. 오늘날의 관점으로 보면 권력 남용과 압제로

▲ 앙투안 장 그로의 〈자파에서 페스트 환자들을 방문하는 보나파르트〉　나폴레옹의 인간적인 리더십을 부각하기 위해, 전염되는 것을 두려워하지 않고 페스트에 걸린 부하들을 방문하는 모습을 그렸다.

보이는 이 조처들이 당시의 정치적 상황에서는 정당화될 수 있었던 것 같다. 많은 사람들이 이러한 검열이 파리의 무대가 공화주의자들이나 왕정파에 의해 다시 점령당하지 않도록 하기 위해 불가피하다고 생각했다. "내가 한 일은 모두 그렇게 할 수밖에 없었기 때문이다. 나밖에 없었다. 혁명의 정신을 이어가면서도 자리를 지킬 수 있는 사람이……:"[6] 나폴레옹은 과거 무정부주의를 종결지으려면 단호한 결단과 새로운 관리가 필요하다고 주장했다.

파리의 극장들이 대국민적 선동의 성격이 강했다면, 나폴레옹이 새로 세운 궁정극장들은 그의 절대 권력을 선전하는 데 효과적으로 사용되었다. 연극과 음악을 좋아했던 나폴레옹은 제1통령이 된 이후로 얼마 지나지 않아 궁정극장들을 건립했다. 1802년 개관한 말메종의 궁정극장은 가정 극장 규모의 극장이었다. 이어서 1803년 생클루에 오락용 극장이, 1808년 튈르리 궁에 전시용 극장이 세워졌다. 나폴레옹과 조제핀이 신혼을 보냈던 말메종 저택에 세워진 말메종 궁정극장은 200석 규모의 작은 극장과 연주회를 위한 음악 살롱을 갖추고 있었으며, 여기서 열리는 공연은 나폴레옹의 친척이나 측근들만을 위한 것이었다. 1802년 5월 12일 개관 기념 공연에서는 조반니 파이시엘로의 <마님이 된 하녀>가 공연되었다. 1802년 8월 종신 통령이 된 나폴레옹은 그해 9월 2일부터 생클루에 거주했는데, 이곳의 궁정극장에서 열린 저녁 공연은 훨씬 더 공식적이었다. 공연이 시작하기 직전 나폴레옹과 조제핀은 큰 주목을 받으며 입장해 청중에게 인사를 했고 모든 청중들은 자리에서 일어나 환호했다. 1804년 황제에 즉위한 나폴레옹은 1806년부터 튈르리 궁의 500명은 족히 수용할 수 있는 마레쇼 극장에서 수많은 음악회를 베풀었다. 퐁텐블로 궁에서는 특별히 1812년 오스트리아의 마리 루이즈 황후와의 두 번째 결혼식 이후에 많은 화려한 저녁 행사들이 개최되었다. 1811년까지 연간 궁정극장 예산은 45만 8,400프랑에 달했다.

　나폴레옹은 철저한 정치적 계산에 따라 음악 관련 정책들을 시행했는데, 그것은 어쨌든 외형적으로는 완전히 구체제로 회귀하는 것처럼 보였다. 그는 과거 왕들이 가지고 있었던 것과 같은 궁전 채플을 튈르리 궁전에 재설치하였다. 1802년 4월 나폴레옹이 자신의 부관이었던 뒤록 프리올 공작에게 보낸 편지에는 "집무실의 욕실이 있던 자리에 필요한 모든 것을 마련해서 작은 채플을 설치하라"고 요구하는 내용이 적혀 있다.[7] 통령 채플은 나폴레옹이 총애하던 작곡가인 파이시엘로가 파리에 도착한 1802년 7월 20일 이후 열렸다. 나폴레옹의 채플은 원래 (카스트라토를 포함하여) 8명의 가수들과 27명의 악기 연주자로 구성되었는데, 이들을 위한 1년 예산이 9만 프랑이었다. 1812년에는 음악가 수가 50명으로 늘어났고, 연간 예산도 15만 3,000프랑으로 증가했다. 1806년 2월 새로운 건물이 개장되어 이전하였으며, 장프랑수아 르쥐외르가 파이시엘로의 후임을 맡았다.

　나폴레옹은 음악교육기관에 대해서도 개혁을 단행했다. 그가 특별히 관심을 보인 기관은 '파리 음악원'이었다. 1801년부터 1802년 사이에 파리 음악원은 내부적인 불화가 심했으며 재정 상황도 좋지 않았다. 파리 음악원은 이미 1790년대 말에 정부로부터 경제적인 원조를 요청했었다. 상황이 점점 더 악화되면서 파리 음악원은 38명의 교직원을 감면하기에 이르렀다. 하지만 나폴레옹의 지원으로 통령 정부와 제1제정 시대에 파리 음악원의 사정은 조금씩 개선되었다. 1806년에는 학생들을 위한 기숙사가 지어졌고 1811년에는 음악회당이 건립되었다. 1803년부터는 그 유명한 '로마상'이 신설되어 이 상을 수상한 학생들은 메디치 빌라로 유학을 가는 행운을 얻었다. 나폴레옹은 그 밖의 파리 음악원의 기본적 구조는 그대로 두었다. 나폴레옹은 파리의 음악기관만 지원한 것이 아니라 이탈리아의 볼로냐, 베르가모, 밀라노에도 음악 아카데미를 세웠다.

이렇듯 나폴레옹의 음악 정책은 주로 오페라 극장, 궁정극장, 궁정 채플, 파리 음악원과 같은 음악기관들에 관한 것이었으나, 저작권이나 연금 등에 관한 칙령을 내려 음악가들을 보호하는 정책도 추진했다. 이러한 정책들은 나폴레옹 자신의 음악에 대한 개인적인 취향이나 애착을 반영한 경우가 많았다.

나폴레옹의 음악가

나폴레옹의 음악 취향은 매우 분명했다. 그는 확실히 성악음악을 선호했으며, 무엇보다 특히 이탈리아 오페라를 좋아했다. 프랑스인으로서는 좀 특이한 그의 음악적 취향은 그가 코르시카 출신이라는 점과 무관하지 않을 것이다. 나폴레옹은 **항상 조용하고 슬픈 음악을 즐겨 들었던 것**으로 알려져 있다. 그가 음악을 즐겨 듣는 것은 주로 긴장을 풀고 마음을 편안히 하기 위한 목적이었다. 나폴레옹은 음악회에 도착할 때는 정치현안들로 인해 근심이 가득하고 잔뜩 경직된 얼굴이었지만, 음악을 들으면서 아주 편안해져서 깊은 휴식에 빠졌다가 음악회가 끝나고 나면 주위 사람들에게 반갑게 인사할 정도로 기분이 좋아지는 모습을 당시 사람들은 쉽게 관찰할 수 있었다고 한다.

나폴레옹이 가장 총애한 작곡가는 의심할 여지 없이 파이시엘로였다. 나폴레옹이 파이시엘로를 처음 만난 것은 1797년 10월이었다. 당시 1차 이탈리아 원정 중이었던 나폴레옹은 이탈리아의 명망 있는 두 작곡가 파이시엘로와 루이지 케루비니에게 모젤 주둔군 총사령관이었던 오슈 장군의 죽음을 애도하는 음악을 작곡하는 경합을 벌이게 했는데, 거기서 파이시엘로가 우승을 차지했다. 나폴레옹이 그 파이시엘로 곡의 악보를 직접 파리 음악원에 기증한 것을 보면 그의 작품이 대단히 마음에 들었던 것 같다. 1802년 7월 20일 나폴레옹은 이 연로한 작곡가를 불러들여 새로 개장한 자신의 통령 채플을 맡기는 등 융숭하게 대접했다. 파이시엘로는 그 보답으로 여러 곡의 미사(missa)와 모테트(motet), 대관식 음악을 헌정했다. 그는 1803년 오페라 <프로세르피네>도 헌정했었는데, 이 오페라가 파리에서 흥행에 실패하자 프랑스인들의 취향에 대해 불만을 표했을 뿐 아니라 프랑스 음악가들의 음모 때문에 실패했다고까지 생각했다. 파이시엘로는 1804년 7월에 나폴리로 돌아갔지만[8] 나폴레옹은 그에게 여전히 파리 음악원 교수직을 부여했고 레지옹 도뇌르 훈장도 수여하였다. 나폴리에서 파이시엘로는 1806년에 그곳 왕이 된 나폴레옹의 맏형 조제프 보나파르트를 위한 실내악과 교회음악 책임자가 되었다.

파이시엘로가 떠난 후 여러 음악가들이 그가 맡았던 일들을 대신했다. 나폴레옹의 궁정 채플은 르쥐외르가 파이시엘로의 후임이 되었다. 나폴레옹이 그를 파이시엘로만큼 총애한 것 같지는 않지만, 나폴레옹이 1804년 7월 상연된 르쥐외르의 오페라를 좋아해서 그에게 6,000프랑을 하사했으며 금으로 된 담배갑을 선물했다는 기록이 남아 있다. 파이시엘로가 맡았던 궁정극장의 음악회를 위해 나폴레옹은 드레스덴의 작센 궁정에서 일하고 있던 이탈리아인 페르디난도 파에르를 데려와 개인적인 궁정음악가로 임명했다. 1807년 1월 1일 그는 제국의 공식적인 종신 작곡가이자 음악감독이 되는 계약을 맺었는데, 그것은 **그의 음악적 능력보다는 아부를 잘하고 나폴레옹을 잘 섬긴 덕분**인 것으로 알려져 있다. 그는 가수와 반주가로서 연주를 계속했지만 파리에 온 이후 중요한 작품은 거의 작곡하지 않았다. 그의 이탈리아어 오페라들, 예를 들어 <누마 왕>(1808), <클레오파트라>(1808), <디도>(1810) 등은 모두

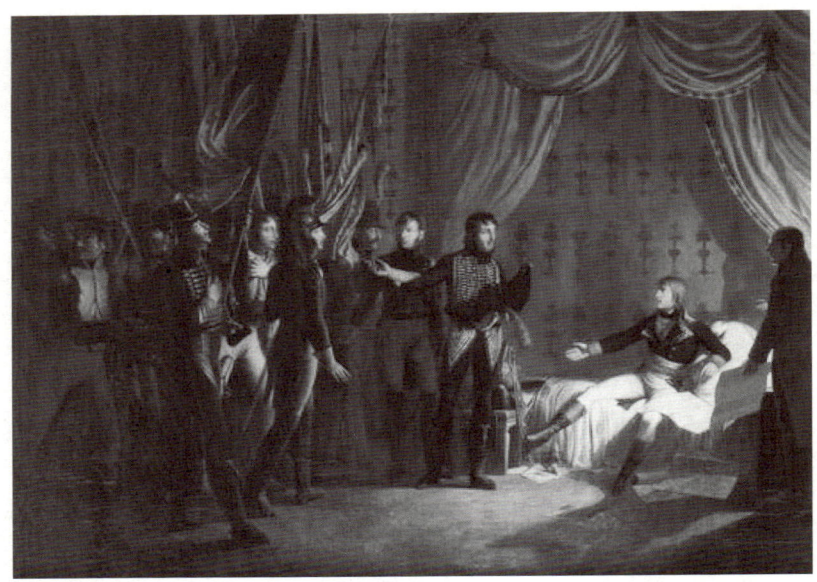

▲ **군기를 이양받는 나폴레옹** 제1차 이탈리아 원정 초기에, 몬테노테 전투를 마치고 코사리아 성을 점령한 나폴레옹 황제 일행이 밀레시모에서 오스트리아-사르데냐 연합군의 군기를 받는 장면이다. 나폴레옹은 트리아농에 걸려 있는 이 작품을 보고 자신의 옆얼굴을 잘못 묘사하고, 눈을 지나치게 크게 뜨고 있고 무례해 보이는 포즈로 그렸다고, 크게 노하며 즉시 그림을 떼어내도록 명령했다고 한다.

궁정극장에서만 연주되었을 뿐 일반 청중에게는 공개되지 않았다. 나폴레옹은 1812년 그를 가스파로 스폰티니의 후임으로 파리 이탈리아 극장장에 임명했다.

스폰티니는 파이시엘로, 르쥐외르, 파에르 다음으로 나폴레옹의 총애를 받은 이탈리아 작곡가이다. 그는 황후 조제핀의 특별한 후원을 누렸는데(그는 그녀의 특별한 음악 감독이었다). 그의 <베스타의 무녀(La vestale)>가 1807년에 연주될 수 있었던 것은 오로지 황후가 고집한 덕분이라는 소문이 있었다. 나폴레옹도 이른바 '황제 스타일'의 전형이라고 할 수 있는 이 곡을 인정하고 보호한 것으로 전해진다. 그 이후 나폴레옹은 스페인 선거 전략의 일환으로 스폰티니에게 <페르난드 코르테즈>를 위촉하기도 했다. 케루비니 역시 작품을 공적으로 위촉받는 혜택을 누렸던 작곡가이다. 그의 <피말리온느>는 튈르리에서 초연(1809)되었으며 궁정 음악회에서는 그의 음악들이 꽤 자주 연주되었다. 그가 나폴레옹을 증오했다는 소문이 많았으나 그것은 왕정복고 직후에 있었던 일이고, 그 소문 자체도 의심의 여지가 있다.

나폴레옹은 자신이 이탈리아 작곡가를 선호한다고 여러 차례 공언했고 그들에게 궁정의 요직을 준 것이 사실이지만, 프랑스 작곡가들에 대해서도 상당히 호의적이었음을 말해주는 기록들이 많이 남아 있다. 1802년에 이탈리아 공화국 대통령이 된 나폴레옹은 1803년 1월 23일 칙령을 통해 로마의 프랑스 아카데미[9]를 재건하는 개혁을 실시하는데, 이 일의 책임을 프랑스 대혁명기의 대표적인 작곡가들이라 할 수 있는 메윌, 고세크, 그레트리에게 맡겼다. 이들 가운데 나폴레옹은 특히 에티엔 메윌을 총애했던 것으로 알려져 있다. 오페라 <이라토>(1801)의 인쇄본에 적힌 나폴레옹에 대한 메윌의 헌정사를 보면, 메윌과 나폴레옹의 관계를 알 수 있다.

> 폐하와 음악에 관해 나누었던 대화 덕분에 제가 오늘날까지 작곡했던 것보다 덜 어려운 장르로 몇 개의 작품을 작곡하고 싶다는 욕망을 갖게 되었습니다. 저는 <이라토> 이야기를 선택했고, 이 작품은 성공적이었습니다. 당신께 영광을 돌립니다.

나폴레옹은 메윌에게 많은 경제적 지원을 제공했으며, 파리에서 그의 오페라가 연주될 때 자주 참석했고, 자신의 궁정극장에서 오페라를 상연하게 했다. 나폴레옹은 주요 국가적 행사를 위한 작품을 그에게 위촉하였고, 메윌은 거의 모든 나폴레옹의 중요한 공적 또는 개인적인 행사에 맞춰 작품을 헌정했다. 메율은 아마 나폴레옹에게 가장 많은 음악을 헌정한 작곡가일 것이다. 대표적인 작품으로 「황제 폐하와 왕의 동상 개막을 축하하는 서정적 노래」, 「나폴레옹군의 귀환을 축하하는 노래」, 「황제의 결혼을 위한 노래」, 「페르세우스와 안드로메드」, 「칸타타」, 「승전가」, 「오시앙의 노래」,[10] 「로마 왕의 탄생을 축하하는 노래」 등을 꼽을 수 있다.

성악가들 중에도 나폴레옹의 총애를 받은 음악가가 여러 명 있었다. 이탈리아 출신 소프라노 카스트라토 크레센티니와 콘트랄토 그라시니, 소프라노 카탈라니, 프랑스 출신 테너 엘르뷔와 바리톤 레이가 그 대표적인 인물이다. 나폴레옹은 노래를 잘하는 성악가들을 직접 발탁하기도 하고, 금전적으로 그들의 재능을 보상하는 등 친밀한 관계를 유지했기 때문에 이들과 관련된 일화들이 많다.

나폴레옹이 크레센티니를 처음 본 것은 1805년 빈에서였는데, 그는 오스트리아 황족들에게 노래를 가르치고 있는 크레센티니를 보자마자 그의 목소리의 아름다움에 매료되어 바로 그를 궁정극장과 채플의 제1가수로 임명했다. 그러나 나폴레옹은 이탈리아를 정복한 이후 그때까지 이탈리아 음악계에 만연하던 거세 관습을 금지시키고, 만약 위반할 경우 사형에 처한다는 교시를 내렸던 인물이기 때문에 카스트라토를 총애한다는 사실은 사람들의 빈축을 살 수밖에 없었다. 게다가 남자들만 받았던 '철의 관(La couronne de Fer)'[11]을 그에게 수여한 것은 큰 스캔들이 되었다. 목소리뿐 아니라 상당히 출중한 미모를 갖추었던 그라시니는 나폴레옹이 가장 총애했던 여가수이다. 그녀 역시 나폴레옹에 대한 충성심이 대단했다. 하지만 나폴레옹이 엘바 섬으로 유배를 당했을 때 적은 예산으로 올린 그곳 무대에는 예정을 어기고 오지 않았다. 그뿐만 아니라 그 당시 런던에서 나폴레옹의 패배를 기념하는 축제에 참석해 노래를 했으며, 웰링턴 공작 아서 웰즐리를 유혹하여 그의 정부가 되었다.[12] 크레센티니의 제자인 카탈라니는 매우 아름다운 목소리를 가진 소프라노로, 한 저녁 연주회에서 나폴레옹의 주의를 끌게 되었다. 나폴레옹은 그녀가 런던 극장과 맺고 있던 큰 계약까지 취소하도록 명하면서 그녀를 발탁했다.

나폴레옹 집권기에 활동했던 기악 연주가들 중에서는 비르투오소들이 특히 환영을 받았다. 이들에 대한 대중의 열광은 같은 시기 이탈리아에서 파가니니가 받은 것에 결코 뒤지지 않았다. 당대 프랑스 바이올린 악파의 수장이라고 할 수 있는 비르투오소 바이올린 연주자 크로이처[13]는 황실 채플의 수석 바이올린 연주자였으며, 파리 오페라 극장에서도 바이올린 솔로를 맡았다. 피에르 바이요는 크로이처와 마찬가지로 황실 채플과 오페라 극장에서 활약했을 뿐 아니라 독주자로도 유럽 각지에서 명성을 얻었다. 로드는 5년간 러시아에서 활동한 후 1808년 파리에 돌아왔을 때 청중으로부터 큰 환영을 받지 못하자 이후에는 외국에서 활동하지만, 그 역시 나폴레옹 집권기에 제1통령 채플의 독주 바이올린 연주자로 출발했던 연주가이다. 나폴레옹 시대에 가장 활발한 활동을 했던 비르투오소 피아니스트로는 다니엘 스타이벨트, 피에르 짐머만, 루이 자뎅 등을 들 수 있다. 그 외의 악기 연주가들 중에서는 하프 연주자였던 마르탱 달비마르가 특별히 큰 명성을 얻었다. 그는 통령 시대부터 나폴레옹 개인 채플의 연주자였으며, 궁정에서 열리는 연주회에 자주 출연했을 뿐 아니라 황후인 조제핀과 그녀의 딸 오르탕스에게 음악을 가르쳤다. 뒤베르느와는 모든 관악기를 잘 다루었다고 하는데 그 가운데에서도 연주하기 가장 어려운 호른 연주 테크닉으로 명성이 높았던 연주가이다. 그의 연주를 들은 나폴레옹이 그 솜씨에 감탄하여 채플의 음악가로 임명하였다. 뒤베르느와는 나폴레옹 채플 외에도 오페라 극장에서 호른 독주자로 활동했고 수많은 궁정 음악회에서 연주했으며 파리 음악원의 교수가

▲ **나폴레옹 1세 예찬** 나폴레옹 황제의 조카인 나폴레옹 3세가 1853년 당시 73세였던 노장 앵그르에게 의뢰한 파리 시청의 황제홀 천장화. 황금 마차를 타고 있는 나폴레옹 1세는 마치 고대의 신이나 전사와 같이 건장한 누드로 묘사되었다. 왕좌의 팔걸이에 새겨진 "그는 조카를 통해 다시 살았다"라는 문구는 이 작품의 정치적 의도가 새로운 황제를 찬양하기 위한 것임을 말해준다.

되었다.

    대부분의 나폴레옹 가족들은 나폴레옹에게 신임을 받지 못했기 때문에[14] 음악가들의 중요한 후원자가 될 정도로 지속적인 권력을 갖고 있지는 못했다. 하지만 나폴레옹과 마찬가지로 음악을 좋아했던 그의 가족들 주변에는 언제나 많은 음악가들이 있었다. 베스트팔렌의 왕이 된 나폴레옹의 막내 남동생 제롬은 카젤 궁의 연주회와 무대 공연을 총괄하는 카펠마이스터 자리를 베토벤에게 제안했다. 하지만 베토벤은 더 좋은 조건을 제시한 빈을 선택했다. 나폴레옹의 누나인 엘리자는 파가니니를 1805년부터 그녀의 실내악 오케스트라 단장으로 고용했으며, 1809년 그녀가 토스카나의 대공이 되었을 때 리스트는 피렌체까지 그녀를 수행했다고 한다. 나폴레옹의 혈육 가운데 유일하게 나폴레옹의 파국 이후에도 끝까지 그의 곁을 지켰던 여동생 폴린은 아름다운 미모만큼이나 화려한 연애행각으로 유명했는데, 그녀는 이탈리아 출신 오페라 작곡가 블란지니를 1806년 개인적인 음악 감독으로 임명하고 그와 연인이 되었다. 이들의 관계는 나폴레옹이 개입하여 그를 베토벤 대신 제롬의 카젤 궁의 카펠마이스터로 보냄으로써 정리되었다.

나폴레옹의 첫 번째 아내인 조제핀은 음악적 재능이 많지는 않았지만,[15] 대단한 음악 애호가로 말메종에서 열리는 수많은 음악회에 빠짐없이 참석하여 음악을 감상했다. 그녀가 드 보아르네 장군과의 사이에서 낳은 딸인 오르탕스[16]는 음악적으로 매우 뛰어났다. 조제핀과 함께 달비마르에게 음악을 배운 그녀는 많은 노래를 작곡했으며 그 중에 몇 곡은 출판되었다.[17] 그녀가 작곡한 <멋있는 뒤누아 사람(Le beau Dunois)>은 1809년 나폴레옹 전쟁 동안 크게 유행했으며, 후에 보나파르트주의자를 다시 규합하는 노래가 되었다. 또한 그녀의 아들 나폴레옹 3세가 통치하던 제2제정 동안 프랑스 국가가 되었다.

영웅 교향곡

나폴레옹의 열성적인 추종자였던 베토벤이 「영웅 교향곡」을 원래 나폴레옹에게 헌정하려고 했었다는 사실은 너무나 잘 알려져 있다. 베토벤이 나폴레옹에게 헌정하려던 순간 베토벤의 제자 페르디난드 리스가 나폴레옹이 황제에 즉위할 것이라는 소식을 전했다. 이를 듣자 베토벤은 분노에 사로잡혀 "나폴레옹도 그저 평범한 인간일 뿐이었어. 그도 이제부터 자신의 야심만 생각하며 모든 사람들의 인권을 짓밟을 거야"라고 소리치며 표지 위에 써놨던 '보나파르트(Buonaparte)'를 지웠다고 한다. 그래서 이 교향곡은 '한 위인을 추억하기 위한 영웅 교향곡'이란 이름으로 출판되었다. 이 일화를 통해 우리는 베토벤이 황제에 즉위한 나폴레옹에게 얼마나 실망했는지, 또 그 이전에 베토벤이 얼마나 나폴레옹을 추앙했었는지를 알 수 있다. 베토벤뿐 아니라 나폴레옹 시대 수많은 음악가들이 그를 추종했으며, 존경과 충성심의 표현으로 나폴레옹에게 많은 작품을 헌정했다.

 작곡가들은 승전, 결혼, 즉위, 득남, 재혼 등등 나폴레옹의 개인적 또는 공적인 경사에 맞추어 작품을 헌정했다. 거기에 나폴레옹 측에서 작곡가에게 위촉한 작품까지 더해져 나폴레옹이 주최하는 축하 행사나 축제에는 음악이 넘쳤다. 주요 행사에 공식적으로 위촉 또는 헌정되었던 대표적인 작품들을 소개하면 다음 37~38쪽의 표와 같다.[18]

 나폴레옹에 대한 충성과 찬양이 가장 분명하고 노골적으로 표현된 장르는 물론 오페라 같은 극작품들이었다. 1806년 극장의 행정 조직을 통제하고, 1807년에는 레퍼토리를 제한하면서 정부가 일관되게 강요한 기준은 오페라가 프랑스를 위한 전시용 작품이어야 한다는 것이었다. 이 기준에 맞지 않는 작품들은 완전히 상연 금지시켰고, 작곡가들에게 황제의 권력이나 자비에 대한 노골적인 풍자를 하도록 요구했다. 르쉬외르와 페르쉬의 <트라야누스의 승리> 같은 작품들이 이렇게 위촉된 대표적인 작품들이다. 나폴레옹이 오페라 작곡가들에게 지급한 하사금은 1811년까지 연간 75만 프랑에 달했다. 오페라에 대한 통제와 지원이 동시에 이루

1800년 바스티유 습격사건 기념일(프랑스 혁명 기념일)과 마렝고 전투의 승리	■ 메윌의 「독창자들과 세 개의 합창단과 세 개의 앙상블을 위한 국가의 노래(Chant national)」, 7월 14일.
1802년 아미앵 평화 조약 (로마 교회와의 협약)	■ 파이시엘로의 「테 데움」, 메윌의 「두 개의 합창단과 두 개의 오케스트라를 위한 도미네(Domine salvam fac rempublicam, salvos fac consules)」, 파리 노트르담 성당, 4월 14일, 부활절 일요일.
1804년 나폴레옹의 황제 취임식	■ 파이시엘로의 「테 데움」의 새로운 편곡, 파이시엘로의 미사(기존 합창단과 77명의 군악대가 함께 연주함), 르 쇠르의 모테트 「칼을 치소서(Accingere gladio)」와 행진곡, 12월 2일. ■ 베르통의 칸타타 「트라시뷸(Trasibule)」, 12월 6일. ■ 케루비니(가르델 안무)의 발레-판토마임 〈스키로스의 아킬레스(Achille à Scyros)〉, 황실 음악 아카데미, 12월 18일.
1806년 오스트리아와 프로이센에 대한 전승 기념 (아우스터리츠 전투)	■ 뒤파티와 이주아르의 〈파사우 정복(La Prise de Passau)〉, 오페라 코미크 황제 극장, 2월 8일. ■ 스폰티니와 발로치의 「칸타타(L'Eccelsa gara)」, 황후 극장, 2월 8일. ■ 보바르레 샤르팡티에의 「대규모 오케스트라를 위한 군사적이고 역사적인 교향곡, 세 황제의 하루라 불리는 아우스터리츠 전투(La Bataille d'Austerlitz surnommée la Journée des trois empereurs, symphonie militaire et historique à grand orchestre)」. ■ 자뎅의 대규모 오케스트라를 위한 교향곡 「아우스터리츠 전투(La Bataille d'Austerlitz)」. ■ 르미에르 드 코르베의 오케스트라를 위한 「프러시아인들에 승리한 이에나 전투(La Bataille de Iéna gagnée sur les Prussiens)」.
1807년 프로이센과 러시아에 대한 전승 기념	■ 바우르 로르미엥 대본, 르쥐외르와 페르쉬 작곡의 영웅적 발레 〈승리의 성전의 개막(L'Inauguration du temple de la victoire)〉, 황실 음악 아카데미, 1월 2일. ■ 밀롱(합창)과 페르쉬의 〈율리시스의 귀환〉, 황실 음악 아카데미, 2월 24일. ■ 에스메나르 대본과 르쥐외르와 페르쉬 작곡의 서정비극 〈트라야누스의 승리(Le Triomphe de Trajan)〉, 황실 음악 아카데미, 10월 23일. ■ 아르노와 메윌의 「황제의 동상 개막식을 위한 서정적 노래(Chant lyrique pour l'inauguration de la statue votée à Sa Majesté l'empereur et roi à l'institut)」, 10월 30일. ■ 아르노와 메윌의 「위대한 군대를 위한 귀환가(Chant du retour pour la Grande Armée)」, 11월 25일. ■ 카텔의 「승리의 노래(Chant triomphal)」.

1809년 바그람 전투 승리 기념	■ 르 브룅의 「테 데움」.
1810년 마리 루이즈와 나폴레옹의 결혼식	■ 아르노와 메율의 「칸타타」, 파리 시청, 6월 10일. ■ 아르노와 메율의 「승리의 노래(Chant triomphal)」, 마르스 광장, 6월 24일. ■ 밀롱(합창)과 베르통의 역사적 발레 판토마임 「샤빈느 여성들의 납치(L'Enlèvement des Sabines)」, 퐁텐블로, 11월 4일. ■ 체루비니의 「결혼을 위한 송가(Ode à l'Hymen)」. ■ 자뎅의 「피아노를 위한 마리 루이즈 대공비에게 바치는 헌정(Hommage rendu à l'archiduchesse Marie-Louis, scène imitatrice pour le piano)」. ■ 카텔의 「황제의 결혼을 위한 칸타타(Cantate pou le mariage de l'empereur)」.
1811년 나폴레옹의 아들 '로마 왕'의 탄생 축하	■ 뒤파르티 대본, 가르델 합창, 크로이처 작곡의 오페라 발레 「3월의 승리 또는 아킬레스의 요람(Le Triomphe du mois de mars ou Le Berceau d'Achille)」, 황실 음악 아카데미, 3월 27일. ■ 에티엔느 대본과 이주아르 작곡의 오페라 코미크 〈마을의 축제 혹은 행복한 군인(La Fête de village, ou L'Heureux Militaire)〉, 오페라 코미크 황제 극장, 3월 31일. ■ 아르노와 메율의 「오시앙의 노래, 로마 왕의 탄생을 기념하여 파리 시가 베푼 축제에 연주된 칸타타(Le Chant d'Ossian,[19] cantate exécutée, le jour de la fête donnée par la Ville de Paris au sujet de la naissance du roi de Rome)」, 파리 시청, 6월 9일. ■ 아르노와 메율의 「로마 왕의 탄생을 위한 노래(Chant pour la naissance du roi de Rome)」, 튈르리, 6월 16일. ■ 아르노 가사, 케루비니, 메율, 카텔 작곡의 「로마 왕의 탄생에 대한 칸타타(Cantate sur la naissance du roi de Rome)」, 7월 7일, 파리 음악원 연주회장의 개막 연주.
1814년 프랑스 전투 기념	■ 에티엔느, 바우르 로르미엥 대본 베르통, 크로이처, 메율, 파에르 작곡의 오페라 〈오르플람(L'Oriflamme)〉, 황실 음악 아카데미, 2월 1일. ■ 샤즈와 뒤파르티 대본 브아엘디 외 카텔, 케루비니, 이주아르 작곡의 〈메지에르의 바야르(Bayard à Mézières)〉, 오페라 코미크 황제 극장, 2월 12일.

어진 만큼, 이 당시 황제의 공과(功課)를 찬양하는 작품들이 단지 검열을 피하기 위한 것이라기보다 자발적인 충성의 표현인 경우가 많았던 것 같다. 오페라에 대한 통제가 시작되었던 1806년 훨씬 이전부터 나폴레옹을 찬양하는 내용을 담은 오페라들이 많이 작곡되었던 것만 봐도 이를 추측할 수 있다. 메율은 1797년에 이미 페도 극장의 무대에 올려진 <로디의 다리(Le Pont de Lodi)>에 '평화에 대한 찬가'를 넣었으며, 브아엘디외도 같은 해 같은 극장에서 <새로운 시대(L' Heure nouvelle)>를 상연했다. 1798년 마르텡빌은 <석탄상인 집에 간 장군님(Le Général chez le charbonnier)>을, 칼크브레네는 <영국의 프랑스인들(Les Français en Angleterre)>을 무대에 올렸다. 이 오페라의 마지막 장면에 나오는 「복수의 노래」는 축포의 환영을 받으며 등장하는 나폴레옹의 모습으로 끝이 난다. 베르통, 크로이처, 메율이 부분적으로 나누어 작곡한 <프랑스 국왕기>는 심지어 대불 동맹군이 가까이 진격해 오더라도 무기를 들라고 요청하는 내용으로 작곡되었다. 나폴레옹은 그해 4월 퇴위했다. 나폴레옹이 퇴위한 이후에는 르쉬외르의 <오시앙> 같은 몇몇 흥미로운 작품들만 상연되었을 뿐 케루비니나 메율과 같은 대작곡가조차도 오페라에서는 어떠한 예술적인 성과도 남기지 못했다.

나폴레옹을 위한 음악이라고 해서 대규모 음악만 있었던 것은 아니다. **시민들은 나폴레옹이 처음 집권할 때부터 퇴위하여 사망할 때까지 그에 대한 생각을 수없이 많은 노래를 통해 표현했다.** 당시 프랑스에서 노래는 프랑스 대혁명 이후 여론을 움직이는 가장 강력하고 효과적인 수단 중 하나였다. 일반적으로 노래는 사회적·정치적 현상이나 도덕적 태도에 대한 감상을 이야기하는 기능을 가지고 있지만, 헌법처럼 긴 길이의 텍스트를 사람들에게 전해주는 효과적이고 정서적인 방편이기도 했다. 나폴레옹이 첫 이탈리아 원정에서 가는 곳마다 승리를 거두고 파리에 입성했을 때 그를 영웅으로 찬양하는 시민들을 아무도 막지 못했다.

> 우리 장군의 노래를 부릅시다.
> 무적의 이 전사를
> 그를 위해 축배를 듭시다.
> 자유 만세.

그리고 나폴레옹이 이탈리아 원정에서 돌아와 브뤼메르 18일 쿠데타를 일으켰을 때 파리를 비롯하여 전 프랑스가 만족했으며, 거리의 악사들은 기쁜 마음으로 그를 성인에 빗대어 찬양하는 노래를 불렀다.

> 보나파르트가 왔네.
> 이집트에서 프랑스로
> 생클루 성인이
> 한순간에 모든 것을 바꾸어 버렸다네.

나폴레옹이 황제에 즉위했을 때도 프랑스 국민들의 반응은 뜨거웠다. 당시 기록에 따르면 불로뉴 기지에서는 황제 즉위가 선포되었을 때 선원과 병사, 민간인 할 것 없이 모두 「혁명 찬가」를 불렀다고 한다. 이 노래를 통해 알 수 있는 것은 나폴레옹이 결국 이전의 왕들과 다를 바 없는 세습 군주가 된 것이지만, 사람들은 그것이 민중을 위한 하나의 혁명인 것처럼 노래했다는 것이다.

> 황제의 안녕을 지키자.

> 우리의 권리를 지키자.
> 전제주의를 획책한다면
> 왕의 멸망을 획책하자!
> 자유, 자유여, 모든 인간의 찬양을 받을지어다.
> 어라 압제자들아, 너희들의 죗값을 치르리라!

하지만 나폴레옹이 퇴위를 당하고 엘바 섬으로 유배되었다가 그곳을 탈출하여 파리로 돌아와 이른바 '백일천하' 통치를 하는 동안 시민들은 다른 노래를 불렀다. 1815년 6월 1일 샹드마르스에서 열렸던 화려한 축제에 참석했던 푸미에 박사는 군사들이 황제에게 갈채를 보내는 동안 시민들은 "프랑스 만세, 국민 만세"라고 외쳤으며 나폴레옹을 조롱하는 소리도 섞여서 들렸다고 적었다. 이 의식을 주제로 「구제 불능 프랑스인」이라는 노래가 생겼는데 생제르맹 지역에서 크게 유행했다.

> 보나파르트가 나간다.
> 나는 그의 편이다.
> 그러나 그가 두들겨 맞으면
> 나는 더 이상 그의 편이 아니다.

거리에서 불렸던 노래들이 여론몰이나 정보전달의 중요한 수단이었다면, <mark>전쟁터에서 불렸던 군가들은 나폴레옹의 '위대한 군대'의 정신적 원천</mark>이었다. 나폴레옹 군대의 군가는 대부분 프랑스 대혁명 시기 혁명군 때부터 부르던 것들이었다. 당시 가장 대표적인 군가들로 「라 마르세예즈」, 「카르마뇰」, 「출정가」, 「리고동」 등을 들 수 있다. 지금의 프랑스 국가가 된 「라 마르세예즈」는 혁명기에 가장 애창된

▲ **자비로운 황제?** "아이라우 전투에서 승리를 거둔 다음 날 전쟁터를 시찰하는 황제는 그 끔찍한 광경에 연민을 느낀다. 그가 부상당한 러시아 병사들을 간호하게 하자 그들은 황제의 인간미에 감격한다"라는 주제로 열렸던 공모전에서 1등을 차지한 그로의 작품. 나폴레옹은 이 전투에서 4만 명의 희생자를 냈으면서도 자신을 인간적이며 평화를 사랑하는 지도자의 모습으로 묘사하게 했다.

군가라고 할 수 있는데, 이 가사를 그대로 국가에 사용하고 있다는 것이 믿기지 않을 정도로 가사의 내용이 잔인하다.[20]

> 나가자, 조국의 아이들아!
> 영광의 날이 왔다!
> 전제군주에 결연히 맞서자.
> 피 묻은 깃발이 올랐다.
> 우리 강토에 울려 퍼지는
> 잔인한 군인들의 함성이 들리는가
> 그들이 바로 우리 곁에 왔다.
> 너희 조국과 너희 아들들의 목을 조르려 하네!

(후렴) 무기를 들어라 시민들이여!
너희의 부대를 만들어라.
진격하자, 진격하자!
그들의 불결한 피를
우리 들판에 물처럼 흐르게 하자![21]

「라 마르세예즈」와 마찬가지로 '대포로 파리 전체를 날려버린다'는 가사의「카르마뇰」,[22] 조국을 위해 목숨을 바칠 것을 요구하는「출정가」[23] 등 당시 대부분 군가들의 가사가 매우 선동적이었지만「양파의 노래」와 같이 가사가 전쟁과는 아무 상관도 없는 군가들도 있었다.「양파의 노래」[24]가 그 밋밋한 가사에도 불구하고 가장 치열했던 나폴레옹 전투 중 하나인 오스트리아 원정을 상징하는 군가가 된 것은 이 곡의 후렴구 "au pas(오 파)"의 경쾌한 각운 덕분이다.

아무리 나폴레옹 군대의 영광에 매혹되어 전쟁에 참가했다고 하더라도, 전쟁터에서 병사들이 겪는 고통은 참혹했고 전투로 인한 사망자와 부상자가 속출했기 때문에 병역 기피자와 탈영자가 많이 나왔다. 이런 어려운 상황에서 군인들의 충성심을 이끌어낼 수 있었던 것은 전적으로 나폴레옹의 놀라운 리더십 덕분이었다. 그는 군사들을 가족처럼 대했으며, 병사들이 대담하게 말을 걸며 동료처럼 대하면 진심으로 즐거워했다고 한다. 그가 참혹한 전쟁터의 어려움 가운데에서도 황제의 특권을 누리지 않았다고 슈발리에 대령은 자세히 증언하고 있다.

빈곤해 보일 정도로 간단한 그의 복장은 참모단의 금박과 깃털 달린 화려한 치장과 대조를 이루어 더욱 훌륭해 보였다. 날씨가 추우면 누구에게나 익숙한 그 회색 코트를 입었다.
우리와 함께 말을 타고 갈 때면 그는 우리 부대의 대령 같아 보였다. 우리와 함께 있을 때 나폴레옹은 정말로 자기 가족과 함께 있는 것 같았다. 그는 궁정 대신들에 둘러싸여 있을 때보다 우리와 함께 있을 때 더 편안함을 느끼는 것이 분명했다.

게다가 그는 감동적인 연설과 정곡을 찌르는 비유로 병사들의 용기를 북돋우고 에너지를 충전시킬 줄 알았다. 하지만 무엇보다도 그는 어떻게 음악을 이용하는지 알고 있었다.

황제는 노래를 썩 잘하는 편은 아니었지만 힘차고 곧게 뻗어나가는, 성량이 풍부한 목소리를 가지고 있었다. 우리가 진군을 할 때면 황제는 자주 노래를 흥얼거렸다. 그러면 곧 누군가가 그 노래를 따라했다.[25]

이렇게 나폴레옹이 시작한 군가를 전군이 따라 부르면서 그들은 자신도 모르게 호전적인 군인으로 변신했을 것이다.

나폴레옹이 집권했던 시기는 고작 15년 정도이다. 이 기간 동안 한 무명의 청년 장교가 쿠데타를 일으키고, 제1통령으로서 군사 독재를 시작해서 새로운 헌법을 제정하고 제도 개혁을 도모한 후, 마침내 황제에 올라 제1제정을 수립하였으며 유럽 대륙을 무력으로 정복하여 맹위를 떨쳤던 것이다. 이후 그는 러시아 원정에 실패하면서 퇴위하고 엘바 섬에 유배되었다가 이듬해 다시 귀국하여 백일천하를 실현시켰지만, 워털루에서 다시 연합군에 패배하고 세인트헬레나 섬으로 귀양을 가서 죽었다. 나폴레옹 보나파르트의 일생은 이렇게 짧게 지나갔다. 하지만 '나폴레옹'이라는 이름은 전 인류에게 한 독재자를 가리키는 고유 명사가 아니라, 야망과 정복을 의미하는 보통 명사가 되었다. 오늘날도 나폴레옹은 실패를 두려워하는 젊은이들에게 야망을 품으라고 외치는 위대한 스승이자 희망의 화신으로 존경을 받는다. 이것이 나폴레옹이 다른 독재자와 다른 점이라고 할 수 있다.

나폴레옹은 전 유럽을 물리적 전투만으로 굴복시켰던 것이 아니었다. 그는 치밀한 심리전에 능한 정복자였다. 적국의 사기를 저하시키고, 자국민을 결집시키는 데 모든 수단을 동원했다. 특히 나폴레옹은 위대한 음악이 황제 자신과 프랑스의 위용을 세워준다고 믿었다. 그는 자신의 통치 기간 내내 그의 정치적 목적에 맞추어 음악을 적극적으로 사용했다. 그렇게 음악은 정치적 수단으로 전락했고 통제와 억압의 대상이 되었던 것이다. 하지만 신기하게도 그것을 불평하는 사람은 많지 않았다. 음악가들은 나폴레옹이 원하는 음악을 만드는 일에 자발적으로 동참했고, 그런 음악에 대해 국민들은 항상 환호를 보냈다. 그 덕분에 나폴레옹이 집권하는 동안 말 그대로 '독재를 위한, 독재에 의한, 독재자의 음악'이 프랑스는 물론 전 유럽에서 봇물을 이루었다.

스탈린,
철권 시대의 음악

양인용

이오시프 스탈린 (Iosif Vissarionovich Stalin, 1878~1953)

1878.12.19.	그루지야 티플리스 출생
1894.	티플리스 정교회 신학교 입학. 마르크스주의를 접하게 됨
1899.12.	러시아사회민주노동당 티플리스 위원회에서 활동
1905.12.	핀란드 탐페레에서 열린 볼셰비키 회의에 대표로 파견되어 그곳에서 레닌과 처음으로 만남
1912.04.	《프라우다》 창간
1917.11.	인민위원회 민족문제 인민위원이 됨
1922.04.03.	당 중앙위원회 서기장으로 임명
1924.01.	레닌 사망 이후 반대파 축출, 제명 작업
1928.10.	제1차 5개년 계획 시작
1934.12.01.	키로프 암살. 대대적인 숙청 작업 시작
1939.08.23.	독소 불가침 조약 체결
1941.06.22.	독일의 공격으로 '대조국 전쟁' 시작
1947.06.	미국의 마셜 플랜 이후, 외교 정책을 강경 노선으로 전환
1948.08.	심복 즈다노프 사망 이후 당과 정부 지도부를 대상으로 숙청 감행
1953.03.05.	사망

1953년 3월 6일, 모스크바 붉은 광장으로 사람들이 몰려들기 시작했다. 그들은 믿을 수 없었다. 최고 지도자 스탈린이 세상을 떠난 것이다. 버스로, 기차로 먼 지방에서 올라온 사람들은 스탈린이 누워 있는 자갈 광장까지 걸어 올라왔다. 그들은 애도하며 눈물을 흘렸다. 많은 사람들이 한곳으로 한꺼번에 밀려들자 인파 속에서 부상당하거나 죽는 사람도 생겼다. 경찰이 통제에 나섰다.

공식 발표에 따르면, 스탈린은 3월 5일 블라즈나야 별장에서 사망했다. 사인은 뇌일혈이라고 했다. 스탈린이 쓰러졌을 때 손을 쓸 수 있는 주치의와 실력 있는 의사들은 모두 감옥에 있었다고 한다. 측근들의 묵인 아래 방치되었다 죽은 것이라는 의혹이 제기되기도 했다. 스탈린의 부검 보고서는 발견되지 않았으며, 독살설도 여전히 유효하다.

장례식은 사망 나흘 뒤인 3월 9일에 치러졌다. 말렌코프, 몰로토프, 베리야 등 스탈린의 최후를 지킨 당 간부들이 장례식장에 모습을 드러냈고, 외국 정부에서 보낸 조문객들이 귀빈석을 차지했다. 마오쩌둥을 대신

▲ 유니언 빌딩을 떠나는 스탈린의 관(좌). 그의 사망 원인은 아직 정확히 밝혀지지 않았다. 스탈린의 사망 소식이 알려지자 모스크바로 밀려든 조문객들의 모습(우).

해 저우언라이가 참석했고 팔미로 톨리아티, 돌로레스 이바루리, 모리스 토레즈 등 여러 나라의 사회주의 지도자들이 자리했다. 한국전쟁 중이던 김일성은 애도문을 보냈다. 제2차 세계대전의 파트너였던 처칠과 트루먼도 조문객을 파견했다. 공산주의 국가는 물론 서방 언론에서도 스탈린의 죽음을 대서특필했다. 흔적도 없이 사라져버린 동시대의 독재자 히틀러와는 대조되는 최후였다.

독재자의 긴 장례 행렬 뒤로 한 음악가의 죽음이 조용히 묻혔다. 러시아 혁명을 피해 망명했다가 고향을 잊지 못해 귀국한 세르게이 프로코피예프에게 스탈린 체제의 고국은 언제나 냉혹했고, 그의 불운은 마지막 순간까지 이어졌다. '최고 지도자' 동지와 같은 날에 세상을 떠난 것이다. 스탈린 치하에서 예술가로서 프로코피예프와 마찬가지의 고통을 겪은 동료 음악가들 역시 지도자 동지의 거국적인 장례식에 동원되었다. 피아니스트 스뱌토슬라프 리흐테르의 회고에 따르면, 그는 국장 기간 내내 노동조합회관에서 한 발짝도 벗어날 수 없었다. 문화부 특별위원회는 리흐테르에게 베토벤과 바흐를 연주하게 했다.

20년이 넘는 스탈린의 집권 기간 동안 무자비한 칼날이 소비에트 사회 전 분야에서 휘둘러졌다. 창작자의 자유와 독창성이 전적으로 보장되어야 하는 예술 분야에서도 예외는 없었으며, 음악 역시 독재자의 수족이 되기를 강요당했다. 스탈린 체제하에서 나타난 음악계의 사건과 현상을 다시금 들여다보아야 하는 이유는 아직도 충분하다. 스탈린의 철권 체제는 마오쩌둥, 김일성과 김정일, 폴 포트 등 다른 독재 정권에서 더욱 극단적인 모습으로 변용되어 나타났을 만큼 많은 영향을 미쳤다. 최근의 러시아 여론 조사에서 여전히 위대한 러시아인 3인에 꼽힐 정도로 스탈린의 망령은 21세기에도 살아 있다.

1928~1936년: 음악 안으로 스며든 스탈린주의

1991년 공산당 권력이 붕괴하고 각각의 공화국들이 분리되어 해체되기 전까지, 소비에트 사회주의 공화국 연방은 20세기 가장 강력한 전체주의 국가였다. 70년이나 되는 존속 기간 동안 소비에트 연방은 철옹성 같은 정치권력을 이데올로기의 이름으로 행사했고, 사회 안에 있는 모든 삶을 직접적으로 통제했다. 그리고 이런 국가의 개입이 가장 노골적으로, 또 폭력적인 방식으로 행해졌던 시기가 바로 스탈린이 권력을 장악했던 기간이었으며, 그가 공고히 만든 체제는 후계자들에게 세습되었다. 독재와 우상화, 비밀경찰, 숙청, 유형, 암살, 강제 수용소 등의 단어를 연상시키는

타락한 공산주의. 그것을 사람들은 '스탈린주의'라고 부른다.

레닌이 세상을 떠나고 일어난 당내의 치열한 권력투쟁에서 스탈린이 최후의 1인자가 되리라고 예측한 사람은 많지 않았다. 트로츠키, 지노비예프, 카메네프 같은 유력한 정적들 사이에서 스탈린은 무엇 하나 내세울 것이 없었기 때문이다. 신분과 학력은 물론 정치적 배후 역시 변변치 못했다. 몰락한 구두 장인의 아들로 태어난 그는 어렵사리 들어간 신학교도 끝내 마치지 못했다. '혁명을 놓친 사람'이라는 꼬리표가 붙었을 만큼 러시아 혁명에서 두드러진 역할을 했던 것도 아니었다. 레닌의 신임을 얻어 서기장까지 오르며 당내 기반을 닦기는 했지만 죽음을 앞둔 레닌이 비밀리에 작성한 유서는 스탈린에게 매우 불리한 내용이었다. 그러나 스탈린은 당내 모든 반대파를 제명, 축출하며 실권을 장악했다. 그리고 보란 듯이 자신이 원하는 대로 '스탈린주의' 체제를 구축해나가기 시작했다.

스탈린주의가 가장 먼저 빠른 속도로 파고든 분야는 경제였다. 1928년 시작한 제1차 5개년 계획은 소비에트 연방을 농업 국가에서 중공업 위주의 국가로 전환시키기 위한 첫 번째 시도였다. 1921년부터 전개되던 신경제정책(NEP)을 중지시키고 시작한 이 계획은 농업과 농민의 막대한 희생을 대가로 치러야 했다. 농민에게 나눠 주었던 토지를 빼앗고, 농업을 강제적으로 집단화했다. 그가 주창한 일국사회주의(一國社會主義)에 의거해 국가의 경제 규모를 키우고 군사력을 확충하기 위해서였다.

일국사회주의는 유럽 다른 나라에서 혁명이 일어나지 않더라도 일국, 즉 소비에트 연방의 혁명만으로도 충분하다는 것이 핵심 내용이다. 이는 사회주의 체제에서 국가는 소멸되어야 하며 전 세계 프롤레타리아 계급이 단결해 전 세계적인 혁명이 전개되어야 한다고 주장한 기존의 마르크스주의 및 레닌주의에 완전히 반하는 것이었다. 전통적인 사회주의 이론에서 벗어난 스탈린 체제하에서 국가의 역할은 비대해졌고, 비정상적 국가 권력은 한곳으로 집중되었다. '러시아의 세 번째 혁명'이라고 불릴 만큼 스탈린의 사회주의는 사회 전반에 걸쳐 이전과는 다른 변화를 초래하는 결과를 낳았다.

문화예술 분야에서도 예외일 수는 없었다. 스탈린의 시대는 레닌의 시대와는 달랐다. 레닌의 시대에는 적어도 예술의 방향에 대한 서로 다른 의견의 공존과 논쟁이 가능했다. 교육인민계몽위원을 맡았던 루나차르스키가 "공산주의에서 예술은 획일화가 아닌 다양성으로 이끌어야 한다"고 공공연히 말했을 만큼 관대한 분위기였다. 하지만 스탈린이 지도자에 오르고 난 뒤에는 프롤레타리아 단체들의 입김이 거세졌다. 당은 암묵적으로 그들을 지지했다. 음악에서는 러시아 프롤레타리아 음악가협회(RAPM)가 전투적으로 움직였다. 그들은 모더니즘, 서구주의, 고전주의를 신랄하게 공격하면서 자체적으로 통제와 검열을 수행했다. 하지만 RAPM의 독재는 오래가지 않았다. 1932년 당 중앙위원회가 '문화예술단체의 재구성'[1]이라는 강령을 발표했던 것이다.

이 강령은 기존 모든 예술 단체의 해산을 명령했다. 그리고 문학, 음악, 미술 등 각 분야마다 새로운 조직을 하나씩 설립할 것을 지시했다. 이 강령에 의해 음악 분야에서는 현대음악동맹(ACM)은 물론 RAPM까지도 모두 해체되었고, '소비에트 작곡가 동맹'이라는 하나의 조직 안으로 흡수되었다. 1932년의 강령 '문화예술단체의 재구성'은 문화예술에 대한 스탈린의 통제 의지가 드러난 첫 번째 사건이었다.

그러나 소비에트 작곡가 동맹의 출범과 함께 국가 차원의 음악 통제가 노골적으로 가해진 것은 아니었다. 상당 기간 소비에트 작곡가 동맹은 당 차원의 기관이라기에는 부족한 부분이 많았다. 1930년대 소비에트 연방 내에서의 음악과 권력의 관계를 연구한 시모 미코넨은 이 기간에 새롭게 만들어진 작곡가 동맹이나 예술사업 위원회 같은 기관들이 자체의 권위와 통제력을 갖기 위해 여전히 노력을 해야 하는 상황이었다고 주장했다. 작곡가 동맹이 비록 당에 의해 존재할 수 있는 유일한 음악가 단체였을지언정 당의 간섭에 전적으로 순응하지만은 않았던 것이다.[2]

그렇기 때문에 국가 차원에서 새롭게 재편한 예술 단체들과 그 단체에 속한 예술가 개개인을 통제하기 위한 실제적 원칙이 필요했다. 스탈린이 선택한 것은 '사회주의 리얼리즘'이었다. '사회주의 리얼리즘'이라는 말은 1932년 5월 20일 모스크바 문인들의 모임에서 그론스키라는 사람이 처음 사용했다고 하는데, 석 달 후 스탈린도 작가 고리키의 아파트에서 열린 또 다른 작가 모임에서 '사회주의 리얼리즘'을 언급했다.

> 예술가가 우리의 삶을 진실하게 묘사한다면 그것은 사회주의로 향해 가는 상황 속에서만 알 수 있고 묘사할 수 있다. 이것이 곧 사회주의 예술일 것이다. 이것이 곧 사회주의 리얼리즘일 것이다.[3]

'사회주의 리얼리즘'이 소비에트 문화예술의 기본 창작 원리로 공식적인 자리매김을 한 것은 제1차 소비에트 작가동맹 총회에서였다. 1934년 8월 17일부터 9월 1일까지 계속된 이 총회의 마지막 날 '소비에트 작가 동맹 정관'에서 정리한 사회주의 리얼리즘은 다음과 같다.

> 소비에트 순문학과 문학비평의 주요 방법인 사회주의 리얼리즘은 예술가들로 하여금 혁명적 발전 도상에 있는 현실을 진실하게, 그리고 역사적이며 구체적으로 서술할 것을 요구한다. 또한 이때 예술적 서술의 진실성과 역사적 구체성은 사회주의 정신 아래 근로 대중을 이데올로기적으로 개조시키고 교육하는 과제와 결합되어 있어야만 한다.

그럴듯하게 보이는 행간 사이로 '스탈린주의'가 잠복해 들었다. 소비에트 문학인들이 서술해야 하는 '현실'이라는 것은 소비에트 국민이 겪는 있는 그대로의 삶의 실상을 의미하지 않았다. 결과적으로 그것은 위대한 지도자 스탈린이 약속하는, 여전히 도래하지 않은 '유토피아'였던 것이다. 이에 반하는 예술은 '부르주아 형식주의' 예술로 간주되었고, '사회주의 리얼리즘' 예술은 스탈린의 사상에 동화될 수 있도록 사람들을 교육시키고 고무시키는 도구로 전락했다.

그렇다면 '사회주의 리얼리즘'이 소리를 매체로 하는 음악에서는 어떻게 구현이 가능한 것일까? 지도자 스탈린이 해답 하나를 제시했다. 1934년 1월, 작곡가 동맹의 기관지 《소비에트 음악(Sovetkaya Muzika)》에 '형식은 민족주의, 내용은 사회주의'라는 생소한 슬로건이 등장한 것이다. 사실 이 슬로건은 1925년 스탈린의 연설 중 일부가 살짝 변형된 것이다.

> (전략) 우리는 프롤레타리아 문화를 건설하고 있다. 이는 절대적으로 옳은 일이다. 그러나 프롤레타리아 문화는 내용에 있어서 사회주의적인 것으로, 사회주의 건설에 몸바쳐 온 다양한 민족과 관련된 다양한 표현 형식과 표현 수단을 갖는다. '내용에 있어서 프롤레타리아적이고 형식에 있어서 민족적인 것'은 사회주의가 나아가야 할 전 인류적 문화이다. 프롤레타리아 문화는 민족주의적 문화를 제거하는 것이 아니라 내용으로 민족주의적 문화를 채우는 것이다. 그리고 그 반대로도 작용한다. 민족주의적 문화는 프롤레타리아 문화를 제거하는 것이 아니라 형식으로 그것을 채우는 것이다.[4]

연설문 내의 '프롤레타리아'가 '사회주의'로 바뀌어 10여 년 만에 새롭게 등장한 슬로건 '형식은 민족주의, 내용은 사회주의'는 '사회주의 리얼리즘'과 같은 맥락으로《소비에트 음악》을 비롯한 각종 언론에 계속해서 노출되었다. 그 결과 '민족주의'가 다양한 방식으로 스탈린 시대의 음악에 구현되기 시작했다.

우선 글린카와 차이코프스키 등 19세기 러시아 음악이 부활했다. 레닌의 시대에는 '대(大)러시아 쇼비니즘'이 사회주의 사회 건설의 방해물로 간주됐으며, 따라서 러시아 민족의 예술의 우수성을 강조한다는 건 상상조차 할 수 없었다. 그러나 스탈린은 러시아의 역사와 문화를 이용하기로 했다. 러시아 민족주의 음악을 인정한다는 것은 소비에트 연방을 이루는 150개 이상의 민족들 가운데 큰 비중을 차지하는 러시아 민족을 그가 만들어놓은 중앙집권체제에 거부감 없이 종속되도록 만드는, 체제 유지를 위한 일종의 방편이었던 것이다.

또한 스탈린은 여러 다른 민족들이 모두 다 '소비에트 연방'의 일원이라는 국민 정체성을 갖게 하는 데도 민족주의를 이용했다. 러시아의 예술가들이 변방의 지역 예술가들과 협동하는 프로젝트들이 국가적인 차원에서 이루어졌다. 러시아 작곡가 두 명에 소수 민족인 키르기스스탄 작곡가 한 명이 팀을 이루어 함께 곡을 쓰기도 했다. 이런 경우 작품 표지에는 세 명의 작곡가 이름이 나란히 적혔다. 작곡가 세르게이 발라사니안은 아르메니아의 후손으로 투르크메니스탄에서 태어났지만, 결국엔 그 어떤 곳도 아닌 타지키스탄의 작곡가가 되었다. 라인홀트 글리에르는 오페라라는 장르가 아예 없었던 아제르바이잔에 첫 번째 오페라를 선사한 후 우즈베키스탄으로 옮겨 갔다. 많은 작곡가들이 이런 일에 동원되었다. '민족적' 음악을 만들어 새롭게 명성을 얻게 된 작곡가들이 수십 명이나 되었고, 상황에 따라 한 민족에서 다른 민족으로 자신의 민족적 정체성을 쉽게 바꾸기도 하였다.

각 민족의 민속적 요소들이 작곡가의 작품 속으로 녹아드는 가운데 민속음악 자체에 대한 관심도 늘어났다. 물론 민속음악이 전통 그대로의 모습으로 부활하지는 못했다. **대중적이고 친숙한 선율이 혁명적이거나 애국적인 내용의 '집단 가요'의 형태로 되살아났다.** 민속음악은 스탈린 우상화의 수단으로도 적극 활용되었다. 새로운 노래를 위한 자료 수집을 위해 민속학자들과 민요 가수들이 시골 곳곳에 파견되었다. 그렇게 해서 만들어진 수많은 노래 속에 스탈린은 소비에트 국민의 영광과 행복을 책임질 위대한 영웅으로 묘사되어 있다. 아래는 1937년에 발표된 '스탈린의 영광이여, 영원하라'는 제목의 노래이다.

> 아름다운 모스크바여, 위대하도다!
> 가장 아름답고 소중한 크렘린의 탑 위에
> (중략)
> 한 손에 쥔 망원경으로
> 흐뭇한 미소를 지으시는 스탈린
> 자신의 조국을 위해 내려다보시네
> (중략)
> 위대한 지도자, 자비로운
> 우리의 영광이어라, 광명의 스탈린이여
> (중략)
> 스탈린의 영광이여 영원하라
> 불멸하라
> 백해의 평화를 위해
> 모스크바 강의 위대한 영예를 위해[5]

▲ **스탈린과 레닌** 스탈린은 자신을 신격화하는 데 전임자인 레닌의 이미지를 적극적으로 차용했다. 집권 초기와 후기의 정치 포스터를 비교하면, 시간이 흐를수록 스탈린과 함께 있는 레닌의 형상은 점점 흐려지고 작아진다.

    흥미롭게도, 한동안은 스탈린 숭배 노래와 함께 레닌 숭배의 노래들도 늘어났었다. 레닌의 죽음을 애도하는 민속 노래들을 수집해 연구했던 학자 유스투스에 따르면, 1924년 레닌이 죽었을 당시보다 오히려 1930년대에 더 많은 노래가 불렸다고 한다. 정치 포스터나 회화에서처럼 사람들의 입에서 입으로 불리는 짧은 노래 속에서도 스탈린은 자신을 레닌으로부터 정당하게 권력을 받은 후계자로 각인시키려는 노력을 오랜 기간 했던 것이다. 이렇게 스며든 스탈린주의는 곧 극단적이고 무자비한 방식으로 음악을 탄압하게 된다.

1936~1939년: 숙청과 통제

지난 2004년, 러시아의 인권단체들이 스탈린 시대에 숙청된 134만 5,796명의 명단을 공개했다. 스탈린이 과연 몇 명이나 죽였는지, 아직도 그 정확한 숫자는 알 수가 없다. 6,000만 명에 이른다는 주장도 있을 만큼 스탈린의 시대는 피비린내 나는 '숙청의 시대'로 기억된다.

숙청은 스탈린의 오른팔이었던 키로프의 암살 배후를 밝힌다는 구실로 본격화되었지만[6] 스탈린 반대파를 비롯한 정치계는 물론이고 군부, 학계, 예술계 등 사회 전반으로 확산되었다. 비밀경찰들의 감시가 구석구석 미치지 않는 곳이 없었고 한 번 의심을 사면 살아남기 힘들었다. 아래는 1934년 한 지식인들의 저녁 비밀 모임에서 낭독된 시의 일부이다.

우리는 우리 밑에 있는 대지에 귀를 막고 산다.
열 발자국 떨어져서 아무도 우리 말을 듣지 않는다.

그러나 그저 몇 마디 주고받는 대화 속에서도
저 높은 곳에 있는 크렘린 사람들의 이야기는 들린다.

그의 손가락은 살찐 굼벵이처럼 통통하고
그의 입술에서는 납처럼 무거운 말들이 떨어진다.

(중략)

그가 떠들며 손가락으로 가리키는 대로

말처럼 히힝거리고 고양이처럼 그르렁거리고 개처럼 낑낑거린다.
그가 말굽처럼 탕탕 쳐서 법률을 만들어
머리에, 눈에, 사타구니에 던진다.

살인도 모두 큰 기쁨
가슴이 넓은 오세티아 사람에게는[7]

시를 쓴 오시프 만델스탐이 체포되었다. '가슴이 넓은 오세티아 사람'[8]이란 말로 그가 풍자한 것은 누가 보아도 스탈린이었다. 당의 공식 발표에 따르면 시인 만델스탐은 1938년 12월 27일 세상을 떠났다.

마찬가지로 시인이었던 만델스탐의 아내 나데즈다는 스탈린 시대의 공포를 다음과 같이 회고했다.

NKVD가 도착했음을 알리는 노크 소리가 들린다. 시를 쓰는 데 따라오는 공포감은 비밀경찰 앞에서 겪는 공포감과 전혀 다르다. 존재 그 자체를 놓고 느끼는 우리의 수수께끼 같은 경외감은 항상 폭력과 파괴의 보다 원시적인 공포감 앞에 압도당한다.[9]

작곡가 프로코피예프도 어디선가 늘 자신을 주시하고 있다는 것을 느꼈다. 러시아 혁명 당시 서방으로 떠났던 그는 1936년 아내와 두 아들까지 모두 데리고 모스크바로 완전히 다시 돌아왔다. 숙청이 절정을 향해 가고 있던 시기였다. 스탈린 정권의 고국으로 돌아온다는 것이 어떤 의미인지 프로코피예프는 잘 알지 못했다. 외국에서 쌓아온 명성을 인정받고 넉넉한 작업 시간만큼은 보장받을 수 있었지만 고향은 이미 그 어떤 곳보다 낯설게 변해 있었다. 어두운 복장의 남자들이 프로코피예프가 가는 곳 어디에나 있었고, 전화선 너머에서도 숨죽인 제3의 존재가 감지되었다. 오페라 <세미온 코트코>의 상연을 앞두고는 연출을 맡은 절친한 동료 메이어홀드가 체포되는 것을 보아야 했다. 이후 프로코피예프는 메이어홀드의 소식을 들을 수 없었다.

강제노동수용소로 보내지거나 총살을 당하는 문인과 예술가가 점점 더 많아졌다. 마침내 음악계에도 보이지는 않는 총성이 울렸다. 첫 번째 표적으로 결정된 것은 쇼스타코비치였다.

쇼스타코비치의 두 번째 오페라 <므첸스크의 맥베스 부인>은 소비에트 연방뿐 아니라 전 세계가 주목한 화제작이었다. 1934년 1월 모스크바와 레닌그라드에서 초연된 후 미야코프스키, 프로코피예프 등 소비에트 연방 내의 음악계 인사들은 물론 비평가와 청중까지 이 오페라에 열광했다. 나라 안에서 2년 동안 80회 넘게 공연되었고 미국, 아르헨티나, 스웨덴, 스위스, 영국에서도 상연되었다.

그런데 1936년, 이해할 수 없는 일이 벌어졌다. <므첸스크의 맥베스 부인>의 상연이 금지된 것이다. 1월 28일자 당 기관지 《프라우다》에는 다음과 같은 내용의 글이 실렸다.

> (전략) 몇몇 극장들은 새롭게, 문화적으로 성숙한 소비에트의 인민들에게 쇼스타코비치의 오페라 <므첸스크의 맥베스 부인>을 하나의 혁신이자 성취로 간주하며 상연하고 있다. …… 청취자는 의도적인 불협화음과 지리멸렬한 음들의 흐름에 충격을 받는다. 이러한 '음악'을 따라가며 듣는 것은 매우 어려우며, 그러한 음악을 기억하는 것은 불가능하다. 이러한 바탕은 좌익주의자들의 예술이 극장에서 단순성, 리얼리즘, 명료함, 소박한 구어를 거부하게 만드는 그러한 바탕과 동일하며 …… 프티부르주아의

'형식주의'적인 시도에 희생된 것이다. 그는 살인을 통해 부의 소유에 집착하는 흉포한 여자 상인(카테리나)을 부르주아 사회에 의한 일종의 '희생자'로 그리고 있다. 이는 매우 형편없는 종말을 맞이할 수 있는 약삭빠른 독창성의 게임이며 …… 쓸모없이 낭비된 노력은 후회만을 부를 뿐이다.[10]

익명의 글이었다. 하지만 쇼스타코비치는 이 글이 스탈린이 쓴 것이라고 확신했다. 기사가 나기 이틀 전 스탈린이 당 고위 간부들과 함께 <므첸스크의 맥베스 부인>을 관람하다가 도중에 나가버린 것을 알고 있었기 때문이다. 그는 훗날 볼코프와 함께 쓴 회고록에서 이렇게 말했다.

> (전략) 이건 완벽하게 우리 지도자이신 스승님께서 하신 발언임에 틀림없다. 그 기사에는 그런 표현이 수두룩하다. 나는 스탈린이 쓴 부분과 자슬라프스키[11]가 이어준 부분까지 완벽하게 구별해낼 수 있다. 제목의 '음악이 아니라 혼돈'은 스탈린의 말투다. 전날의 《프라우다》에는 새 역사 교과서의 대략적인 형태에 대해 지도자이신 스승님의 휘황찬란한 조언이 실렸다. 그런데 거기에서도 그는 혼돈이라는 말을 썼다.[12]

쇼스타코비치의 오페라를 '음악이 아니라 혼돈'이라는 제목으로 매도한 **《프라우다》는 스탈린과 오랜 인연을 가진 언론 매체였다.** 스탈린은 원래 문필가였다. 많은 논문과 글을 썼다. 당에 들어가 신임을 얻은 것도 「마르크스주의와 민족문제」라는 논문 덕분이었다. 《프라우다》는 스탈린이 볼셰비키 신문 《즈베즈다》에서 글을 쓰다가 필력을 인정받아 새로운 볼셰비키 신문 창간을 권유받고 1912년 창간한 일간지였다. 창간 무렵부터 《프라우다》의 초대 편집인은 자신이 쓰던 여러 가지 필명 중에 '스탈린'을 주로 사용하기 시작했다. 러시아어로 '프라우다'는 '진실'이란 뜻이며, 스탈린에는 '철(鐵)'이라는 의미가 담겨 있다. 그런데 흥미롭게도 《프라우다》를 통해 음악과 음악인에 대한 탄압이 시작됐던 것이다. 1930년대 《프라우다》는 당 중앙위원회 강령만큼이나 영향력이 있었다.

최고 지도자가 된 스탈린이 과연 이 기사를 직접 썼을까? 썼다면 어디까지 직접 썼을까? 익명의 필자는 극과 음악 모두를 비판하고 있었다. 대본은 현실을 진실하게, 그리고 구체적이고 역사적으로 서술해야 할 소비에트 예술의 의무를 저버리고 있으며, 음악은 일반인이 알아들을 수 없는 서방의 '형식주의'에 빠져 있다고 지적한 것이다.

사실 스탈린은 종종 그의 정적들에게 교양과 예술적 감각이 없다는 이유로 무시를 당했었다. 그러나 그는 문화예술, 특히 문학에 매우 관심이 많았다. 그가 하루 평균 읽는 500페이지 중에는 업무 서류 외에도 소설이나 희곡이 상당 부분 포함되어 있었다. 연필을 들고 책 여백에 노트를 남기기도 했다는데, 감상했던 오페라 음반도 속지에 평을 기록할 정도였다. 스탈린은 클래식 음악에 대해 자신의 관심을 표현하기를 좋아했다고 한다. 언젠가 그가 좋아하는 테너 이반 코즐로프스키가 중앙위원회 위원들 앞에서 노래하게 되었을 때의 일이다. 위원들이 이반에게 신나는 민요를 불러보라고 하자, 스탈린이 끼어들어 "왜 코즐로프스키 동지를 압박하는가? 그가 부르고 싶어 하는 노래를 부르게 해라. 그는 <예브게니 오네긴>에 나오는 렌스키의 아리아를 부르고 싶을 것이다"라고 말했다고 한다.

초연이 2년이나 지난 시점에, 그것도 이미 국내외에서 성황리에 연주되고 있던 중에 <므첸스크의 맥베스 부인>이 공개적인 비난을 받게 된

진짜 이유는 무엇이었을까? 이에 대해서는 작곡가 쇼스타코비치가 지닌 대내외적인 영향력 때문일 것이라는 주장이 설득력을 갖는다. 소비에트 연방을 대표하는 작곡가로 국내외에서 인정받을 만큼 그는 어떤 작곡가보다 전도유망했다. 더욱이 소비에트 작곡가 동맹의 레닌그라드 지역 책임자도 맡고 있었다. 그런 쇼스타코비치를 공격한다는 것은 한 개인에 대한 위협이 아니라 소비에트 음악가 전체에 대한 경고였던 것이다.

<므첸스크의 맥베스 부인> 사건은 공개적인 논쟁으로 이어졌다. 모스크바와 레닌그라드에서 열띤 토론이 열렸고, 한 달 사이에 나온 관련 기사들은 80쪽 가까이나 되었다. 군인 투하체프스키는 스탈린과 쇼스타코비치 사이에서 중재 역할을 하려고 애썼다. 음악학자 이반 솔레르틴스키 등 몇몇 동료 음악가들은 쇼스타코비치를 옹호하기는 했지만, 당시 진행되고 있던 대규모 숙청 사업은 모든 이들의 입을 막는 공포로 작용하고 있었다. 상황은 쇼스타코비치에게 '형편없는 종말'을 예고하는 듯 점점 더 악화되었다. 쇼스타코비치는 당시 상황을 아래와 같이 기록했다.

> 나는 완전히 무너져 내렸다. 그것은 내 과거를 전부 말살해버리는 타격이었다. 미래도 함께 지워졌다. 누구에게 자문을 구해야 할까? …… 나는 투하체프스키 원수에게 갔다. …… 내가 무슨 나병환자이기나 한 것처럼 사람들이 가까이 오기를 꺼려 했다. 나는 기피 인물이었지만 투하체프스키는 나를 만나주었다. 우리는 그의 집무실에 들어가 문을 잠그고 전화선을 빼놓았다. 우리는 말없이 앉아 있었다. 한동안 그렇게 있다가 아주 작은 목소리로 이야기하기 시작했다. 나는 작은 목소리로 말했다. 슬픔과 절망으로 목소리가 잠겼기 때문이었다. 투하체프스키도 낮은 목소리로 이야기했다. 도청 당할까 걱정되어서였다.[13]

《프라우다》 비판 이후 쇼스타코비치에게 작품을 의뢰하는 건수가 눈에 띄게 줄었다. 그의 작품을 공연하는 횟수도 제한되었다. 마음대로 공연장에 나타날 수도 없었다. 자연스럽게 한 집안의 가장으로서 짊어져야 하는 부담도 커졌다. 그는 친구에게 이런 편지를 보냈다.

> 이전엔 한 달에 1만~1만 2,000루블은 벌었었는데 요즘은 2,000~3,000루블도 벌지 못하네. 11월 19일에는 저작권국이 250루블을 계좌로 입금했더군. 모든 것을 절약해야 한다네.[14]

쇼스타코비치 주변 인물들이 소리 소문도 없이 사라지는 상황이 이어졌다. 투하체프스키가 '나치 독일의 스파이', '군사적 트로츠키주의자 음모'라는 죄목으로 체포되어 처형당했다. 누나 마리아와 그녀의 남편 브제볼로드, 장모 소피아, 삼촌 막심이 체포됐다.

다른 영역에 비해 음악계는 무자비한 죽음의 피바람이 불지 않았다고 알려져 있다. 그러나 쇼스타코비치는 음악가들이 피해를 입지 않았다는 이야기는 티혼 흐레니코프와 그의 심복들이 퍼뜨린 것이라고 주장하며 오르가니스트 니콜라이 비고드스키, 모스크바 음악원장이었던 볼레스라프 프쉬비셰프스키, 음악학자 디마 가체프 등을 거론했다.

음악계가 겪은, 통계로도 잡히지 않는 탄압과 숙청은 쇼스타코비치를 비롯한 소비에트 음악가들에게 회복될 수 없는 비극적 트라우마로 남았다. 그들은 오랫동안 독재자가 휘두르는 보이지 않는 칼날 밑에서 숨죽여 엎드려야 했다.

▲ **독-소 불가침 조약 조인식** 스탈린이 참석한 가운데 외무인민위원 몰로토프가 서명하기 위해 앉아 있다.

1939~1945년: 스탈린그라드를 위한 레닌그라드

제2차 세계대전이 일어나기 직전인 1939년 8월 23일, 독일과 소비에트 연방 사이에 불가침 조약이 맺어졌다. 서로를 맹렬히 비난해온 두 독재자가 손을 잡다니! 그 파장이 국제 정치에 어떤 흐름을 만들어낼 것인지, 세계는 서명이 이루어진 모스크바 크렘린을 주목하게 되었다.

   이 조약이 체결되기 전까지 스탈린은 국제 정치 문제에 적극적인 개입을 하지 않고 있었다. 나라 밖에서 일어나는 일은 전혀 모르고 관심도 없다는 오해도 받았다. 정적 트로츠키나 부하린은 스탈린이 마르크스의 '세계 사회주의 혁명' 계획을 포기했다고 비난했었다. 그러나 스탈린은 결단코 평화주의자가 아니었다. 다만 소비에트 연방의 영향력이 충분히 확대되기 전에는 강대국 간의 외교 분쟁에 휩싸이지 않는 것이 현명하다고 판단했던 것이다. 또한 1930년대 말까지 스탈린의 최우선 과제는 국내 변혁을 위한 대량 숙청 사업이었다. 그러나 그는 유럽과 아시아 대륙에서 일어나는 사건들을 늘 주시해왔다.

세계를 바짝 긴장하게 만든 독-소 불가침 조약. 그러나 두 명의 독재자는 서로를 믿지 않았다. 스탈린은 샴페인잔을 들고 '총통 히틀러'의 건강을 기원하며 건배를 외쳤지만, 조약에 서명할 때는 "독일의 궁극적 목표가 우리를 공격하는 것임을 잊지 않고 있겠지"라며 측근에게 읊조렸다고 한다.

초반에는 호흡이 척척 맞았다. 조약을 맺은 지 열흘도 되지 않아 독일은 폴란드 서쪽을 공격했고, 며칠 뒤 소비에트군이 동쪽에서 치고 들어갔다. 폴란드는 둘로 찢어졌고, 양국은 그해 9월 29일 사이좋게 우호 국경 조약까지 맺었다. 그러나 밀월은 오래가지 않았다.

1941년 6월 22일, 조약을 깬 것은 히틀러였다. 독일이 바르바로사 작전명으로 소비에트 연방을 공격한 것이다. 1945년 독일의 항복으로 제2차 세계대전이 종결되기 직전까지 계속된 이 전쟁을 소비에트 연방에서는 '대조국 전쟁'이라고 부른다.

나치군의 침공 몇 달 만에 넓은 영토를 속수무책으로 빼앗기는 상황이 벌어졌다. 무엇보다도 식량공급체계가 급속히 무너졌다. 농산물 암거래가 늘어나기 시작했다. 그러나 스탈린은 이를 통제하지 않기로 했다. 도시의 식량 부족 상태를 개선하기 위해선 시장경제체제가 도움이 된다는 것을 인정하지 않을 수 없었던 것이다. 피도 눈물도 없던 철권의 체제가

▲ 레닌그라드 소방대원 시절의 쇼스타코비치 그는 독일 침공이 시작되자마자 자원입대했다.

느슨해졌다.

 이 시기 스탈린은 문화예술 분야에서도 어느 정도 표현의 자유를 열어놓았다. 시인 안나 아흐마토바의 일부 작품들이 라디오나 음악회를 통해 대중에게 낭독되는 것이 허락되었다. 물론 러시아 민족의 업적을 강조한 시들을 중심으로 가능한 일이었지만, 1935년에서 1940년에 걸쳐 그녀가 쓴 연작시「레퀴엠」이 출판 금지되었던 것을 생각하면 놀라운 조치였다. 위기에 처해 있는 국가를 위해 모두가 기꺼이 나설 수 있도록 스탈린은 가능한 모든 방법들을 동원했다.

 음악 분야에서는 자신과는 언제나 늘 불편한 관계였던 쇼스타코비치를 활용했다. 특히 전쟁 중에 쇼스타코비치가 완성한 교향곡 7번「레닌그라드」는 대표적인 전쟁 교향곡으로서 소비에트 국민의 애국심을 고취시켰을 뿐 아니라 세계 음악계와 세계 언론의 주목을 받았다. 쇼스타코비치는 곡을 완성하기에 앞서 레닌그라드 라디오를 통해 다음과 같은 방송을 했다.

> 소비에트 연방 음악가들이여, 내 사랑하는 수많은 무장한 동지들이여, 친구들이여! 우리의 예술이 말할 수 없는 위험에 처해 있습니다. 우리 음악을 수호합시다. 거짓 없이, 사심 없이 일합시다. …… 한 시간 전, 나는 새로운 대규모 교향적 작품의 2악장을 끝냈습니다. …… 이 작품의 3악장과 4악장을 완성하는 데 성공한다면, 이 작품은 나의 일곱 번째 교향곡이 될 것입니다.[15]

쇼스타코비치는 전쟁이 터지자마자 자원입대해 레닌그라드 음악원 소방대원으로 복무를 시작했다. 독일 침공 4개월 만에 완성한[16] 교향곡 「레닌그라드」는 레닌그라드가 아닌, 볼가 강 유역의 쿠이비셰프에서 이듬해인 1942년 3월 5일에 초연되었다. 초연 다음 날 《프라우다》에는 "소비에트 예술의 위대한 날"이라는 제목의 기사가 실렸다. 극찬 일색이었다. 모스크바 초연 후에도 《프라우다》는 「레닌그라드」에 많은 지면을 할애했다.

1942년 8월 9일 교향곡 「레닌그라드」가 드디어 레닌그라드에서 초연되었다. 도시는 여전히 나치군이 포위하고 있었다. 당시 현장에 있던 보그다노프–베레좁스키는 일기에 이렇게 기록했다.

> 홀은 거대한 크리스탈 샹들리에로 환히 밝혔다. …… 청중들 중에는 포위된 레닌그라드의 음악계를 대표하는 모든 이들, 거의 모든 이들이 있었다. 작곡가들, 오페라 하는 사람들, 교육자들, 무장한 군인들과 장교들도 앞자리에 있었다. 오케스트라는 임시로 자리한 군악대 소속 연주자들에 의해 더욱 보강되었다. 악보에 따르면 호른 8대, 트럼펫 6대, 트롬본 6대, 수많은 타악기가 필요했다.
> 현악 파트에서 유니슨으로 나오는 테마를 들으면서 흥분하지 않을

수 없었다. 마지막 두 악장은 꽤 신선했다. …… 그 누구도 이 작품에 대한 인상을 말할 수는 없었다. 그것은 어떤 하나의 인상이라고 말할 수 없는, 믿기 어려운 경험이었다. 청중들만이 그것을 느낀 것이 아니라 연주자들 또한 경험했다. 연주자들은 마치 스스로에 대한 삶의 연대기를 읽어내는 것처럼 악보를 읽어냈다.[17]

쇼스타코비치의 제7번 교향곡 「레닌그라드」는 1942년 스탈린상 1등상을 받았다. 1939년부터 시작된 스탈린상은 문학, 예술, 그리고 과학 분야에서 이룬 뛰어난 성과물에 수여하는 것이었다. 이 상은 특권을 보장했고 금전적인 보상도 뒤따랐다. 1등은 10만 루블을 수여받았다. 당시 기술자, 의사, 교사의 연봉이 3,600루블이었던 것에 비교하면 대단한 상금이었다. 전쟁을 치르는 4년 사이 「레닌그라드」와 같은 전쟁 교향곡들이 30곡 가까이 만들어졌다.

한편 「레닌그라드」는 마이크로필름 형태의 악보로 미국으로 건너갔고, 1942년 7월 19일 아르투로 토스카니니가 지휘하는 국립방송교향악단 오케스트라(National Broadcasting Symphony Orchestra)의 연주로 라디오를 통해 수백만 미국인에게 전달되었다. 1942~1943년 시즌에 「레닌그라드」는 미국에서만 62번 연주되었다. 쿠세비츠키, 스토코프스키, 오르먼디, 로진스키 등 쟁쟁한 지휘자들이 이 작품을 무대에 올렸다. 영국, 호주, 중남미 등 전 세계에서도 연주되었다. 서방 국가에서 연주되는 쇼스타코비치의 교향곡 7번은 교향곡 이상의 의미를 갖고 있었다.

쇼스타코비치의 교향곡 7번 「레닌그라드」는 살아남기 위해 싸우는 소비에트 연방 국민들에게는 사기 진작의 음악이었던 동시에, 국제적으로는 소비에트 연방과 스탈린을 옹호하는 선전음악으로 활용되었다. 사실 바르바로사 작전이 시작되기 전까지 스탈린은 서방 정치 논평가들의 관심을 받지 못했다. 그러나 독일의 침공 이후 스탈린은 나치에 맞서 싸우는 나라들 사이에서 영웅이 되었다. 미국 시사 주간지《타임스》는 스탈린을 국제 문제 전문가로 인정하며 올해의 인물로 선정했고 호의로 가득한 사설을 썼다.

> 이름이 러시아어로 강철을 뜻하고 몇 마디 영어를 하면서 '터프가이'라는 미국식 표현을 쓴 이 사람은 1942년 '올해의 인물'이었다. 1942년 러시아가 얼마나 패배에 가까이 다가갔는지 정확히 안 사람은 이오시프 스탈린뿐이었고, 러시아가 그 난관을 어떻게 극복해야 할지를 안 사람도 이오시프 스탈린뿐이었다.[18]

스탈린은 국제적 정치가로서 새로운 이미지를 갖게 되었다. 그의 결정과 행동은 소비에트 연방과 세계 평화를 위한 것으로 여겨졌다.

1942년 8월, 제2차 세계대전의 중요한 전환점이 된 스탈린그라드 전투가 시작됐다. 스탈린그라드! 볼가 강 서안에 있는 이 큰 항구 도시는 1925년 이전에는 '예카테리나 여왕의 도시'라는 뜻의 '차리친'이라고 불렸었다. 처음에는 독일군이 우세했다. 그러나 소비에트군은 완강히 저항했고 치열하게 싸워 독일군을 항복시켰다. 스탈린그라드에서의 극적인 역전은 스탈린과 소비에트 국민에게 자신감을 회복시켜주었고, 이를 기점으로 독일군을 물리칠 수도 있겠다는 희망이 커지기 시작했다.

프로코피예프가 1944년 작곡한 교향곡 5번은 희망이 잘 드러나 있는 작품으로 알려져 있다. 1945년 3월, 모스크바 국립 음악원 대연주홀에서 20발의 축포가 울려 퍼졌다. 프로코피예프가 직접 지휘하면서 이 작품을 초연한 것이다. 이 작품 역시 1946년 스탈린상을 받았다.

전선을 순회하며 부대를 위문하는 공연 단체들의 활약도 대단했다. 클래식 연주자들은 물론 배우, 가수, 발레 무용수, 민속음악가, 서커스 기예인 등 여러 다른 부류의 예능인들이 모여 복합적인 무대를 보여주었다. 한쪽에서는 가벼운 장르가, 다른 한쪽에서는 차이코프스키의 <백조의 호수>가 공연되는 식이었다.

한편, 스탈린은 소비에트 연방의 새로운 국가(國歌)를 공모했다. 172명의 시인과 76명의 작곡가가 경쟁한 끝에 세르게이 미할코프와 가브리엘 엘-레기스탄이 가사를 쓰고, 알렉산드르 알렉산드로프가 곡을 붙인 노래가 당선되었다. 다음은 1944년 새해 첫날 라디오를 통해 처음으로 방송된 새 국가의 악보와 2절 가사이다.

폭풍우를 헤치고 자유의 태양이 우리를 비추었네
위대한 레닌이 우리를 위해 길을 밝히고
스탈린이 우리를 길렀네.
인민에게 충성하도록
노동에, 영웅적인 업적에 충성하도록 고무했네.[19]

이 노래는 1956년까지도 가사 변화 없이 그대로 불렸다.

1945년, 마침내 대조국 전쟁은 소비에트 연방의 승리로 끝났다. 승리의 대가는 병사와 국민이 치렀다. 1,060만 명의 병사가 전사했으며 민간인의 피해도 1,400만 명이 넘는 참혹한 승리였다. 그들의 처참한 희생을 딛고 독재자 스탈린이 일어섰다. 그는 파시즘에 대항해 승리를 이끈 영웅이 되어 있었다.

1945~1953년: 공포의 회귀

무자비한 숙청으로 독재 체제를 굳혔고, 제2차 세계대전의 승리로 '영웅'의 이미지까지 갖게 된 스탈린을 제재할 수 있는 것은 이제 아무것도 없었다. 연합국들과의 관계는 이미 전쟁 종식 전부터 삐거덕거리던 터였다. 스탈린은 얻어낼 수 있는 모든 것을 얻어낸 후 '철의 장막'을 더욱 무겁게 드리웠다. 초강대국 소비에트 연방의 독재자는 전시 동안 느슨해졌던 통제의 고삐를 더욱 바짝 잡아당겼다. 전쟁 후에는 소비에트가 좀 더 자유로워지고 생활도 편안해지리라고 믿었던 순진한 국민들의 환상이 순식간에 연기 속으로 사라져버렸다.

▲ **스탈린과 나란히 서 있는 즈다노프** 그는 제2차 세계대전 이후 스탈린을 대신해 문화예술계를 통제하기 위한 이념적 지침들을 엄격하게 강화했다.

먼저 서구주의와 세계주의가 청산되었다. 승리의 자긍심은 쇼비니즘을 부추겼다. 문화예술에서도 마찬가지였다. 전시 동안에 비교적 활발히 이루어졌던 서방 연합국 문화와의 교류[20]도 이제 계속되어야 할 이유가 없었다. 모든 문화 활동은 전쟁 이전의 상태로 돌아가야 했다.

스탈린은 심복 안드레이 즈다노프에게 칼을 건넸다. 즈다노프는 정치 활동 초기부터 정치선전 분야에 관여했으며, 소비에트 연방 작가동맹 결성에도 깊이 개입했던 인물이다. 제1차 작가동맹 총회에서 그는 '소비에트 문학, 가장 풍부한 사상을 담은 가장 선전적인 문학'이라는 제목의 개최 연설을 통해 사회주의 리얼리즘을 국가와 당이 승인하는 공식 이론으로 확립하고 선전하는 데 결정적인 역할을 했다. 또한 쇼스타코비치의 오페라 <므첸스크의 맥베스 부인> 사건과 관련해서도 그의 이름이 언급될

만큼[21] 즈다노프는 이미 오래전부터 스탈린 곁에 가까이 있으면서 문화 예술계를 어떻게 효과적으로 제어해야 하는지를 학습해왔다. 1946년, 마침내 그에게 기회가 왔고 이른바 '즈다노비즘(zhdanovism)' 또는 '즈다노프시나(zhdanovshchina)'라고 불리는 한층 강화된 예술 정책들에 의해 새로운 공포 시대가 시작되었다.

도화선이 된 것은 문학이었는데, 그것도 동화책이 문제가 되었다. 『원숭이의 모험』이라는 동화책을 쓴 조시첸코는 이전부터 당, 정보기관, 작가동맹, 언론 기관을 통해 지속적으로 공격을 당해온 작가였다. 동물원을 탈출한 원숭이가 도시에서 겪는 갖가지 고생과 사건을 유쾌하고 가볍게 그리고 있는 이 동화를 즈다노프는 체제를 비판하는 문제작으로 확대시켰다. 스탈린은 "작가는 어떤 동물류에 속하냐?"는 모욕적인 질문을 조시첸코에게 던졌다고 한다. 조시첸코는 작가동맹에서 축출당했고 1953년이 되어서야 복귀할 수 있었다.

1946년 가을 즈다노프는 문학, 연극, 영화 등 각 분야에서 문제가 되는 부분들을 지적하고 경고하는 결의문[22]들을 차례차례 발표했다. 예술가들은 새로운 숙청의 시대가 도래했다는 것을 예감했다. 그런데 웬일인지 음악 분야는 아무 일 없이 잠잠했다. 1년 이상의 시간이 흘러갔다.

1948년 1월, 마침내 사건이 터졌다. 1936년의 쇼스타코비치의 오페라 <므첸스크의 맥베스 부인>을 상기시키는 큰 사건이 일어난 것이다. 이번에는 무라델리의 오페라 <위대한 우정>이 타깃이었다. 오페라 <위대한 우정>은 러시아 혁명 30주년이던 1947년에 완성되었고 12개 도시에서 초연되었을 만큼 당 예술위원회의 적극적인 후원을 받은 작품이었다. 그 가운데 네 번의 공연이 혁명의 실제 기념일인 11월 7일에 연주되었을 정도였다. 그러나 즈다노프가 작품을 관람하고 난 후 상황은 급변했다.

즈다노프는 모스크바의 작곡가들을 중앙위원회 청사로 소환해 3일에 걸쳐 회의를 진행했다. 즈다노프는 '음악이 아닌 혼돈'이 여전히 활기를 치고 다닌다고 개탄하며 자하로프, 흐레니코프, 제르진스키, 크니퍼, 셰발린, 하차투리안, 쇼스타코비치 등 여러 음악가들의 의견을 구했다. 무라델리의 오페라가 발단이었지만 전반적인 작곡 상황, 음악 교육의 문제, 작곡가 동맹과 비평 문화에 대한 문제점 등 폭넓은 주제들이 논의되었다. 어느 누구도 속내를 다 드러낼 수는 없었다. 쇼스타코비치는 자신에 대한 극단적인 비판에는 불만을 표시하기도 했지만 전반적으로는 자아비판의 자세를 취했다.

즈다노프는 회의 결과를 정리하여 결의문 '무라델리의 오페라 위대한 우정에 대하여'를 발표했다(1948년 2월 10일).

연방 공산당 중앙 위원회는 10월 혁명의 30주년 기념일에 볼쇼이 극장에서 공연된 <위대한 우정>을 그 음악과 대본에 있어서 결점을 가진 반예술적 작품으로 간주한다. 이 오페라의 기본적인 결점은 첫 번째로 음악이다. 이 오페라의 음악은 표현적이지 않고 취약하다. 단 하나의 기억할 만한 선율이나 아리아도 갖고 있지 않다. 음악이 혼란스럽고 귀에 거슬리며, 계속적인 불협화와 귀청이 터질 것 같은 소음들로 구성되어 있다. …… 작곡가는 소비에트 연방에 풍부하게 넘쳐나는 민속 선율과 노래들, 후렴구들이나 춤곡들을 이용하지 않았고 …… 특별히 러시아 고전 오페라의 전통을 무시했다.[23]

결의문은 무라델리 오페라를 비판하는 데에서 그치지 않고, 음악계의 전반적인 문제점들을 세세하게 지적한다. 이름이 직접적으로 거론된 작곡가들도 여러 명 있었다.

특별히 나쁜 것은 형식주의적 반민족적 운동에 집착하는 작곡가들이 작곡한 교향곡과 오페라들이다. 운동은 쇼스타코비치, 프로코피예프, 하차투리안, 셰발린, 포포프, 미야스콥스키 같은 작곡가들의 작품에서 그 최악의 표현들을 찾아볼 수 있다. 이러한 형식주의적 왜곡과 반민주적 경향은 인민들과 그들의 예술적 취향과 동떨어져 있는 것이다. (후략)[24]

결의문은 아래와 같은 다짐으로 끝을 맺는다.

연방 공산당 중앙위원회는 결의한다.
1. 형식주의 움직임은 반민족적인 것이며 음악을 종말로 이끄는 것이므로 비난한다.
2. 중앙위원회의 선전선동부와 예술위원회는 소비에트 음악의 상황을 바로잡고, 현 중앙 위원회 결의문에서 지적된 결점들을 청산하고, 소비에트 음악의 발전을 리얼리즘의 방향으로 지키도록 노력한다.
3. 작곡가들은 음악 예술에 대한 인민들의 고귀한 요구를 충분히 인식해야 한다. 음악을 약하게 만드는 것과 그 발전을 가로막는 것들을 청산하고, 음악의 모든 분야에서 인민들에게 맞는 높은 수준의 작품들을 창조하는 작업을 책임져야 한다.
4. 음악적 상황을 개선하도록 고안된, 당과 기관들에 상응하는 조직들을 승인하도록 한다.[25]

이 결의문의 여파는 일파만파로 커졌다. 나흘 뒤 '형식주의자' 작곡가들이 쓴 작품 42편의 연주가 금지되었고, 거기에는 쇼스타코비치의 교향곡 6번, 8번, 9번과 프로코피예프의 소나타 6번과 8번, 포포프의 교향곡 1번 등이 포함되었다. 직장에서 쫓겨나고 공연이 취소된 건 물론이었다. 소비에트 음악계가 충격에 휩싸였다. 작곡가 동맹에 소속된 음악가들이 일주일 동안 모여 결의문의 내용에 대해 논의하였다. 그리고 쇼스타코비치는 제1차 작곡가 동맹 총회에서 자포자기의 심정으로 다음과 같이 발언했다.

> 최근 예술에 관해 전국 공산당 중앙위원회가 내린 모든 결정, 특히 오페라 <위대한 우정>에 관한 1948년 2월 10일의 결정은 엄청난 국가적 사기향상운동이 우리나라, 이 위대한 소련에서 벌어지고 있음을 지적한 것이다. 나를 포함하여 일부 소련 예술가들은 각자의 작품에서 이 위대한 국민적 사기향상운동을 표현하려고 시도했다. 하지만 나의 주관적 의도와 객관적 결과물 사이에는 경악스러울 정도의 간극이 있다. 내 작품에 우리 국민들이 살아가는 위대한 정신인 민족 예술의 해석이 부족하다는 점은 전국 공산당 중앙위원회에 의해 지극히 명료하고 단호하게 지적된 바 있다. 나는 그 지적과 결론에 담겨 있는 모든 비판에 대해 깊이 감사드린다. 전국 공산당 중앙위원회의 모든 지시, 특히 나에 관련된 것을 나는 우리들, 다시 말해 소련의 예술가들에 대한 부모와 같은 준엄한 훈계로 받아들인다. 작업하라. 소비에트 국민의 가슴에 닿을 새로운 작품을 근면하고 창조적이고 기쁘게 작업하라. 그런 작품이라야 국민들에게 이해되고, 사랑받고, 민중의 예술에게 유기적으로 관련될 것이며, 러시아 고전의 위대한 전통에 의해 발전되고 풍요로워질 것이다.[26]

쇼스타코비치뿐 아니라 회의에 참석한 작곡가들 모두가 자아비판과 반성의 내용을 담은 편지를 써서 스탈린에게 전달했지만, 그 누구보다도 큰 충격을 받은 것은 쇼스타코비치임에 틀림없었다. 이 당시 쇼스타코비치는 죽고 싶다는 마음을 자주 내비칠 정도로 상황이 심각했었다고 한다. 그는 이듬해 오라토리오 <숲의 노래>로 스탈린상을 받고 나서야 복권될 수 있었다. <숲의 노래>는 제2차 세계대전으로 황폐해진 땅을 복구시켜 사회주의 유토피아를 건설하려는 소비에트 국민의 모습을 노래한 걸작이라는 평가를 받았다.

즈다노프는 쇼스타코비치가 <숲의 노래>로 명예를 회복하는 것을 보지 못했다. 결의문을 발표하고 6개월 만에 의문의 죽음을 당했기 때문이다. 그러나 그 후로도 오랫동안 모든 소비에트 음악가들은 즈다노프가 발표한 결의문에 따라 강제적으로, 혹은 자발적으로, 때로는 강제와 자율이 혼합된 방식으로 작업에 임해야 했다. 그리고 즈다노프에게 예술 통제권을 양도했던 독재자는 그의 죽음을 이용해 당 지도부 전체를 숙청의 위기로 또 한 번 몰아넣었다.

프로코피예프가 작곡한 칸타타 「우리 시대의 노래」 가사 중에는 다음과 같은 부분이 나온다.

> 크렘린 벽 뒤에는 어떤 분이 있단다.
> 전 국민은 그가 누구인지 알고 사랑하지.
> 너의 기쁨과 행복은 그에게서 오는 거야
> 스탈린! 이것이 그분의 위대한 이름이란다.

음악작품 안에서는 소비에트 모든 국민의 사랑을 받는 위대한 지도자로 그려졌지만, 현실은 그렇지 못했다. 스탈린은 자신이 유일하게 사랑한 단 한 사람의 마음도 얻지 못한 불행한 인간이었다. 스탈린의 무조건적인 사랑을 받았다는 외동딸 스베틀라나조차 아버지를 사랑하거나 이해하지 못했다. 그녀는 스탈린 사망 이후 어머니의 성으로 개명하고 미국으로 망명했으며, 평생을 아버지와 소비에트 체제를 비난하며 살다가 2011년 미국의 한 복지 시설에서 쓸쓸하게 세상을 떠났다.

스탈린은 가장 극단적이고 잔혹한 방식으로 모든 것을 통제하려 했다. 음악을 비롯해서 소비에트 내의 모든 삶과 생활은 이론적으로나 현실적으로나 중앙에 있는 국가의 통제를 받았다. 그 과정에서 많은 것들이 희생되어야 했지만 그는 전혀 흔들리지 않았다. 음악은 공포정치의 수단으로 전락했고 통제와 억압의 대상이 되었다. 크렘린의 음악은 비정상적인 지도자가 음악과 음악가를 어디까지 왜곡하고 절망시킬 수 있는지를 보여준 20세기의 비극적인 예였다.

무솔리니,
이탈리아 파시즘과
음악

박윤경

베니토 무솔리니 (Benito Mussolini, 1883~1945)

1883.07.29. 이탈리아 북부 프레다피오에서 출생
1912.11. 사회당 기관지 《아반티》 편집장에 임명
1914.10. 제1차 세계대전 참전 운동에 동조한 결과 사회당에서 제명. 《이탈리아 인민》 창간
1919.03.23. 밀라노에서 '파스키 전투연맹' 결성
1921.03.15. '국민 파시스트당' 창당
1922.10.24. 나폴리에서의 파시스트당 전당대회와 '로마 진군' 결과 수상에 임명
1925.01.03. 독재 체제 공표
1929.03.24. 선거 결과 파시스트당의 의회 독점
1936.05.10. 에티오피아 침공을 기념하여 '이탈리아 제국' 선포
1939.05.22. 히틀러와의 군사 동맹
1940.06.10. 영국과 프랑스에 선전 포고
1943.07.25. 실각과 체포
1945.04.28. 망명 시도 중 공산주의자들에게 체포, 정부 클라라 페타치와 함께 처형

베를루스코니 이탈리아 전 총리는 2003년 한 언론사 인터뷰에서 베니토 무솔리니를 옹호하는 발언으로 악명을 높였다. "무솔리니는 아무도 죽이지 않았고 …… 반파시스트들을 휴가 보내준 너그러운 독재자였다"(*The Spectator*, 2003년 9월 13일). 히틀러와 스탈린의 학살 규모에 비할 때 무솔리니는 살인자라 불릴 자격도 없으며, 당시 정치범 수용소가 있던 섬들(포차, 마달레나 등)은 현재 유럽의 각광받는 휴양지라는 웃지 못할 논리에서였다. 무솔리니 치하에서 3,000명 이상의 정치범들이 처형당하거나 살해당했다. 또한 8,000여 명의 유대계 이탈리아인들이 나치 강제수용소로 이송되었다. 무솔리니 전기 작가인 데니스 맥 스미스는 무솔리니를 "살인에 대해 추호의 주저함도 없는 인간"[1]으로 그렸다. 베를루스코니의 파시즘 옹호 발언 직후 이탈리아 여론은 들끓었고, 국회에서 총리 사임 요청이 거론되자 결국 베를루스코니는 유대인협회 지도자들에게 공개 사과했다. 무솔리니를 둘러싼 최근의 또 다른 이슈는 여성 편력이다. 무솔리니와 함께 처형당한 정부(情婦) 클라라 페타치의 기록대로라면 무솔리니의 여자는 5,000명 이상으로 추산된다. 끊임없이 성추문을 몰고 다니는 베를루스코니 전 총리는 또다시 무솔리니에 비견되면서 이탈리아에서는 권력과 여성편력이 함께 가는 법이라는 냉소까지 쏟아졌다.

스탈린이나 히틀러보다는 덜 성공적인 독재자로(찰리 채플린의 1940년 영화 <위대한 독재자>에서 묘사된 '박테리아의 나폴리니'의 열등감에서 볼 수 있듯), 무자비한 살인자로, 또는 놀라운 정력가나 선동가로 그려지며 여전히 세간의 주목을 받고 있는 무솔리니. 과연 이탈리아 파시스트 정권 치하(1922–1943)에서 이 독재자의 이미지는 어떠했으며 프로파간다는 어떻게 이루어졌을까?

'두체(Il Duce; 지도자, 무솔리니의 별칭)'를 미화하는 프로파간다의 중요한 소재로는 영웅주의나 남성성, 로맨스, 예술적 감수성이 있었다. 심지어 무

무솔리니의 파시스트당 창당과 정권 장악의 배경

무솔리니는 이탈리아의 제1차 세계대전 참전을 주장하다가 사회당에서 제명당했고 '파스키(Fasci)'라는 단체를 조직했다. 이 명칭은 고대 로마의 통합의 힘과 법적 권위의 상징물인 막대 묶음에 도끼를 얽어맨 '파스키스(Fascis; 묶음, 속간)'에서 유래한 것이다. 이 단체는 1917년 퇴역군인, 민족주의자, 미래주의자 들을 집결하여 '전투연맹(Fasco di Combattimento)'으로 재편되었고, 이를 바탕으로 1921년에는 '국민파시스트당(Partito Nazionale Fascista)'이 결성되었다. 이탈리아는 제1차 세계대전의 승전국임에도 전후 국채 부담, 빈곤과 인플레이션, 사회당과 공산당의 위협 아래 놓이게 되었다. 결국 사회당의 총파업의 위협 속에서 파시스트당은 정부 대신 질서를 수호할 것을 선포했고 1922년 '로마 진군'을 감행하였다. 국왕 빅토르 엠마누엘 3세의 위촉하에 무솔리니가 정권을 이양받고 수상에 임명된 것은 이처럼 기존 정부가 민중의 소요를 통제할 능력을 상실하고 무력함이 노출된 상황에서였다. 중산층과 자본가들은 질서와 재산을 유지하고자 하는 희망에서 파시스트당을 지지했다. 무솔리니는 사회당원 시절부터 조르주 소렐의 폭력 미화로부터 큰 영향을 받았으며, 파시스트당의 행동 원리들은 폭력성에서 비롯되었다. 1930년대에 이탈리아의 독재 이데올로기는 유럽(독일, 소련, 스페인, 동유럽)을 넘어 대공황의 미국에까지 영향을 미쳤고 파시즘의 본성이 진지하게 연구되기 시작했다.

솔리니를 '음악가'로 소개하는 책자가 출판되기도 했다. 무솔리니가 비범한 음악적 소양을 지녔고 음악계에 각별한 관심을 지니고 있다고 포장할 만한 소재는 풍부했다. 정권 초기부터 음악 저널들은 무솔리니가 어느 음악가를 칭송했는지, 어떤 공연을 관람했는지, 어떤 오페라하우스와 음악원에 관심이 있는지를 기사화했고 무솔리니도 저널리즘을 한껏 활용했다. 그럼으로써 정권 초기에 감수성 예민한 음악 애호가이자 예술후원자로서의 이미지 구축이 확실히 이루어졌다. 한편 파시즘 치하의 음악 정책이나 음악계의 상황을 분석하는 일은 좀 더 복잡한 문제를 야기한다. 음악은 타 예술 분야들과 마찬가지로 근본적으로 정권의 중요한 프로파간다 수단으로 활용되고 검열되었으나 문학이나 시각예술 분야들과 달리 음악(특히 가사가 없는 추상음악 장르)에서 파시즘이나 반파시즘의 요소를 발견하기란 쉬운 일이 아니다. 이탈리아 파시즘 시기 이전 이미 국제적 명성이 확고했던 푸치니와 토스카니니는 국내의 혼란스러운 정세 속에서 세계무대의 주역들로 활동했음에도 불구하고 푸치니의 경우 미래주의자들로부터 정치적인 비난을, 토스카니니의 경우 반파시스트적 태도로 인한 정치적인 탄압을 면치 못했다. 그러나 음악가 개인의 정치적 성향이 얼마나 음악 작품에 반영되는가의 문제는 대개 암시적이거나 간접적이었다.

정치적인 의미에서 볼 때 이탈리아 파시즘은 비일관성과 폭력성으로 특징지어지며, 이러한 특징은 문화정책에서도 동일하게 반영된다. 중요한 점은 파시즘이 근본적으로 문화정책이라는 것을 필요로 하지 않았으며 어느 시점까지는 폭력만으로도 충분했다는 점이다. 그러나 무솔리니 정권이 21년간 지속되는 동안 예술과 문화에 대한 교묘한 전략을 취함으로써 결과적으로 파시스트 이데올로기의 적대자들을 무력화시키고 나아가 기존의 예술가들을 정권에 봉사하게까지 했다. 이탈리아 파시즘은 민

> **무솔리니에 대한 여성들의 로망과 파시즘의 진상을 대비시킨 영화 〈무솔리니와 차 한 잔〉**
>
> 영화 〈무솔리니와 차 한 잔(Tea With Mussolini)〉(1999)에 나오는 피렌체의 예술 애호가들 중 영국의 귀족 부인 헤스터는 무솔리니에 대한 여성들의 절대적인 신뢰와 애정을 대표한다. 무솔리니와 히틀러의 합병으로 영국이 적대국이 됨으로써 영국인들이 수감되었을 때 구출을 주도한 인물이 바로 그녀가 속물이라고 경멸하던 부유한 유대인 여성임을 알게 되면서 헤스터는 파시즘의 현실에 눈을 뜬다.

족주의의 원동력이던 리소르지멘토(Risorgimento; 부활) 운동, 즉 고대 로마 제국의 영광을 부활시키려는 이상을 적극 수용하였고, 그 결과 프로파간다에서도 로마제국을 재현하는 상징들이 대거 활용되었다. 파시스트 정권의 문화정책상 동시대 유럽 모더니즘을 반영한 주제들은 배척되는 편이었다. 예술의 주제와 표현에서 문학은 타 예술에 비해 더욱 직접적으로 주제나 표현의 제한을 받았다. 오페라는 대본이 문학예술을 반영한다는 점에서 이 시기 검열 상황을 직접적으로 반영하는 것으로 볼 수 있다. 기악곡의 경우 제목이나 음향 특성으로 인해 프로파간다에 적극 활용된 사례들이 발견된다.

무솔리니 치하의 음악계 상황을 조명하기 위해서는 다음과 같은 질문에서 시작해볼 수 있다. 무솔리니의 음악관은 어떠했을까? 그는 얼마나 음악적이었을까? 두체의 음악적 감수성을 부각하는 프로파간다에서 이에 관한 정보를 얻을 수 있다. 좀 더 큰 맥락에서는 리소르지멘토의 이상과 미래주의 사조로부터 무솔리니의 문화정책의 핵심적인 요소들을 찾아볼 수 있을 것이다. 이와 더불어 음악가들의 구체적인 저항 사례들과 정권에 봉사한 사례들을 통해 파시스트 정권이 음악계, 특히 작곡가나 기관의 책임자들을 어떻게 다루었는지, 또 음악가들은 동시대의 정치적·사회적 상황에 얼마나 민감했으며 어떻게 대처했는지를 살펴보겠다.

프로파간다: 음악가 무솔리니

무솔리니와 음악계의 중요한 연계를 찾아볼 수 있는 사건은 주세페 베르디의 사망 후 열린 전국적인 규모의 추모 행사로 거슬러 올라간다. 1901년 이탈리아 북동부 로마냐 지역의 포를리에서는 교원양성학교 교장의 추천으로 한 학생이 추모 연설을 맡게 되었는데, 그가 바로 17세의 무솔리니였다. 그는 베르디의 음악적 업적을 언급하기보다는 베르디가 음악을 통해 정치적 혼란기에 애국심과 자유주의를 고취한 공로를 찬양했는데, 이 연설은 큰 주목을 받으며 이탈리아 사회당 기관지 《아반티(Avanti: 전진)》에 실린 바 있다. 무솔리니는 1912년 이 기관지의 편집장을 맡게 되었고 그의 저널리스트로서의 커리어는 후일 저널리즘을 활용한 프로파간다에서 큰 효력을 발휘했다.

무솔리니의 아들 로마노는 재즈 피아니스트였다. 로마노는 부친의 처형 후 성을 바꾸어 1950년대 중반까지 로마노 풀이라는 가명으로 활동했다. '음악가 무솔리니(Mussolini musicista)'라는 말은 아들 로마노와 같은 직업적인 음악가로서의 커리어를 말하는 것이 아니라 무솔리니 스스로가 음악가라는 타이틀에 대해 얼마나 큰 가치를 부여했는지를 보여주는 말이다. 1927년 프로파간다 담당 부서에서 바로 이런 제목의 책자를 위촉하여 출판했다는 사실이 이를 입증한다. 『음악가 무솔리니』의 집필을 맡은 저명한 음악비평가 렌시스는 이 책에서 무솔리니의 비범한 음악성을 드러내는 일화들을 전시했다. 무솔리니가 성장기부터 교회 합창과 오르간 음악에 얼마나 깊은 조예를 드러냈는지, 거리의 밴드 음악이나 새소리에도 얼마나 큰 호기심을 느꼈는지, 바이올린을 어떻게 배우게 되었는지를 비롯하여 그가 라디오와 축음기

듣는 것을 즐겼고, 자택에서뿐 아니라 관저에서도 틈틈이 바이올린을 연주했으며, 관저에 울려 퍼진 그의 바이올린 연주가 모두에게 감동을 주었다는 일화도 나온다.

무솔리니는 교향곡과 행진곡 장르를 선호했고, 가장 애호한 작곡가는 베토벤으로 그 음악의 신성함, 초월성, 절대성에 대해 진지하게 논한 바 있다.

> 나는 교향곡과 하모니에 있어 최고의 가수 베토벤을 찬양한다. 그가 영혼에 주는 기쁨은 지극히 숭고하고 초인적이어서 섬세하고 고통스럽기까지 한 전율을 일으키곤 한다. 최정상에 도달한 자만이 절대성과 미지의 영역에 대한 경외감을 알 수 있는 법이다. 베토벤의 음악은 인간을 도덕적 인본주의로부터 분리시킨다. 그것은 신의 인도를 받은 성자의 기적이다.[2]

무솔리니는 특히 베토벤의 교향곡 6번과 9번, 그리고 마지막 현악사중주를 공공연하게 칭송했다. 바그너에 대한 관심도 표명했는데 <파르지팔>은 혐오스러우나 보다 선율적인 <트리스탄과 이졸데>, <탄호이저>, <로엔그린>은 듣기 좋다고 했다. 그뿐만 아니라 이탈리아의 음악 전통도 의식하여 팔레스트리나와 그 후계자들의 음악에 대해 높이 평가했다. 1932년의 프로파간다 책자 『예술과 두체』에서는 이탈리아의 음악 전통이 구체적으로 거론되었는데, 여기에 열거된 작곡가들로는 성악음악의 팔레스트리나와 몬테베르디, 오르간 음악의 프레스코발디, 하프시코드 음악의 갈루피와 스카를라티, 관현악의 코렐리가 있다. 그뿐만 아니라 무솔리니는 푸치니, 마스카니, 달라피콜라를 비롯한 동시대 작곡가들의 작품에 대해서도 잘 알고 있음을 내비쳤다. 이러한 통치자의 음악적 소양과 입장을 종합하여 렌시스는 『음악가 무솔리니』에서 '파시스트 예술'이란 과거의 유산과 병행하여 미래를 향한 새로운 유산을 창조하는 것이라고 정의했다.

무솔리니가 각별히 총애했던 작곡가 프랑코 알파노는 1927년 무솔리니의 자택에서 현악사중주 신작을 발표하는 영광을 얻었다. 이 작품은 무솔리니에게 헌정되었다. 이 연주회에 참석했던 비평가 바릴리는 예술 애호가인 두체, 즉 무솔리니와 작곡가 알파노에 대해 다음과 같이 기록했다.

> 음악의 고요함 속에서 무솔리니는 분주하고 소란했던 일과로부터 위안을 찾는다. 그의 표정은 불꽃이 재가 되듯 흐릿해져 간다. 그의

▲ **1962년의 로마노 무솔리니** 부친의 초상화 옆에서 누이 안나 마리아와 함께.

옆에는 마에스트로 알파노가 자랑스럽게 앉아 있다. …… 알파노의 이 최신작은 심오한 명상의 가치가 있다. …… 알파노의 음악은 풍부한 음향과 함께 대칭적이고 질서 잡힌 발전의 구조가 특징이다.[3]

소설가이자 파시스트 열성당원이었던 안토니오 벨트라멜리는 필력을 과시하여 무솔리니가 암울한 순간마다 바이올린을 연주하며 음악으로부터 위안을 찾아 '신성한 영혼의 세계'로 이끌렸다고 쓰기도 했는데, 이처럼 **음악에서 위안을 찾고 베토벤을 찬양하는 감수성 풍부한 두체의 이미지는 이후 상당 부분 수정**된다. 정권 수립 10년차를 넘기면서 예술적 감수성으로부터 강력한 군사 지도력으로 초점이 옮겨 갔던 것이다. 파시스트 문화정책이 이탈리아인들을 더 강하고 전투적인 민족으로 변화시키기 위한 의도를 공적으로 표명하게 되었기 때문이다. 1931년의 한 외교 문서는 정부가 오페라, 성악음악, 콘서트를 더 이상 지원하지 않으며 교향악단과 단체 훈련에 연관된 연주만을 후원할 것임을 밝히고 있다. 이 문서가 문자 그대로 실행된 것은 아니었지만 이러한 정부의 태도 변화를 계기로 로마의 음악계는 상당한 타격을 입었고, 억압을 느낀 음악가들은 이탈리아를 떠나기도 했다.

이러한 상황을 고려할 때, 정권 초기에 음악가로서의 예술적 감수성을 강조하던 프로파간다에 관한 무솔리니 스스로의 평가는 흥미롭다. 1932년의 인터뷰에서 그는 바이올린 연습량을 묻는 질문에 "30분 연주하면 편안해지고 1시간 연주하면 흥분해서 피로해진다. 연주는 마치 독약과도 같아서 소량만이 유용하다"[4]고 답했다. 다른 인터뷰에서는 바이올린을 놓은 지 오래되었고 정권 초기 촬영된 자신의 바이올린 연주 사진들을 볼 때마다 그 시절의 순진무구함에 웃지 않을 수 없다면서, 자신의 실력이 최고는 아니지만 삼류 아마추어보다는 낫다고 평했다. 결론적으로 무솔리니의 음악성은 테크닉적인 것이라기보다 음악의 가치에 대한 통찰에 있다고 볼 수 있다.

음악가 이미지가 큰 효력을 발휘하기는 했으나 파시스트 프로파간다의 목적은 무솔리니를 음악 예술을 넘어서 다방면에서의 재능과 열정을 지닌 완전한 인간의 표상으로 그려내는 것이었다. 대중 집회에서 무솔리니는 탄탄한 체격을 돋보이게 하는 의장과 제스처를 활용했으며 만능 스포츠맨으로 그려졌다. 카메라와 무솔리니를 주제로 한 프로파간다 포스터를 비롯하여 이상적인 파시스트 사회의 이미지를 위해 농부들과 밭에서 찍은 사진, 학교에서 어린이들과 찍은 사진이 그러한 사례들이다.

권위와 폭력미화의 원동력: 리소르지멘토와 미래주의

과거로부터 이상화된 모델을 취하여 통일과 부흥을 꾀했던 19세기의 리소르지멘토 운동가들과 제국주의자들처럼 무솔리니 역시 고대 로마제국의 선례로부터 자신의 정치적 야심을 실현하기 위한 역사적 정당성을 찾았다. 무솔리니의 파시즘은 물질만능주의와 자본주의라는 세계적 추세 속에서 이탈리아가 프롤레타리아의 입장일 수밖에 없음을 각성시키고, 이탈리아의 국가적 위상을 높이기 위해 로마제국의 영광과 예술 및 학문 분야에서의 위대한 업적들에 대한 민족적 자부심을 불러일으키고자 했다. 리소르지멘토의 이상을 실현하기 위한 방법은 지성과 합리의 차원이 아니었다. 무솔리니는 정권을 잡자마자 다른 당들을 해체하고 적대자를 탄압하기 위한 폭력을 국가 차원에서 합법화하는 절차를 밟았다. 이 상황은 파시스트당이 독자적으로 조성한 것이 아니었으며 대중의 감성주의, 즉 사유보다 감성에 따라 행동하는 대중적 성향에 근거했다. 이러한 반지성주의는 이탈리아 파시즘의 중요한 특성이며, 파시스트당은 생각보다 행동이 우선이라는 강령을 선포하고 특히 단체 행동을 강조했다.

반파시스트 지성을 대표하는 철학자 베네데토 크로체의 『이탈리아사』(1915)에 따르면 이탈리아의 대중문화 어법은 '감성'의 언어이다. 한 예로 불륜은 사회적 상상력의 근본틀로서, 이탈리아 키치 문학의 주인공들은 주로 불륜에 빠진 유부녀이며 남편에게 버림받고 자녀들을 책임져야 하는 것으로 그려졌다. 이탈리아가 감성주의에 빠진 상황은 19세기 초로 거슬러 올라간다. 복합적이고 강렬한 감정의 불가항력적인 위력, 가난 때문에 또는 감각의 유혹에 빠져 타락한 여성상, 범죄를 저지르고 법의 심판을 받는 남성상은 대중소설뿐 아니라 베리스모 오페라의 중요한 소재로 자리 잡았다. 이러한 감성의 언어와 로맨스의 표현은 파시즘 수사학의 일부가 되었으며, 국민들로 하여금 말 그대로 파시스트와 사랑에 빠지게 하는 것을 목표로 했다.

전후의 경제적 파탄과 정치적 혼란 속에 무력화된 정부를 적시에 이양받게 된 무솔리니의 1922년 **'로마 진군' 성공 배경에는 한 세대 전부터 제기되어온 국가 정체성에 대한 문제의식이 자리 잡고 있었다.** 이 상황을 대표하는 인물은 민족주의 작가 가브리엘레 단눈치오였다. 그는 1890년대에 니체의 초인적 비전과 리소르지멘토의 이상을 추구하며 젊은 민족주의자들의 추앙을 받게 되었고, 1919년에는 피우메(Fiume, 현 유고슬로비아 영토) 점령을 주도하여 국가적 영웅으로 떠올랐다. 단눈치오는 무솔리니에게 이상적인 지도자상을 보여준 인물로, 피우메 점령 당시 무솔리니는 단눈치오를 찬양하며 대중적 감성에 동조했다.

한편으로 과거를 경멸하며 쇄신과 영웅심을 추구하던 좀 더 공격적인 성향의 민족주의자들이 등장했다. 그들은 1860년대 이래 이탈리아 중산층의 경제적, 사회적 부상과 이탈리아의 통일 과정에서 배양된 저급하고 여성화된 부르주아 문화를 겨냥해 강도 높은 비판을 가했다. 특히 이탈리아의 통일 이후 외적인 평화의 시기인 1880년을 전후로 태어난 세대(이른바 '1880년대 세대')는 국가 위상, 남성성, 전쟁과 영웅주의를 갈구하는 경향을 보였다. 그 주도자는 시인 필리포 토마소 마리네티로 아방가르드 예술유파인 '미래주의'를 제창했다. 마리네티 역시 단눈치오를 민족주의 '예술가 겸 전사'의 모델로 삼았다. 중요한 차이점이라면 단눈치오는 과거를 경외했던 반면 마리네티는 과거를 경멸했다는 점이다. 마리네티는 1909년 프랑스 일간지 《피가로》에 '미래주의 선언문'을 기고하여 **새로운 사회 질서와 예술적 질서를 세우기 위해서는 과거와의 단절, 전쟁과 파괴가 필수불가결하다고 주장했다.**

특히 그는 이탈리아의 국가적 위상을 높이기 위해 기계주의, 속도, 폭력에 새로운 가치를 부여해야 함을 역설했다. 이에 동조한 이들은 주로 미술가들로, 초기의 핵심 멤버로는 루이지 루솔로, 카를로 카라, 움베르토 보초니, 지노 세베리니가 있었다.

마스카니의 제자인 작곡가 프라텔라는 초기 미래주의에 적극 가담했다가 탈퇴하여 전통으로 회귀했으나 미래주의 음악에 대한 주요 문서들을 남겼다. 그는 마리네티의 1909년 '미래주의 선언문'을 바탕으로 1910년 '미래주의 음악 선언문'과 1911년 '미래주의 음악의 기법 선언문'을 작성했다. 이 선언문들은 당시 이탈리아 음악의 열등함을 극복하기 위해 신세대를 향해 신음악의 이상을 제창하고 있다. 전통을 대표하는 베리스모 오페라, 스타 성악가들과 그들에게 열광하는 우매한 청중, 그리고 음악원

▲ **1912년 파리를 방문한 미래주의자들** 왼쪽부터 루솔로, 카라, 마리네티, 보초니, 세베리니.

중심 교육은 미래주의 음악에서 배척의 대상이었다. '미래주의 음악의 기법 선언문'에 따르면 "과학적 발견을 통해 인간이 빚어낸 모든 자연의 위력이 작품에 반영되어야 하며" 그것은 "군중, 공장, 기차, 대서양 유람선, 군함, 자동차, 비행기의 음악적 정신"[5]이다. 이처럼 미래주의 음악은 전통적인 악음 개념에 도전하여 전자음, 기계음, 무조적인 반음계를 강조한다. 한편으로 프라텔라의 미학은 국제적 명성의 피아니스트 겸 작곡가 페루초 부소니의 저서 『새로운 음예술 미학의 개요』(1907)에 반영된 유럽 모더니즘의 성향도 띠고 있다.

　기계주의에 기반을 두고 미래주의 음악을 실현하는 작업을 누구보다 적극적으로 주도한 인물은 화가이자 음악가인 루솔로였다. 그는 전통적인 사운드 재료를 부정하고 기계소음을 내는 악기와 악보를 고안했다. '소음제조기(Intonarumori)'로 불린 기계는 그래픽 악보를 사용하며, 음과 리듬의 광범위한 변조에 의해 기계음과 유사한 소음을 만들어냈다. 이 기계를 사용한 공식적인 퍼포먼스가 1914년부터 1921년에 걸쳐 밀라노를 비롯해 파리와 런던에서도 열렸다. 루솔로는 또한 동시대의 유럽 아방가르드 음악의 상황에 대한 뛰어난 통찰을 보여주는데, 1913년의 『소음예술: 미래주의 선언』에서 "오늘날 음악은 갈수록 복잡해져 귀에 가장 불협화적이고 기괴하며 거칠게 들리는 소리들을 결합하려고 시도한다. 그러므로 우리는 소음의 음악에 가까워지고 있다. …… 순수한 악음은 더 이상 청자의 감정을 깨우지 못한다"[6]고 쓰고 있다. 미래주의자들도 베토벤과 바그너를 애호하기는 하지만, 이제는 익숙한 것보다 새로운 소음에 더 감동한다는 것이다. 프라텔라의 오페라 <드로의 비행사(L'aviatore Dro)>(1920)에는 루솔로의 소음제조기가 사용되었고, 음가만을 기보하여 음고를 자유롭게 처리하는 불협화적인 합창 부분도 나타난다. 루솔로의 소음 아이디어는 한시적인 실험으로 끝났으나 1950년대 이후 루솔로는 구체음악을 비롯해 예술적 실험 정신의 선구자로 평가되었다.

미래주의는 감성에의 호소, 폭력과 선동이 파시즘의 통제 방식을 이루는 데 비옥한 토양을 제공했다는 점에서 주목할 만하다. 이탈리아가 제1차 세계대전에 뒤늦게 참전하게 되는 과정에서 미래주의자들의 선동과 캠페인은 중요한 역할을 했다. 마리네티는 또한 1919년 '아르디티'를 결성하여 사회당 기관지 《아반티》 지사들의 방화 사건을 주도했는데, 이때 무솔리니는 공개적으로 마리네티와 미래주의를 옹호했고 이후 마리네티는 파시스트당 중앙의회위원으로 임명되었다.

미래주의는 무엇보다 1870년의 이탈리아 통일 시점에 리소르지멘토 운동이 진정한 국가적 통일을 이루는 데 실패함으로써 정치적으로나 경제적으로나 위기가 도래했으며 이탈리아가 유럽 열강들에 비해 열등하다는 자각에 기반하고 있었다. 마리네티가 1890년대 파리 거주 기간 동안

▲ **소음제조기** 루솔로가 그의 조수와 함께 소음제조기를 작동시키고 있다.

제국주의와 권력의 살벌함을 주제 삼은 예술 작품들을 접하면서 고안했던 1909년 '미래주의 선언문'은 바로 이러한 국내외 정세에 대한 위기의식과 절박감의 산물이다. 무솔리니 역시 이탈리아의 무정부 상황을 극복하고 기존의 사회 체제를 재편하기 위해 전쟁과 폭력이 필요함을 역설했던 것이다. '미래주의 선언문'에서의 마리네티의 수사학에 따르면 "무한한 자부심이 우리의 기운을 북돋웠다. 바로 그때 우리는 혼자가 아님을, 혼자 깨어 있는 것이 아님을 느꼈다. 우리 발아래서 훌륭한 등대처럼, 또는 적에 맞선 전방의 초소들처럼 천상의 진영으로부터 우리를 향해 눈부신 빛이 비추기 시작했기 때문이다".[7] 무솔리니는 자서전에 "우리 조국에 지도층이란 존재하지 않았고 …… 기사도적인 폭력을 환영해야 했다"[8]고 쓰고 있다. 이러한 영웅적 행동과 폭력의 옹호는 단눈치오 이래 이탈리아에서의 니체의 인기에 기반을 둔 것이며, 소렐과 반실증주의 철학에서도 영향 받은 것이다. 그들에게 민주주의란 물리쳐야 할 괴물에 해당했으며, 강력한 권력을 지닌 지도자가 절실하게 필요했다.

> ### '예술가 겸 전사'의 이상 아르디티(Arditi: 용병)
>
> 1919년 마리네티가 중산층 학생들과 퇴역군인들을 모아 결성한 단체이다. 아르디티 멤버들 다수가 파시스트 정권의 각료로 발탁되었다. 아르디티는 미래주의에 사상적 뿌리를 두고 있으며, 자신들을 예술가 겸 전사로 보고 사상과 행동의 일치를 추구했다.

　　미래주의의 핵심적인 정치관과 무솔리니에 대한 찬사는 마리네티가 1929년에 쓴 『무솔리니의 초상』이란 글에 나타난다. 제1차 세계대전 참전과 무솔리니의 집권을 위해 적극적인 캠페인을 벌였던 미래주의자들에게 '독재'란 재능 있는 프롤레타리아, 미래주의 예술가, 엘리트 그룹이 함께 지도하는 '미래주의-파시즘' 연합의 궁극적 승리를 의미했다. 마리네티는 무솔리니를 힘과 폭력을 상징하는 새로운 시대의 화신으로 보았다. "신체적으로 그는 완벽히 이탈리아적이다. …… 지렛대처럼 재빠른 팔과 거대한 팔꿈치를 책상에 댄 채 그는 어떤 적에게라도 뛰어들 듯 위협적이다. 민첩한 상체를 좌우로 흔들기만 하면 모든 문제가 해결된다. …… 그의 의지는 고속의 대잠수함처럼, 폭발하는 어뢰처럼 군중을 해체한다"[9]고 마리네티는 기록한다. 무솔리니는 마리네티의 수사학이나 그가 주도한 연극 양식에의 혁신을 받아들여 공공 연설에 활용했다. 결국 미래주의와 파시즘은 이데올로기(민족주의, 군국주의, 폭력숭배)와 내용 면에서 유사했을 뿐 아니라 대중의 감성에 호소하는 내러티브 양식이나 선동과 장관을 연출하는 퍼포먼스의 형식 면에서도 유사했다. 그러나 정치성과 별개로 새로운 사회 질서를 확립하는 예술을 제창하려던 미래주의의 계획은 미학적 통찰을 현실과 구체적인 정치적 조항들에 적용할 수 없었기에 결국 기대된 성과를 얻을 수 없었다. 1920년 무솔리니가 국왕과 교황에 대해 화합의 입장을 표명했을 때 마리네티는 이를 과거 숭배라며 비난했다. 무솔리니의 선택은 예견된 것이었다. 무솔리니는 1916년의 편지에서 미래주의의 저력을 인정하지만 학문적인 관심에서일 뿐이고 현실에서는 더 시급한 것들이 있다고 썼다. 미래주의는 예술과 현실의 합일을 추구했으나 이 미학을 정치의 영역에 맞출 수 없었던 것이다. 제1차 세계대전에서 보초니가 전사하고 카라 등 초기 멤버들이 탈퇴하는 등 미래주의 초기의 전세가 약화되는 상황에서도 마리네티는 1920년대에도 계속적으로 '미래주의-파시즘' 연합의 세계 질서 구축을 위한 캠페인을 벌였다. 이러한 마리네티에 대해 무솔리니는 비교적 관대한 독재자의 태도를 취했던 것 같다. 그는 새로운 파시스트 문화정책을 시작하기 5년 전인 1928년 미래주의 건축 박람회를 후원하기도 했고, 마리네티는 무솔리니의 지지자로 남아 왕립 학사원의 회원에 선출되는 명예를 얻었다.

1932년은 보다 야심찬 문화정책이 추진되기 시작한 해이다. 1932년의 한 연설에서 무솔리니는 "20세기는 파시즘의 시대, 이탈리아의 시대가 될 것이다. 또한 이탈리아가 역사상 세 번째로 인류 문명을 이끌어가는 시대가 될 것이다. 파시즘 원리 없이는 인간이나 민족의 구원이란 있을 수 없다"[10]고 역설했다. 이 연설문은 1920년대와는 다른 입장에 근거하고 있다. 무솔리니는 지난 10여 년의 통치 기간 동안 파시즘이 원칙이나 행동 체계에 얽매이지 않으며 문제에 직면하는 즉시 해결할 능력이 있음을 자랑스럽게 여겼었다. 그러나 이제는 국내외적으로 파시스트 이데올로기를 정의할 필요를 느꼈다. 이러한 상황에서 무솔리니는 이탈리아 파시즘을 유럽을 재조직하는 모델로 제시할 것을 목표로 삼고 정치뿐 아니라 예술, 문학, 건축, 상업 모두에서 파시즘의 가치를 입증하려는 원대한 계획을 세웠다. 이 계획 역시 리소르지멘토에 근거한 것으로, 무솔리니는 자신을 아우구스투스 황제에 비유하면서 역사학과 고고학 분야의 연구를 토대로 로마제국을 재건하는 목표를 내세웠다. 특히 로마를 중심으로 한 도시계획과 건축은 중요한 대중예술 분야로서 고대 로마와 연계를 꾀하는 정권의 야심을 정당화하는 프로파간다 기능을 했다. 1932년에서 1936년 사이에 제작된 로마 지도에 나타난 도시계획에는 로마제국과 파시스트 이탈리아 간의 연관성을 부각시키려던 의도가 분명히 드러난다. 고대 로마의 도시 외관을 재현하기 위해 무솔리니는 콜로세움과 판테온 등 유적지 주변 경관을 정리하는 것을 비롯하여 새롭게 임페로 대로를 건설했다.

무솔리니가 임페로 대로를 건설하기 전까지 이 지역은 비좁은 도로들과 건물이 밀집되어 있었고, 지면은 낡고 울퉁불퉁했다. 무솔리니는 이 지역을 가로지르며 빅토르 엠마누엘 국왕 기념비와 콜로세움을 연결하는 길이 700미터, 폭 30미터의 대로를 내서 대규모 행진에 사용하려는 계획을 세웠다. 1931년 착수된 공사는 400명의 주민을 이주시키고 엄청난 양의 건물 잔해더미를 남겼으나, 11개월 만에 성공적으로 완공되어 1932년 10월 28일 무솔리니의 '로마 진군' 10주년 기념행사를 빛냈다. 무솔리니의 '로마 진군'은 시저의 로마 진군에 비유되었고, 임페로 대로는 국력을 상징하며 프로파간다의 주요 소재로 떠올랐다. 특히 1934년은 에티오피아 침공 준비기간으로 영토 확장에 관심이 집중되어 있던 시기였는데, 공들여 제작한 로마의 목판 지도들을 공공장소에 진열함으로써 민족적 자부심을 고양시키는 수단으로 활용했다. 1934년 4월 21일은 로마 건국일이자 파시스트 노동절로 전국에서 대대적인 기념행사들이 열렸다. 이 날 파시스트 청년회 당원들은 각지에서 행진과 신입회원 모집 행사를 벌임으로써 정부에 대한 충성심을 과시했다. 로마에서는 콘스탄틴 기념문(Constantine's Arch)에서 무솔리니가 직접 주관하는 최대 규모의 의식이 진행되었다. 대규모의 파시스트 청년 그룹은 미리 임페로 대로에 집결하여 기념문을 향해 행진했다. 1922년의 '로마 진군'은 실제로는 전혀 진군이 아니었다. 그것은 무솔리니가 나폴리에서 대규모의 파시스트당대회를 가진 후 당원들이 사방에서 집결하도록 나흘간 최대한 시간을 끌며 기차를 타고 여유롭게 로마역에 도착한 사건이었고, 역사가들은 이를 기만극이자 코미디로 보았다. 이러한 '로마 진군' 사건이 임페로 대로의 건설과 동시에 정권의 신화로 확고히 자리 잡은 것이다. 이탈리아의 에티오피아 침공 다음 날인 1936년 5월 10일에는 고대 로마제국과 새로운 황제 무솔리니 간의 연관성을 정당화하는 새 제국의 선언이 있었다. "이탈리아 인민들은 그들의 피로 이 제국을 탄생시켰으며, 이제 노동을 통해 이곳을 풍요롭게 만들고 그들의 무기로 어떤 적으로부터도 이곳을 지켜낼 것이다."[11]

후원과 통제: 교육, 문화, 음악

1830년대에 비롯된 민족주의 구호인 '젊은 이탈리아(La Giovine Italia)'는 오스트리아 통치하의 구습을 떨쳐버리고 새로운 질서의 상징이자 부흥의 이데올로기를 제공했다. '젊은 이탈리아'는 이탈리아 파시즘 수사학의 핵심적인 요소가 되었으며, 혁신이라는 정신적인 원칙을 구축하는 역할을 했다. '젊은 이탈리아'가 빛을 발한 시기는 일찍이 단눈치오와 민족주의자들의 피우메 점령 당시였다. 이때 무솔리니는 단눈치오를 찬양하며 '젊은 이탈리아'를 파시스트당의 구호로 내세움으로써 당을 선전했다. 이 '젊음'의 개념은 당시 유럽의 퇴폐주의나 냉소주의와 극명한 대비를 이루며 이탈리아 파시즘이 새로운 질서를 확립할 것이라는 희망을 대중에게 심어주었다. 이 구호는 그 자체로도 대중적인 호소력을 지녔으나 파시즘이 사회 구조를 재구성하고 군사력을 배양하는 과정에서 실제 청년을 교육하는 일이 중요한 과제로 부각되었다. 특히 가톨릭 청년 조직을 둘러싸고 가톨릭 측과 갈등을 겪은 후 무솔리니는 청년들을 파시스트당에 참여시키는 문제를 진지하게 다루게 되었다. 1930년까지의 상황을 볼 때 교육계의 통제는 거의 이루어지지 않고 방치되어 있는 상태였다. 교육계의 재정비 과정은 젊은 세대에게 소명의식을 심어주는 것으로부터 시작되어야 했다.

청년들의 소명을 강조하는 과업은 무솔리니의 동생 아르날도가 맡게 되었다. 그는 1914년 베니토가 창간한 일간지 《이탈리아 인민(Popolo d'Italia)》의 편집장을 맡아 이미 1928년과 1929년 사이에 청년 교육에 관한 남다른 통찰을 피력했다. 그는 《이탈리아 인민》의 지면을 통해 강력한 파시즘 국가의 틀을 위한 핵심요소들을 '권위, 질서, 정의'로 규정하면서 불안정한 자유주의나 민주주의를 적대하였다. 그러면서 "청년과 청소년들은 반파시즘적인 경험들로 오염되지 않아 기성세대보다 더 나은 미래를 만들 수 있는 잠재력이 있으며 그들에게 군인 정신을 심어주어야 한다"[12]고 주장했다. 이러한 주장은 이탈리아 파시즘을 역사의 맥락 안에 안착시키는 동시에 파시즘 윤리강령의 기초를 제공했다. 이에 근거하여 무솔리니는 1930년대에 새로운 정신과 원칙을 구체화했다. 이탈리아 청년에게는 파시즘 이상의 구현을 위해 헌신할 것이 요구되었고, 청년회를 조직하고 문화 행사에 참여시키는 움직임이 활발해졌다. 이 과정에서 파시스트 프로파간다에 협조하지 않거나 성과가 없는 교육자들, 특히 대학교수들은 대거 축출되었다.

이 사업에는 아르날도 외에 무솔리니의 아들 비토리오도 주도적인 역할을 했는데, 비토리오가 이끌던 전국적 규모의 청년 그룹 '노비스모(Novismo: 새로움)'는 700여 명으로 구성되어 파시스트 청년 문화를 구축하는 임무를 맡았다. 이 그룹은 가톨릭과 퇴폐주의에 대항하는 한편, 도그마나 편견으로부터 해방되어 인류의 모든 활동 영역에 걸쳐 지적이고 윤리적인 자유를 이상화하면서 '보편적 파시즘'의 이데올로기를 지지했다. 이처럼 청년회의 정비는 젊음과 새로움으로 상징화되어 1930년대 정권의 쇄신 정책에서 중요한 기능을 했다.

문화 행사는 청년 교육에서 중요한 역할을 했다. 일례로 베로나 파시스트 청년회의 1941년 연간 일정에는 군 자녀를 위한 여름 캠프, 젊은 여성을 위한 가정용품 전시회, 체육대회, 연극, 뮤지컬, 합창 행사가 포함되었다. 여기서 합창은 특히 중요한 행사였고 단체 행동의 측면에서 그 효과는 스포츠에 비견되곤 했다. 1941년의 한 파시스트 신문 기사에 따르면, 음악은 "공동체의 사회생활에서 필수불가결하고" "더 많은 목소리들과 사운드를 결합하여 가득 채우는 것은 중요한 훈련"이며 "승화된 하모니"로 이끈다.[13] 합창의 유용성은 파시스트의 주요 행사들에서 확인되었다. 군중은 합창단이 되어 함께 노래함으로써 결속감과 공동체 의식을 공고히 했던 것이다.

파시스트당의 공식 찬가였던 「조비네차(Giovinezza: 청년, 젊음)」는 파시즘 정권하의 1924년부터 1943년까지 기존의 이탈리아 국가이던 「왕실 행진」이 불린 다음 의례적으로 이어서 불리는 '비공식' 국가가 되었다. 그로 인해 무력한 국왕 빅토르 엠마누엘 3세와 실제 지도자 무솔리니 간의 대조가 묘하게 부각되었다. 무솔리니 치하 20여 년간 「조비네차」는 국가 행사는 물론이고 학교, 스포츠 행사, 전시회, 음악회, 영화관을 비롯하여 공공집회를 시작할 때마다 불렸다. 무솔리니는 20여 년간 국영 라디오 방송의 종료 음악으로 「조비네차」를 쓰도록 지시했는데, 1943년 무솔리니가 축출되자마자 국영 라디오는 종료음악을 「왕실 행진」으로 바꾸었다는 점도 언론 통제에 관해 시사하는 바가 크다. 「조비네차」의 음악은 작곡가 주세페 블란크에 의해 1909년 작곡된 것으로 원제목은 '고별'

▲ 1935년 로마에서 열린 청년 집회에 참석한 무솔리니.

이었다. 블란크는 아르디티 출신이자 파시스트 당원으로 활동했으며, 파시즘 정권하에서 「로마의 독수리들」을 비롯한 파시스트 노래를 여러 곡 작곡한 인물이다. 정권을 잡은 무솔리니는 블란크의 원곡에 붙일 새로운 가사를 위촉했다. 새 가사의 작사가는 파시스트 소설가 살바토르 고타였고 1924년 최종적인 찬가 버전이 완성되었다. 이 최종 버전은 '청년'이나 '국가'와 같은 파시즘의 핵심 단어들을 강조한다. 그뿐만 아니라 '알리게리의 환상'이란 가사는 단테의 『신곡』에 등장하는 콰르나로를 지칭하는데, 이 지역은 제1차 세계대전 후 이탈리아의 몫이 된 이스타리아(Istaria, 현 크로아티아 동부) 지역으로서 이탈리아 국경이 확장된 사건을 상징한다. 다음은 파시스트당의 공식 찬가인 「조비네차」의 악보와 가사이다.

1. 만세, 영웅의 민중이여

   만세, 불멸의 조국이여

   그대의 아들들은 다시 태어났네

   믿음과 이상을 품고

   그대의 병사들의 용맹이여

   그대의 지도자들의 미덕이여

   알리게리의 환상이여

   이날 모두의 가슴속에 빛나리

2. 이탈리아의 국경에서

   이탈리아인들은 새롭게 태어났네

무솔리니가 그들을 새롭게 만들었네

　　내일의 전투를 위하여

　　노동의 영광을 위하여

　　평화와 월계관을 위하여

　　조국을 저버린 이들의

　　치욕을 위하여

3. 시인과 예술가들이여

　　지주와 농민들이여

　　이탈리아의 자부심을 품고

　　무솔리니에게 충성을 맹세하라

　　이제 빈민들은 사라지리니

　　더 이상 가난한 군중을 보지 못하리라

　　더 이상 그들은 구원의 파시즘의

　　깃발을 흔들지 않으리라

　　후렴) 청년이여, 청년이여,

　　아름다움의 샘이로다

　　삶의 역경 속에서도

　　그대의 노래는 울려 퍼지네!

　음악기관과 행사에 대한 무솔리니의 후원은 관대한 편이었고, 친정부 저널들은 이를 앞다투어 기사화했다. 1926년 레스피기, 알파노, 피체티를 비롯한 중견 작곡가들은 로마 관저를 방문하여 무솔리니에게 후한 접대를 받고 볼로냐 현대 작곡가 작품발표회 후원을 약속받았다.

　1927년 무솔리니는 페사로의 로시니 음악원의 후원자가 되어 음악 도서관 건립을 인가했다. 몇 달 뒤에는 나폴리 스카를라티 오케스트라의 후원자가 되었다. 1929년 무솔리니는 친정부 출판사인 리코르디사(社)로부터 1796년부터 1922년 사이의 작품들을 모은 최신 모음곡집 『국가의 음악정신』을 헌정받고 편집자와 출판자를 치하했다. 대표적인 친정부 저널 《오늘의 음악(Musica d'oggi)》은 1933년 무솔리니가 이듬해의 베네치아 국제음악제의 프로그램을 인가했다는 기사를, 1937년에는 무솔리니가 전국적인 야외 오페라 공연의 성공에 대해 만족을 표명했으며 이 행사를 더욱 확장할 것을 당부했다는 기사를 실었다.

기관에 대한 정권의 통제는 비극적인 사건(일명 '갈리냐니 사건')을 야기하기도 했다. 정권 초기부터 주요 음악기관들의 수장을 임명하고 관리하는 일은 문화정책의 중요한 부분을 차지했다. 밀라노 음악원 원장이던 갈리냐니는 새 정권에 호의를 보이지 않는다는 파시스트 교수들의 악의적인 보고서 때문에 1923년 갑작스럽게 불명예 파면당한 직후 투신자살했다. 당시 밀라노 라 스칼라의 음악감독이던 토스카니니는 오랜 친우를 둘러싼 참극에 격분하여 교육부 장관 젠틸레와 무솔리니에게 항의문을 보냈다. 연이은 사건은 음악비평가이자 밀라노 음악원 도서관장이던 체사리가 갈리냐니의 장례식에서 젠틸레 장관을 비방한 것이 고발되어 해임된 일이다. 이때도 토스카니니는 무솔리니에게 탄원서를 보냈고 덕분에 체사리는 곧 복직되었다. 파시즘 치하 주요 음악기관의 책임자들은 반드시 파시스트 당원일 필요는 없었으나 **적어도 정부의 문화정책과 예술 후원을 칭찬하고 감사를 표할 줄은 알아야 했다.** 정권에 비협조적인 개인으로 인해 그가 소속된 기관이 직접 영향을 받는다는 사실은 자명했다. 1925년 크로체가 주도한 반파시스트 선언문에 토스카니니가 서명을 거부한 것도 개인의 정치적 입장에서가 아니라 스칼라를 염두에 둔 결정이었을 것이다. 실제로 무솔리니는 1926년 밀

▲ 1926년 10월 23일 중견 작곡가들의 로마 관저 방문. 가운데가 무솔리니, 앞줄 좌측이 레스피기이다. 무솔리니 우측으로는 피체티, 알파노, 루알디로가 서 있다. 이들은 무솔리니 숭배자들이었다.

라노 방문 시 토스카니니를 불러 라 스칼라가 받게 될지도 모를 불이익에 대해 경고한 적이 있었다. 토스카니니가 1929년 라 스칼라를 떠나 뉴욕 필하모닉으로 옮겨 가고 무솔리니와 친분이 돈독했던 빅토르 데 사바타가 후임자로 초빙되자 정부는 라 스칼라 지원금을 대폭 인상했다.

파시스트, 안티파시스트, 에이파시스트

무솔리니를 바라보는 동시대 외국 작곡가들의 관점은 다양했다. 스트라빈스키는 강력한 정부의 통치와 질서의 필요성을 옹호했으며, 심지어 무솔리니를 '이탈리아의 구원자'라고 칭송하고 로마 방문 시 무솔리니의 접견을 받은 적도 있다. 그러나 그는 1931년 토스카니니 폭행 사건을 접하게 되었고, 1936년에는 무솔리니에게 자서전을 보내면서 에티오피아 침공 사건에 대해 유감을 표명한 것으로 보아 (무솔리니는 회답하지 않았다) 그의 파시즘에 대한 태도 변화를 짐작할 수 있다. 무솔리니를 수차례 만났던 슈트라우스는 이 독재자를 공공연히 찬양하는 발언을 했으며, 피츠너는 무솔리니에게 헌사를 바쳤다. 크셰넥은 1926년 무솔리니를 소재로 오페라 <독재자>를 썼다. 작곡가 자신은 당시 파시즘의 영웅이던 '강한 인간'의 사생활이 혐오스럽기도 했지만 동시에 흥미로웠다고 회고한다. 따라서 무솔리니에 대한 크셰넥의 관심은 정치적인 것이라기보다 심리적인 데서 비롯된 것으로 보인다. 크셰넥의 본격적인 정치적 입장은 좀 더 이후에 나타났는데 그것은 1929년 독일 정계에 떠오른 히틀러의 위협에 대항한 반파시즘이었다.

무솔리니가 부상하던 시기 이탈리아 음악계는 이미 보수와 진보 간의 사회적 분열에 노출되어 있었다. 유럽 모더니즘에 민감했던 신세대 음악가들은 이탈리아의 국제적인 위상과 미학적인 쇄신을 추구하며 오페라 문화나 음악원 중심의 교육 시스템에 불만을 토하였다. 이러한 경향의 **초기 희생자는 자코모 푸치니였다.** 푸치니는 로마와 리소르지멘토를 주제로 한 합창곡 「로마 찬가」를 남기며 파시즘의 취향에 부응한 적이 있었다. 하지만 그는 훗날 이 작품을 비하하는 발언을 남겼으며 또 개인적으로는 정치에 대한 관심을 내비친 적이 없었다. 그러나 그가 이탈리아 오페라 전통을 대표한다는 이유로 그의 작품들은 진보 성향의 신세대 음악가들에게 공격의 대상이 되었다. 이러한 푸치니 비평의 이면에는 국제주의와 이탈리아주의의 대립 구도가 자리 잡고 있었다. 특히 진보적인 지성들은 이탈리아 문화에 반영된 감성주의와 여성성을 비판하면서 군사력과 남성성의 가치를 이상화했다. 대표적인 반푸치니 음악비평가 토레프란카는 이른바 '1880년대 세대'로서 『자코모 푸치니와 국제적 오페라』(1912)에서 푸치니 음악의 여성성, 병약함, 반지성, 창조성 결핍을 비판한 바 있다.

1880년 태생의 작곡가 피체티 역시 국제적 명성의 푸치니를 강도 높게 비판했다. 당시 피렌체의 케루비니 음악원 교수였던 피체티는 이탈리아 최고의 신세대 작곡가들 중 하나로 평가받았던 인물이다. 비평가 가티는 피체티의 음악적 특징으로 모더니즘과 이탈리아적 성향 사이에서의 균형 감각을 꼽았다. 그는 여기서 이탈리아적 성향이란 감성적이고 깊은 인상을 주는 유연하고 노래스러운 선율이라고 설명한다. 피체티는 대표적인 친정권 음악인사로서 '갈리냐니 사건' 후에 1924년 밀라노 음악원장에 임명되었고, 1936년에는 레스피기의 후임으로 로마의 산타 체칠리아 음악원 교수가 되었으며, 이탈리아 왕립 학사원 회원에 선정되는 명예를 안았다. 피체티는 친정부 성향에도 불구하고 토스카니니와는 각별한 교분을 유지했다. 피체티는 1914년에 발표한 비평문에서 베르디, 드뷔시, 라벨, 블로흐, 푸치니 등을 언급하고 있는데, 푸치니에 관해서는 음악적인 비판도 있었으나("감정과 직관이 부족하고 사소한 선율에나 재능이 있을 뿐이다.")[14] 작곡가의 사회적인 역할에 관한 비판이 주를 이루었다. '1880년대 세대'인 피체티의 푸치니 비판은 다름 아닌 미래주의의 미학적 견지를 반영하는 것이었다. 피체티는 19세기 말 오페라 청중이 변화한 것은 중산층이 삼류 예술에 만족하는 경향이 생겨났기 때문이라고 보았다. 이 현상은 푸치니가 성장했던 대표적인 부르주아 도시 밀라노에서 극심했으며, 따라서 피체티에게 푸치니의 음악은 부르주아의 가치를 대표하는 음악에 불과할 뿐 이탈리아를 대표하는 음악이 될 수는 없었다. 피체티는 당시 부르주아의 정신적 한계와 자족감을 경멸하는 이상주의자 대열에 서 있었고, 이탈리아인들의 문화와 미학적 감수성이 개선되어야 한다는 절박감을 느꼈던 것이다.

또 다른 공격은 미래주의자들로부터 보다 직접적으로 가해졌다. 푸치니의 오페라 <서부의 아가씨>의 밀라노 공연이 있던 1914년 9월 15일, 마리네티가 이끄는 미래주의자들은 참전 캠페인과 반오스트리아 시위를 계획했다. 마리네티에게 푸치니와 오페라 청중이 의미하는 바는 자명했다. 그들은 과거 숭배를 대표했으며, 그들이 방만하게 오페라를 즐기고 있는 그 시간에 몇 백 마일 떨어진 북부의 마른에서는 치열한 전투가 벌어지고 있는 것에 대해 미래주의자들은 격분했던 것이다. 1막 끝에 청중의 박수가 터져 나오자마자 발코니에서 갑작스러운 소란이 빚어졌다. 시위자들이 이탈리아 국기를 흔들며 "푸치니 타도! 오스트리아 타도! 마리네티 만세!"를 외쳤고 다른 한쪽에서는 오스트리아 국기에 불을 질렀다. 시위자들이 퇴장당한 후 오케스트라는 「왕실 행진곡」을 연주하며 소란을 정리했고 공연은 계속되었다. 이것은 푸치니에 대한 아방가르드의 경멸이 극단적으로 표출된 사건으로, 국가 정체성이나 새로운 미학적 가치의 잣대로 예술을 판단한 결과였다. 푸치니는 무솔리니 정권 초기인 1924년에 사망했으나 작곡가 사후 이루어진 <투란도트>의 초연은 또 한 번 세대와 이념의 갈등이 표출되는 사건에 휘말렸다.

1925년 친정부 성향의 리코르디 출판사는 토리노 음악원장이던 알파노에게 <투란도트>의 피날레를 완성할 것을 위촉했다. 무솔리니와 각별한 친분을 나눴던 알파노는 1925년 피체티와 함께 볼로냐에서 개최된 파시스트 문화 대회의 중요한 결과물인 '파시즘 지성인 선언문'에 서명한 파시스트 작곡가였다. 이 선언문은 파시스트당의 문화정책이 빈약하다는 여론에 부응하고자 당이 고안해낸 애국적 편람에 해당한다. 알파노는 5개월 만에 <투란도트> 피날레를 완성했으나 지휘를 맡은 토스카니니에게 푸치니의 스케치에 충실하지 않다는 비판을 받고 수정을 가했다. 알파노에 대한 토스카니니의 불만은 1926년 4월 25일 <투란도트>의 초연에서 더 극단적으로 표출되었는데, 토스카니니는 갑자기 연주를 멈추고 청중을 향해 "푸치니가 작곡을 멈춘 지점이 바로 여기입니다. 죽음이 예술을 이긴 순간이었습니다"라고 말하고는 퇴장해버렸다. 결국 초연에서 알파노의 완성 부분은 누락

▲ 1910년 파리에서의 푸치니와 토스카니니.

되었고 2회 공연부터 들을 수 있었으나 심지어 토스카니니는 3회 공연부터 부지휘자 파니차에게 바통을 넘겨버렸다. 이후로 토스카니니는 반파시즘을 대표하는 인물로 부상했으나, 알파노 입장에서 볼 때 토스카니니는 음악계의 무자비한 독재자로 보였을 법하다.

알파노는 2년간 팔레르모 극장의 예술감독직을 맡은 적이 있었다. 1941년 알파노는 무솔리니에게 편지를 보내 자신과 같은 작곡가에게 관료적이고 비예술적인 직책은 부적합하다며 이 '귀양지'로부터 로마로 복귀시켜줄 것을 부탁했다. 파시스트 열성당원이던 알파노는 국립조합위원, 예술최고위원, 국립 파시스트음악위원장 등의 직함을 얻기도 했다. 알파노가 1943년 폭격에 의해 창고에 보관 중이던 물품과 악보들이 파손되어 10만 리라 이상의 재산 피해를 입은 상황을 무솔리니에게 알렸을 때 5만 리라의 지원금을 하사받은 사건은 두체가 선호하던 음악가에 대한 최고의 예우를 보여준다.

토스카니니의 경우 <mark>국제적인 명성에도 불구하고 그의 노골적인 반파시스트적 태도는 강력한 제재 대상이 되었다.</mark> 토스카니니의 라 스칼라 예술감독으로서의 두 번째 재직 기간(1920~1929)은 무솔리니 정권 초기와 맞물려 있다. 토스카니니는 1919년 파시스트당 의원 선거에 출마하고 당에 선거자금을 기부했던 적도 있으나, 입장이 바뀌어 파시즘 정권 기간 동안 수차례 「조비네차」의 지휘를 거부

함으로써 직접적으로 폭력에 노출되는 수모를 당했다. 물론 의례적으로 이 국가를 연주해야 하는 경우에는 상관없었지만 국가 연주를 내세운 부적절한 통제에 대해 마에스트로는 예민하게 반응했던 것이다. 토스카니니의 대담한 행동이 정치적인 동기에서였건, 예술적인 자율성 때문이었건, 무솔리니에 대한 개인적인 증오심에서였건 간에 결과적으로 토스카니니는 동료 음악가들에게 경종을 울렸고, 독재에 저항한 '반파시스트'라는 국제적인 명성을 얻게 되었다. <투란도트> 초연은 파시스트 작곡가 알파노와의 대립 이외에도 위험한 정치적 스캔들에 연루되었다. 1926년 4월 21일은 파시스트 달력에 따른 로마제국 탄생 기념일이었는데, 무솔리니는 기념행사 및 <투란도트> 초연에 초청되어 밀라노에 머물고 있었다. 이때 무솔리니가 갑자기 라 스칼라에서의 <투란도트> 초연에 불참하고 즉흥적으로 연설 일정을 잡았던 이유는 바로 토스카니니가 오페라를 시작하기 전 「조비네차」를 지휘하지 않겠다고 완강히 버텼기 때문이었다. 이러한 대립 상황에서 놀랍게도 독재자가 "푸치니를 위해서라면"이라며 한발 물러난 것은 국민 음악가 푸치니에 대한 경외뿐 아니라 라 스칼라의 국제적인 명성을 이끄는 이탈리아 최고의 예술가에게 최대한의 관대함을 보인 것이었다. 1929년 라 스칼라의 유럽 순회공연의 대성공은 무솔리니에게 더없는 자부심을 안겨주었다.

이 시점에서 토스카니니는 라 스칼라를 떠나 뉴욕 필하모닉으로 옮겨갔는데, 시즌 사이에 휴양차 귀향했던 1931년 5월 14일 악명 높은 '볼로냐 사태'가 벌어졌다. 지휘자로 초빙된 토스카니니는 공연 당일 볼로냐 극장에 도착하자마자 파시스트 폭력배들에게 둘러싸여 「조비네차」를 연주하겠냐는 질문을 받는다. 토스카니니가 거부 의사를 밝히자마자 폭력배들은 이 64세의 마에스트로 얼굴을 가격하기 시작했다. 옆에 있던 운전기사가 재빨리 토스카니니를 차에 밀어 넣었고 경찰의 도움으로 그들은 자리를 피할 수 있었다. 공연을 보러 왔던 레스피기 부부는 토스카니니를 쫓아 호텔로 따라갔는데, 호텔에 도착한 토스카니니는 얼굴과 목에 난 상처를 치료받고 있었다. 그 사이 200여 명의 파시스트 당원들은 호텔 앞까지 쫓아와 진을 치고 욕설을 퍼부으며 난동을 부렸고 토스카니니는 감금되다시피 했다. 다행히 레스피기의 중재 덕분에 토스카니니 부부는 안전하게 밀라노로 피신할 수 있었다. 친정부 작곡가 피체티 역시 볼로냐 사건 당시 감금되어 있던 토스카니니를 방문하여 위로했던 지인들 중 하나였다. 또 다른 친우이던 음악비평가 체사리 역시 볼로냐 사건의 목격자였는데, 그는 전화교환원을 매수하여 무솔리니와 정부 관료 아르피나티 간의 통화 내용을 입수했다. 아르피나티로부터 사태를 보고받은 무솔리니의 답변은 "정말 잘됐군. 그 촌뜨기 음악가가 한 수 배웠겠지"[15]였다. 이 사건은 볼로냐에서 큰 소요를 일으켰고 국제사회에서는 정권의 악명을 높였다. 파시스트당 내에서도 어떤 이유든 간에 국제적인 명사에게 공공장소에서의 이런 폭력이 용납될 수 있는가 하는 도덕적 자성이 있었으나 무솔리니는 토스카니니의 항의 전보에 대해 침묵으로 일관했다. 작곡가이자 음악학자인 토마시니의 증언에 따르면, 무솔리니는 "토스카니니는 100명의 오케스트라를 지휘하지만 나는 4,000만 명을 지휘해야 하지 않나. 게다가 그들 전부가 비르투오소는 아니란 말이지"[16]라고 말했다. 이후 토스카니니는 미국으로 망명하여 제2차 세계대전이 끝나고 새 정부가 들어설 때까지 고국을 떠나 있었다.

이처럼 정권의 압제를 직접적으로 체험하고 망명을 택한 경우도 있는 반면, 대부분의 음악가들은 정치적 격변기에 나름의 타협점을 찾아 활동을 계속했다. 당시 현실적인 상황을 볼 때 파시즘과 반파시즘 사이에서의 선택이 강요되었다기보다는 파시즘에 반대하지도 동조하지도 않는 중도적인 입장, 소위 '에이파시즘(A fascism)'

을 취하는 것이 가능했음을 고려해야 한다. 레스피기는 파시스트 정권하에서 정치적인 중립을 지키면서 국제적인 명성을 쌓아갔다. 1924년에는 로마의 산타 체칠리아 음악원장에 임명되었고, 1932년에는 이탈리아 왕립학사원 회원에 선출되었다. 무솔리니는 레스피기의 관현악곡, 특히 로마를 주제로 한 3부작 교향시들 중 「로마의 소나무」와 「로마의 축제」를 칭송했고, 그 장대한 관현악 편성이 로마를 내세운 프로파간다에 적합하다고 보았다. 그러나 로마를 주제로 한 레스피기의 3부작은 일찍이 1914년 「로마의 분수」에서 시작되었고, 무엇보다 이 작품들은 시인 단눈치오가 관능적이고 퇴폐적인 로마의 분위기를 묘사한 것에서 영감을 받은 것이었다. 또한 작곡가 자신은 파시즘적인 전시 효과가 아닌 단순성과 순수성, 그리고 드뷔시로 대표되던 모던 오케스트라의 풍부한 음향에 매료되어 있었던 것뿐이었다. 그는 1932년 정부의 쇄신된 문화정책에 따라 음악에서의 아방가르드적 경향에 반대하고 전통으로 회귀한다는 서약서에 서명하기도 했다. 그러나 많은 중견 작곡가들과 달리 그는 파시스트당에 입당한 적이 없고 정치와 거리를 두었다. 이러한 정치적 입장에도 불구하고 그가 정권의 후원을 받았던 것은 파시스트 문화정책의 포용적인 단면을 보여준다.

마스카니는 파시즘 정권에 협력했다는 비난을 공공연히 받았다. 마스카니의 오페라 <작은 마라트>의 대본가 포르자노는 무솔리니를 추종하는 문인 그룹의 일원으로서 프로파간다적이고 극적인 효과 위주의 플롯을 제작한 것으로 유명했다. 이 오페라는 오케스트라와 성악의 불균형이라는 결함이 지적되기도 했으나 프랑스 혁명을 대중의 무모한 폭력의 상징물로 파문하는 주제가 파시스트 이데올로기에 적합했고, 당시 최고의 성악가들을 동원하여 공연의 한시적인 성공을 이루었다.

푸치니가 미래주의자들의 혹독한 공격을 받고 있을 당시 마스카니는 미래주의에 가담했던 제자 프라텔라로부터 구세대 작곡가들 중 유일하게 "예술의 전통에 저항하고 출판사들과 기만적인 청중에 저항할 만한 정신과 능력을 가졌다"[17]는 후한 평가를 받기도 했다. 그러나 마스카니는 그간의 명성과 대중성에도 불구하고 1920년대에 이르자 신세대 작곡가들로부터 보수적이라는 비판을 받으며 음악계에서 고립되어갔다. 프랑스에서 유학한 모더니스트 알프레도 카셀라가 이끄는 현대음악협회뿐 아니라 국제현대음악협회도 그를 소외시켰으며, 마스카니 스스로도 공공연히 모더니즘이나 미래주의에 대한 거부감을 표명함으로써 고립 상황을 심화시켰다. 그는 개인적으로 이런 상황 뒤에 음악계의 음모가 있다고 믿었는데, 1935년 무솔리니에게 쓴 편지에서 전국의 극장들이 자신의 작품에 대해 보이콧을 벌이고 있다고 알렸다. 실제로 1930년경 마스카니는 작곡을 거의 손에서 놓은 상태였고 지휘에만 주력하고 있었다. 그러나 그때까지도 그의 작품들은 전국에서 꾸준히 연주되고 있었으며, 1935년경 마스카니는 이탈리아 오페라극장에서 베르디, 푸치니, 바그너 다음으로 많이 연주되는 작곡가로 꼽혔다. 마스카니는 공식적으로는 무솔리니 정권에 협조했으나 문화정책에 대해 거침없이 항의하기도 했다. 1930년과 1931년 사이 마스카니는 무솔리니에게 보낸 항의 서한들에서 유명한 파시스트들의 명단까지 동원하며 정부의 예술문화정책이 무능하고 부패했음을 고발했다. 마스카니는 정부의 대처 방식을 끝까지 납득할 수 없었으나 파시스트 정권하에서 프로파간다나 뇌물이란 처벌 사유가 될 수 없었으므로 자연히 이 사건은 마스카니 스스로 물러남으로써 무마되었다.

신세대 작곡가 달라피콜라는 피렌체의 케루비니 음악원 교수로 이탈리아 12음기법의 개척자이다. 1930년대에 카셀라의 지원을 받아 명성을 쌓아갔던 달라피콜라는 무솔리니를 영웅으로 추앙했고 파시즘 정권에도 적극적으로 봉사했다. 그러나 그는 이탈리아의 에티오피아 침공(1935)

캠페인과 스페인 시민전쟁(1936~1939)을 보며 정치적 입장 변화를 겪게 된다. 이 시기에 대해 달라피콜라는 "내게 있어 근심 걱정 없던 평정의 세계는 이제 끝났다. 회복 가능성은 없어 보이고 다른 숲을 찾아나서야 했다"[18]고 회고했다. 결정적으로 1938년 무솔리니가 히틀러의 인종정책에 동조하는 선언을 발표하자 그는 유대인 아내로 인해 신변에 위협을 받고 파시즘에 환멸을 느끼게 되었다. 보에티우스, 사보나롤라, 메리 스튜어트가 수감 중 쓴 글들에 기초한 12음 기법의 합창곡 「수감의 노래」는 그의 반파시스트 입장과 자유에 대한 열망을 자명하게 보여주는 작품으로, 초연은 브뤼셀에서 이루어졌다. 이때부터 무솔리니가 축출될 때까지 달라피콜라는 정치적인 탄압을 피해 연주 일정을 이유 삼아 스위스나 헝가리 등 중립국들에서 머물렀으며, 이후로도 자유와 해방의 메시지를 담아 오페라 <포로>와 합창곡 「해방의 노래」를 작곡했다.

폭력과 예술. 상충되는 이 두 가지 수단들은 무솔리니의 손에서 절묘하게 그 가치를 발휘했다. 폭력과 예술이 조화를 이룰 수 있었던 배경에는 이탈리아인의 감성주의, 1880년대 세대, 그리고 이 둘을 연결한 미래주의 미학이 한 요인으로 자리 잡고 있었다. 한때 국가적인 공황상태를 틈타 급성장한 폭력배 일당에 불과했던 무솔리니의 파시스트당이 대담히 '로마 진군'을 감행함으로써 적시에 정권을 이양받고 파시즘 이데올로기를 확립해 나가는 과정에서 문화예술정책은 중요한 역할을 담당했다. 청소년 시절 무솔리니는 국민 예술가로서의 베르디의 위상을 목격하며 '예술가 겸 전사'의 선례를 마음에 새겼을 것이다. 이후로 그는 니체와 소렐의 철학을 비롯해 또 다른 '예술가 겸 전사'들인 민족주의자 단눈치오와 미래주의자 마리네티의 사상으로부터 파시즘 통치의 핵심요소들을 찾아냈다. 단눈치오나 마리네티는 예술가 출신으로서 그들의 이상적 정치관이 현실의 요구를 충족하지 못했던 반면, 무솔리니는 보다 타협적이고 현실적인 정치가 입장에서 포용적 예술관을 보여주었고 이를 프로파간다에 적극 활용했던 것이다.

1930년대의 군국주의 통치와 그에 따른 문화정책 쇄신에도 불구하고 무솔리니는 음악적 소양과 음악의 가치에 대한 통찰에서 일관성을 보여주는 면이 있다. 무솔리니의 예술적 감수성을 전시하는 초기의 프로파간다로부터 실제 두체의 음악 후원의 사례들에 이르기까지 무솔리니는 이탈리아의 음악적 유산과 당시 이탈리아 음악계 상황에 대체로 만족하는 편이었다. 물론 통치 이데올로기에 방해가 되었던 음악계 인사들 중에는 비극적인 상황에 처한 사례들도 있으나 무솔리니는 예술적 업적, 특히 이탈리아의 국가적 위상을 높인 예술가들에게는 칭찬과 지원을 아끼지 않았다. 정치에 무감했던 푸치니는 한때 미래주의자들의 혹독한 공격을 받았던 반면, 사후에는 파시즘 정권에 의해 국위선양을 대표하는 "영원한 이탈리아의 외교관"이자 "국보"로 칭송되지 않았던가.[19] 소수의 반파시스트 음악가의 사례 이외에, 대부분의 기존 음악계 인사들은 친파시즘이든 에이파시즘이든 정권의 비위에 맞추어 작품 활동과 연주 활동을 지속할 수 있었다. 특히 무솔리니와 전보나 서신을 통해 직접 소통할 수 있는 통로가 열려 있었음은 주목할 만하다. 이 같은 독재자의 개인적인 음악 애호와 포용적 문화정책은 20여 년이 넘는 무솔리니의 장기 집권에 기여한 바가 크다고 볼 수 있다.

히틀러,
독재의 최면에
걸린 음악

정주은

아돌프 히틀러 (Adolf Hitler, 1889~1945)

1889.04.20.　오스트리아 브라우나우에서 출생
1907.10.　　빈 미술대학에 응시했으나 실패
1914.08.01.　제1차 세계대전 발발, 이후 군 입대
1919.10.　　독일노동자당 입당
1921.07.29.　나치당의 당수가 됨
1932.07.31.　나치당 제1당 지휘 획득
1933.01.30.　수상 취임
1936.08.01.　베를린 올림픽 개막
1939.08.23.　독일-소련 불가침 조약 조인
1939.09.01.　독일군, 폴란드 공격, 유럽 제2차 세계대전 시작
1940.09.27.　독일, 이탈리아, 일본 3국동맹조약 조인
1942.01.20.　유대인 문제의 '최종해결법'을 실무수준에서 논의
1945.01.30.　최후의 라디오 연설
1945.04.29.　에바 브라운과 결혼
1945.04.030.　베를린 총통 방공호에서 자살

"**Mein** Führer! 나의 총통이여! 이 음악은 당신을 위한 것이에요."

히틀러의 시가행진이 열리는 날, 도로 양쪽으로 셀 수 없이 많은 인파가 '총통'을 보기 위해 몰려들었다. 한 손에는 나치의 철십자가 깃발을 들고 다른 한 손은 앞으로 곧게 뻗은 채로 연신 "하일(Heil)!"을 외치며 총통에게 경의를 표하는 사람들의 표정에는 환희가 넘쳤다. 도로를 따라 긴 물결을 이룬 군중 속으로 한 소녀의 모습이 보인다. 양 갈래로 땋아 내린 머리에 베레모를 쓰고 흰 셔츠에 타이 차림을 한 소녀는 나치 군인들이 몸으로 만든 최종 바리케이트마저 끊어내고 도로 진입에 성공한다. 히틀러를 향해 열심히 뛰면서 "나의 총통(mein führer)"을 외치던 소녀는 마침 고개를 돌리는 히틀러와 눈이 마주친다. 소녀는 깃발 대신 들고 있던 종이 뭉치를 내밀며 말한다. "총통이여! 이 음악은 당신을 위한 것이에요." 무뚝뚝한 표정으로 소녀를 바라보는 총통과 말할 수 없는 희열로 가득찬 소녀의 얼굴이 오버랩되는 순간, 벅차오르는 감동을 주체할 수 없던 소녀가 정신을 잃고 쓰러진다. 손에 들려 있던 종이 뭉치가 맥없이 길가에 떨어지고 군인 하나가 그것을 주워 든다. 표지엔 이렇게 적혀 있었다. '히틀러 칸타타.'

쥬타 브뤼크너 감독의 영화 <히틀러 칸타타>의 첫 장면은 이렇게 시작한다. 주인공 우르줄라는 작곡가 지망생이다. 히틀러 유겐트 세대인 그녀에게 총통은 곧 우상이다. 그녀는 히틀러를 찬양하는 음악을 쓰면서 꿈을 키웠고, 히틀러의 50회 생일 축하 음악을 맡은 작곡가 브로흐의 조수로 들어가게 된다. 이 첫 장면 이후에는 제2차 세계대전과 나치 시대를 살아가는 한 인간으로서 우르줄라의 이야기가 펼쳐진다. 하지만 <히틀러 칸타타>라는 제목답게 영화 속에서는 작곡가 브로흐와 우르줄라가 총통을 위한 음악을 만드는 과정뿐 아니라 슈베르트의 「겨울 나그네」를 비롯한 다양한 음악이 각각의 장면과 어우러지며 등장한다. 마치 아이돌 스타를 따라다니는 열광적인 '오빠 부대'처럼 당시 독일 젊은이들에게 히틀러는 '스타' 이자 '우상' 그 자체였다. 눈이 마주치기만 해도 실신할 정도로 히틀러는 그들의 마음속에 절대적인 존재로 각인되어 있었다. 제2차 세계대전을 일으킨 주범이자 600만 유대인의 목숨을 앗아간 학살의 원흉 아돌프 히틀러는 이렇게 자국민들의 열광적인 지지와 애정을 등에 업고 제

▲ 영화 〈히틀러 칸타타〉 중에서.

3제국 시절 철벽 같은 권력을 행사했다. 그가 이렇게 민심을 손에 쥐고 강력한 독재를 완성할 수 있었던 원동력은 어디에 있었을까?

역사의 한 페이지를 장식했던 독재자들 중에서도 히틀러는 예술에 가장 관심이 많았던 인물이었다. **어린 시절에는 예술가의 꿈을 꾸었고 정치가가 된 후에도 예술을 사랑한다고 공공연하게 밝혔으며 스스로를 '예술가-통치자'라 칭했다.** 권력을 유지하고 독재를 뒷받침하기 위해 사용된 예술, 특히 음악 뒤에는 그의 남다른 식견과 애정이 있었다. 독일 민족 우월주의를 앞세워 민족 공동체를 확립하고, 이를 바탕으로 강력한 제국주의를 실현하고자 했던 야망을 실현하기 위해서는 오랜 기간 선조들이 확립해놓은 눈부신 독일 음악 유산이 꼭 필요했다. 그는 어떤 식으로든 이 음악의 전통을 자기편으로 만들어야 했고, 결국 성공했다.

히틀러의 음악 편력

화가를 꿈꾸던 소년

히틀러는 1889년 4월 20일 브라우나우 근교에서 세관 공무원이었던 알로이스 히틀러와 클라라 펠즐 사이의 네 번째 아들로 태어났다. 아버지는 밖에서는 성실한 직원이었지만 가정으로 돌아오면 권위적이고 폭력적인 남편으로 돌변했다. 그런 부모를 보면서 어린 히틀러는 아버지에게는 적개심을, 어머니에게는 동정심을 품었다. 소년 시절, 히틀러는 또래들과 전쟁놀이를 할 때면 늘 대장 노릇을 했고, 카우보이가 등장하는 미국 서부 문학을 읽기도 했다. 1903년 아버지가 세상을 떠나고 2년이 지나자 열여섯

살의 히틀러는 다니던 학교를 중퇴했다. 낮에는 책을 읽거나 그림을 그렸고 밤에는 오페라극장을 찾아다녔다. 한참을 아무것도 하지 않은 채 공상에 잠겨 있는 때도 많았다. 어머니는 아들의 그런 선택을 존중했다. 예술에 관심이 많은 아들에게 그랜드 피아노도 사주었다. 이 무렵부터 히틀러는 예술에 관심을 갖고 예술가의 꿈을 키워가기 시작했다.

히틀러의 꿈은 화가였다. 꿈을 이루기 위해 그는 '게으른 몽상가'의 삶을 청산하고 예술의 도시 빈으로 향했다. 1906년, 태어나 처음으로 빈 땅을 밟은 히틀러는 시골 마을 린츠와는 비교도 되지 않는 오페라극장의 위용에 압도당했다. 이곳이야말로 예술가의 꿈을 펼칠 수 있는 무대라는 생각에 가슴이 벅차올랐다. 빈에 도착하던 해에 히틀러는 오스트리아 순수예술아카데미에 지원했지만 2차 시험에서 고배를 마셨다. 1907년 어머니가 세상을 떠나자 잠시 고향으로 돌아갔던 그는 이듬해 빈으로 돌아와 같은 학교에 재도전한다. 하지만 이번엔 미리 제출한 작품이 기준에 부합하지 않는다는 통보를 받고 시험에 응시조차 할 수 없었다. 이 두 차례 실패로 인해 화가의 꿈은 실질적으로 좌절되었고 히틀러는 크게 실망했다. 아직은 순수한 예술적 열정에 불타던 시절, 미술학교에서 그를 받아주었다면 세계의 역사가 어떻게 달라졌을지는 아무도 모르는 일이다.

원하는 학교에 입학하지 못했다고 해서 꿈을 완전히 포기한 것은 아니었다. 히틀러는 계속 빈에 머물며 예술가의 꿈을 좇아 방황의 시간을 보냈다. 빈 음악 학교에 입학한 룸메이트 쿠비체크의 집을 나와 펠버 거리 22번지에 아파트를 얻은 그는 낮에는 좋아하는 링스트라세 거리 곳곳을 누비며 극장과 궁정 같은 오래된 건물을 스케치했고, 밤이면 오페라를 관람했다.

한동안 히틀러는 유명한 무대 연출가 알프레트 롤러의 팀에 들어가 오페라 무대 설치 보조로 일하기도 했다. 무대 뒤에서 일하는 동안 그는 조명과 연출이 만들어내는 극적인 효과, 그리고 그것이 관객의 마음을 얼마나 감동시킬 수 있는지를 직접 경험했다. 훗날 히틀러가 정치 연설과 나치 전당대회 등을 한 편의 오페라처럼 극적으로 연출하고자 했던 것은 이 시절의 경험과 무관하지 않다. 논리적이고 이성적인 백 마디 말보다 잘 짜여진 한 편의 드라마가 마음을 움직이는 데 더 효과적이라는 것을 그는 일찍이 오페라를 통해 간파했던 것이다.

빈에 머무는 동안 히틀러의 취향은 고전적이고 보수적으로 확립되고 있었다. 1925년에 완성한 그의 스케치북에는 이러한 취향이 잘 드러나 있다. 개선문을 옮겨 그린 스케치부터 직접 그린 오페라극장 설계도까지 그의 작품들은 모두 전통적이고 고전적인 양식을 반영하고 있다. 그가 설계한 오페라극장에는 화려하고 넓은 복도와 의전용 층계가 중요한 비중을 차지하고 있는데, 객석이나 무대보다 심혈을 기울여 구상한 이 계단은 빈 오페라극장을 비롯한 고전 건축물의 전형이었다. 히틀러는 웅장함과 더불어 경외심마저 불러일으키는 이 계단을 아주 좋아했다. 금방이라도 대중의 함성이 들려올 것 같은 고대의 콜로세움, 범접할 수 없는 권위를 상징하듯 치솟은 뾰족한 첨탑, 넓고 웅장한 제단, 그리고 마치 하늘에서 내려오는 듯 높은 곳에서부터 하강하는 계단……. 고대로부터 중세를 거쳐 이어져온 그 모든 것들이 히틀러의 마음 깊이 각인되었고, 제국회의 전당을 비롯한 나치 시대 건축물들은 이러한 히틀러의 스케치에서 상당한 영향을 받았다.

20세기, 한 세기가 바뀌고 새로운 미래를 향한 거대한 변화의 태동이 시작되던 이 시기에 히틀러의 청춘은 오히려 과거에 집착하고 있었다. 낡은 하숙집을 전전하고 건물 간판의 그림을 그리며 근근이 생계를 이어가던 청춘은 옛 건축물에서 위안을 얻고 과거의 음악을 들으며 평화를 찾았다. 서양음악의 오랜 패러다임이었던 조성음악을 통째로 뒤흔든 무조음악의 선구자 쇤베르크 및 제2빈악파 음악가들과 같은 공간에 머물고 있었고, 가까운 콘서트홀에서는 연일 최신 트렌드를 반영한 음악들이 연주되고 있었음에도 히틀러는 이런 흐름에 큰 관심을 보이지 않았다. 오히려 바그너에서 브루크너로, 그리고 베토벤으로 그의 시선은 끊임없이 세월을 거슬러 오르고 있었다. 보수적이고 고전적인 것과 고대 단순함의 미학으로의 회귀, 그것이 바로 히틀러의 편향된 취향을 결정지었다.

히틀러의 '바그너 컬트'도 이때부터 본격화되었다. 열두 살에 고향에서 처음으로 <로엔그린>을 보고 깊은 감동을 받은 히틀러는 빈에서도 저녁이면 바그너의 오페라를 찾아 극장을 헤맸다. <트리스탄과 이졸데>

▲ **히틀러의 스케치** 히틀러가 스케치북에 그린 개선문.

만 40회 이상 보았다는 그는 민족 영웅을 내세운 장대한 서사시와도 같은 바그너 음악극에 열광했고, 작품 안에 깊이 뿌리박혀 있는 반유대주의 사상에 공감했다. 바그너 컬트, 이것은 히틀러의 음악 편력 중에 가장 날카롭고도 치명적인 것이었다.

음악과 정치, 교묘한 줄타기

1913년, 히틀러는 군 복무를 피하기 위해 빈 생활을 청산하고 독일 뮌헨으로 자리를 옮긴다. 여기서도 그는 여전히 엽서에 그림을 그리고 사람들과 예술을 논하며 지냈다. 한때 병역 기피 혐의로 체포되었을 때도 소환장에 적힌 그의 직업은 '예술화가'였다. 1914년 제1차 세계대전이 발발하자 그는 자원해서 입대를 했고, 전쟁이 끝나자 뮌헨으로 돌아와 독일 노동자당에 가입하면서 본격적으로 정치에 입문한다.

정치에 막 발을 들여놓던 시절, 신분도 경력도 보잘것없었던 오스트리아 출신의 군인 히틀러가 자신의 입지를 다질 수 있었던 무대는 맥줏집과 예술가들의 살롱이었다. 그는 맥줏집에서 고된 하루 일과가 끝난 후 맥주를 마시며 삶의 애환을 나누던 노동자들과 군인들의 친구가 되었고, 살롱에서는 예술계 인사들과 친분을 쌓았다. 피아노 제작자인 에드빈 벡슈타인, 음악출판업자 후고 브루크만, 바이마르 국립극장 감독을 지낸 카를 폰 쉬라크 등은 앞다투어 자신의 살롱에 히틀러를 초대했다. 히틀러가 바그너의 음악극을 비롯한 예술에 대해 진지한 취향과 상당한 식견을 가졌다는 것을 인정했기 때문이었다.

1919년 가을, 히틀러는 독일노동자당의 일원이 되기로 결심한다. 바이에른의 자물쇠 제조공인 안톤 드렉슬러가 창설한 이 당은 처음엔 40여 명 남짓한 군소정당에 불과했다. 이곳에서 히틀러는 강력한 메시지

▲ **맥줏집과 히틀러** 맥줏집은 히틀러가 정치에 입문하던 시절, 자신의 입지를 다지던 공간이었다.

가 담긴 독특한 연설 방식으로 사람들의 지지를 얻으며 이듬해 1월 당 선전 활동의 책임자가 되었고, 2월 24일에는 한 맥줏집에서 대규모의 첫 번째 집회를 열었다. 그는 약속된 시간보다 조금 늦게 나타나 자연스럽게 사람들의 시선을 모았다. 나지막하고 느리게 시작된 연설은 점차 빨라지면서 고조되어갔다. 클라이맥스에 다다랐을 때 그의 목소리는 고함치듯 처절하게 울부짖었고 격렬한 손짓은 허공을 갈랐다. 마치 한 편의 오페라를 보는 듯한 그의 연설에 사람들은 열광했다. 2,000여 명이 모인 이 집회의 성공 이후 그는 당의 핵심 인물로 부상했고, 당의 이름도 독일노동자당에서 국가사회주의독일노동자당(National-Sozialistische Deutsche Arbeiter-Partei: NSDAP, 일명 NAZIS)으로 바꾸었다.

1933년 1월 30일, 히틀러는 독일 제1당인 나치당의 당수로서 수상 자리에 올랐다. 곧이어 나치당은 독일 내 유일한 정당으로 선포되었고 히틀러가 이끄는 나치 시대가 출범했다. 나치가 이끄는 제3제국 시절, 문화와 예술 활동은 기본적으로 나치가 표방하는 이데올로기를 정당화하기 위한 선전 수단으로 사용되었다.

대중은 추상적인 사상에 약하고 주로 감정적인 것에 반응을 보인다. 대중을 자기편으로 끌어들이기 위해서는 그들의 가슴으로 통하는 문을 열 수 있어야 한다.

히틀러가 자전적 회고록인 『나의 투쟁』에서 밝힌 것처럼, 그는 이성보다는 감성으로 대중을 지배하고자 했다. 그가 말한 '가슴으로 통하는 문'의 열쇠는 바로 음악이었다.

제3제국 시대 예술 정치의 토대는 히틀러 개인의 취향에서 비롯되었다. **'총통'의 예술관은 곧 '비공식적인 지도자의 원칙'이었다.** 빈에서 시작해 뮌헨을 거치는 동안 확립된 히틀러의 취향은 명확하고도 일관성이 있었다. 그는 보수적이고 고전적인 음악을 좋아했고 바그너를 앞세운 후기 낭만 음악을 주로 들었다. 인간의 감정을 뒤흔들면서 독일인의 위대함과 자랑스러움을 드러내는 음악, 누구나 공감할 수 있고 민족의 결속력을 다질 수 있는 음악을 선호했다. 그는 이러한 자신의 취향에 대해 강한 확신이 있었고, 그랬기에 자신이 좋아하는 음악을 정치와 연결시키는 데도 주저함이 없었다.

그러나 총통이 사랑하는 음악이 언제나 당의 정치적인 노선에 부합했던 것은 아니었다. 때때로 그는 스스로 세운 원칙에 모순되는 작품에 열광했고 그 때문에 정치 수뇌부와 충돌하기도 했다. 그럴 때마다 히틀러는 자신의 의지를 굽히지 않았다. 그리하여 때로는 그것이 '총통이 사랑하는 음악'이라는 이유만으로 공연되었고 관중이 강제로 동원되기도 했다. 정치적인 노선과 선호하는 예술 작품이 대립할 때마다 자신의 취향을 선택했던 그는 제국의 수장과 예술 애호가 사이에서 미묘한 줄타기를 이어갔다.

1938년 11월 24일 베를린에서 초연된 베르너 에크의 오페라 <페르 귄

트>는 히틀러의 모순된 취향을 보여주는 대표적인 예이다. 노르웨이 희극 작가 입센의 작품을 바탕으로 한 이 작품의 주인공 페르 귄트는 일확천금을 꿈꾸다 결국은 모든 것을 잃고 실패한 인생으로 삶을 마감하는 비운의 인물이다. 당시 정부에서 금기시하던 재즈를 연상시키는 선율과 함께 바닥까지 치닫는 주인공의 타락한 모습은 나치가 추구하는 민족 구원의 영웅과는 거리가 멀었다. 그럼에도 1939년 1월 이 작품을 관람한 히틀러는 찬사를 아끼지 않았다. "순수함과 더불어 북유럽의 예술관을 잘 드러내는 작품"[1]이라는 평가와 함께 이 오페라는 5월 뒤셀도르프 제국 음악 축제에서 두 개의 공식 오페라 중 한 작품으로 선정되기에 이른다.

맹목적으로 추종했던 바그너의 작품은 히틀러의 삶 가장 가까이에 있는 음악이었다. 그는 우울할 때 <트리스탄과 이졸데>를 들었고 전쟁 중에는 <신들의 황혼>을 들었다. 뉘른베르크에서 해마다 열리는 나치 전당대회 개막식에서는 <리엔치>를 연주하도록 지시했는데, 사실 이 작품의 주인공 역시 결국 패배하는 인물이므로 전당대회 분위기와는 그리 어울리지 않았다. 그러나 히틀러는 "이 오페라야말로 신이 축복한 음악이며, 이 작품을 통해 독일 제국을 하나의 대제국으로 완성할 수 있다는 영감을 얻었다"라는 이유를 들어 연주를 강행하게 했다. 이성보다는 감정에 좌우되는 성향을 보였던 히틀러는 자신에게 순간적으로 강한 영감을 주었던 음악에 각별한 애정을 보였다. 때로 그것이 당의 이익이나 정치 노선에 위배된다 하더라도 자신의 의지를 굽히지 않았다.

히틀러는 사적인 공간에서 음악 듣기를 좋아했다. 집권 말기 지하 벙커에서 지낼 때에도 그는 개인 음악감상실에서 음악을 들었다. 기차로 이동 중에도 전용 객실에 축음기를 가져와 음반을 들었고, 모임이 있을 때나 강연 전에도 음악을 먼저 들었다. 그가 다양한 음반들을 소장하고 있었다는 것도 널리 알려진 사실로, 주로 들었던 음악은 바그너, 레하르, 슈트라우스, 볼프 등이었다. 그러나 2007년 독일 주간지 《슈피겔》에서 공개한 소비에트 정보부 장교 레브 베시멘스키의 다락에서 발견된 히틀러의 소장 음반을 보면 의외의 이름들이 보인다. 베시멘스키가 사망하면서 세상에 알려진 100여 장의 컬렉션에는 폭넓은 시대와 장르의 레퍼토리들이 담겨 있어 그의 폭넓은 음악 취향을 보여준다. 바그너와 베토벤은 물론이고 히틀러가 열등한 민족으로 간주했던 러시아 작곡가들, 즉 차이코프스키와 무소르그스키, 라흐마니노프 등의 음반이 포함되었다. 더욱 놀라운 사실은 유대인 바이올리니스트인 브로니슬라프 후버만과 피아니스트 아르투르 슈나벨의 음반도 나왔다는 것이다. 기사에는 후버만과 슈나벨의 음반에 흠집이 많이 나 있는 것으로 보아 여러 차례 반복해서 들었던 듯하다고 적혀 있다. 그토록 경멸하고 탄압했던 유대인의 음악을 들었던 정확한 이유가 확실히 밝혀지진 않았다. 정치가로서 히틀러는 600만이라는 어마어마한 목숨을 앗아간 원흉이었지만 예술을 사랑하는 한 인간으로서 유대인 연주자가 주는 음악의 감동만큼은 차마 외면할 수 없었을지도 모르겠다.

히틀러는 실내악을 비롯한 소편성 음악보다는 거대한 음악극과 대규모의 관현악곡을 선호했다. 한때 "소박한 무대는 무의미하다"[2]라는 말과 함께 소규모 음악을 점차적으로 줄여나갈 계획까지 세우기도 했다. 그는 웅장한 오케스트라의 음향이 거대한 파도처럼 몰려올 때의 그 벅찬 감동에 빠지는 것을 사랑했고, 이런 음악들은 그의 내면 깊숙이 뿌리박힌 영웅 의식과 민족 구원이라는 사명의 충실한 배경음악으로서의 역할을 수행했다.

독일성 그리고 현대성

> 우리 민족의 발전과 인내를 위한 보편적 법률을 음악 분야에도 적용하는 것은 사실상 불가피하다. 기교적으로 혼란을 유발한 음악으로 청중을 당황시키는 것이 아니라 예측 가능하고 아름다운 선율의 청취를 통해 그들의 마음을 제압하는 것이다.[3]

히틀러는 1938년 '문화 연설'에서 위와 같이 말했다. 이 말은 곧 그가 추구하는 음악의 이상을 잘 드러내준다. 히틀러는 독일을 동일한 언어와 문화를 사용하는 민족 공동체로 인식하고, 이들을 하나로 통합할 수 있는 민족주의 국가를 꿈꾸었다. 독일인의 음악은 민족을 하나로 결속시키고 민족의 우월성을 정당화시킬 수 있는 가장 적합한 예술이었다. 보수적이고 고전적인 히틀러의 취향, 그리고 민족 공동체 의식을 강화하려는 히틀러의 정치 노선, 이 두 가지 사이에서 합일점을 찾은 제3제국 예술의 기본 특징은 크게 두 가지로 나누어질 수 있다. 하나는 '독일적인 것 (Germanness)'이고 다른 하나는 '누구나 이해 가능한 것'이다. **이것은 독일 음악의 장려, 그리고 난해한 현대음악의 거부라는 두 가지 양상으로 나타난다.**

독일인에게 음악은 어떤 예술 분야보다도 찬란한 유산이었고 영원한 자부심으로 인식되었다. 바흐와 헨델을 필두로 베토벤, 베버와 브람스, 브루크너, 그리고 바그너로 이어지는 독일 음악의 거룩한 계보는 그 자체로 '독일적인 것'이었다. 나치 시대에 이러한 고전 음악의 위상은 단순한 여흥이나 특정 계층을 위한 오락이 아니라 민족 전체의 자존심을 드높이고 옛 독일의 영광을 재현하는 데 보탬이 되는 독일적이고 심오한 예술로 인식되었다.

독일 사람들은 자국 음악가들이 확립한 음악의 전통이 사실상 서유럽 전체 음악의 뿌리가 된다고 여겼다. 그래서 히틀러는 민족을 구원하는 영웅의 이야기나 게르만 민족과 맥을 같이한 신화적인 전설에 심취했고, 그런 독일적인 정서가 강하게 드러나는 음악극을 탄생시킨 바그너를 숭배했으며, 그 반대편에 섰던 브람스보다는 바그너와 맥을 같이하는 브루크너를 높이 평가했다. 특별히 브루크너는 히틀러가 바그너와 더불어 개인적으로 깊은 애착을 가진 작곡가였고 그가 지향하는 '독일적인 것'에 가장 잘 부합하는 음악가였다.

히틀러는 브루크너를 '독일적인 것'을 추구하는 음악 정신에 부합하는 본보기로 만들고자 했다. 이를 위해 브루크너는 처음에는 교회 음악가로 출발했으나 바그너의 영향을 받은 후 그의 음악을 계승하면서 독일적인 것의 추구로 방향을 선회한 인물로 그려졌다. 이로써 음악극에 바그너가 있다면 교향곡에는 브루크너가 있다는 양대 구조가 만들어졌다. '바그너를 추종하는 교향곡 작곡가'라는 견해는 제3제국 시기 동안 브루크너에 대한 공식적인 해석이 되었다. 장대한 규모의 악기 편성, 예로부터 독일 음악의 가장 위대한 유산으로 간주되어온 푸가나 코랄의 적절한 사용 등은 브루크너의 음악을 '독일성'의 정수로 만드는 근거가 되었다.

순수한 아리아인 혈통을 지닌 지휘자 푸르트벵글러 역시 '독일적인 음악가'의 훌륭한 표본이었다. 푸르트벵글러는 당대 음악가 중에서 히틀러가 가장 총애한 인물 중 한 사람이었다. 정치와 예술은 분리된 것이라고 생각했던 푸르트벵글러는 사실 근본적으로 나치의 사상에 동의하지 않았지만, 제3제국 치하의 정치적이고 외적인 환경의 변화에 대해 표면적으로 크게 저항하는 모습을 보이지도 않았다. 그는 제국음악원의 부회장직을 수락했고 베를린 필하모니 관현악단의 상임 지휘를 맡아 국가의 주요 행사에서 연주를 했다. 1933년 포츠담의 날 기념 행사에서 바그너의 오페라 <뉘른베르크의 명가수>를 지휘했고, 1937년 히틀러의 생일에 베토벤의 교향곡 「합창」을 연주했다. 그는 히틀러 시대에 베토벤의 교향곡 「합창」을 가장 많이 연주한 지휘자로 기억된다. 히틀러의 두터운 신임을 얻은 그는 한때 베를린 필하모니 관현악단 유대인 단원의 추방 유예와 오케스트라 협연자 선정 같은 예외적인 권한 등을 인정받기도 했지만, 이러한 특권을 얻었음에도 1934년 힌데미트의 교향곡 「화가 마티스」의 연주를 둘러싸고 공개적으로 히틀러에 대해 비판적인 입장을 피력하자 더 이상의 보호를 받을 수는 없었다. 결국 이 사건을 계기로 푸르트벵글러는 베를린 필하모니 관현악단의 포디엄을 내려오게 되었다. 제2차 세계대전이 끝난 뒤 푸르트벵글러는 나치에 동조했다는 이유로 재판을 받기도 했는데, 그는 과거 자신의 행적에 대해 '독일 음악을 지키기 위해서'라고 답했다. 음악이 정치적으로 이용될 위험에도 불구하고, 독일 음악은 독일인만이 가장 잘 연주할 수 있으며 독일인들이 이런 자국 음악을 들을 수 있는 자유를 보장해주는 것이 음악가의 사명이라고 믿었기 때문에 연주를 이어갔다는 것이 그의 변명 아닌 변명이었다.

한편 음악은 누구나 이해할 수 있어야 한다고 생각했던 히틀러는 현대음악을 좋아하지 않았으며, 다른 독재자들과 마찬가지로 가사의 뜻이 분명한 노래를 선호했다. 민중이 관여하는 예술을 원했고, 민중의 심장에 피를 스며들게 하고 영혼을 반영할 수 있는 예술을 원했던 그가 추구했던 가사의 내용은 주로 반봉건적이고 반자본주의적이며 또한 반사회주의적이었다.

> 우리 피 속에 있는 예술, 민족이 이해할 수 있는 예술, 누구나 이해할 수 있는 예술만이 진정한 예술이다.[4]

▲ **1935년 베를린에서 열린 푸르트벵글러의 콘서트** 맨 앞줄에 괴링, 히틀러, 괴벨스 등의 모습이 보인다.

　1937년 7월 18일 뮌헨 독일 예술회관에서 열린 퇴폐 미술 전시회에서 히틀러가 한 말이다. '위대한 독일 예술(Grosse Deutsche kunstausstellung)'이라는 타이틀을 내건 이 전시회는 히틀러 정권 이래 현대 예술을 전시하는 최초의 행사라는 점에서 주목을 끌었다. 미래파, 입체파, 다다이즘 등 나치가 바람직하지 못한 범주로 규정한 미술사조들이 공개적으로 비판받았고, 같은 날 '대독일 미술전'이라는 이름으로 나치가 선호하고 장려하는 미술 작품을 전시하는 행사가 열리기도 했다. 이러한 퇴폐 미술 전시회의 진정한 목적은 난해한 현대 회화와 조각을 공개적으로 퇴폐 예술로 규정하고 이를 대중에게 알리기 위한 것이었다. 행사는 성공적이었다. 넉 달 만에 200만 명 이상의 관중이 전시장을 찾았고, 전시는 독일 전역으로 확대되었다.

　이러한 퇴폐 미술 전시회의 성공에 힘입어 이듬해 5월 뒤셀도르프에서는 '퇴폐 음악 콘서트'가 열렸다. 난해한 음악을 거부하고 대중이 이해할 수 있는 음악과 히틀러 정부에서 권장하는 음악을 알리자는 취지를 지닌 이 콘서트에서는 무조음악, 12음기법을 사용한 음악 등이 이해할 수 없는 음악의 대표적인 사례로 제시되어 비판의 대상이 되었다. 현대음악은 다수의 일반인들이 싫어하는 '문화적 쓰레기'이며 현대 음악가는 '신성한 독일 예술의 샘물에 독을 뿌리는 자'로 낙인찍혔다. 독일을 '음악의 나라'로 인식하고 독일 민족을 '음악적으로 뛰어난 민족'으로 자리매김하기 위해서는 옛 음악도 필요했지만, 당대 독일 음악의 우수성을 알리고 권장하는 일도 필요했다. 그럼에도 나치 정권에서 현대음악을 탄압한 것은 무조음악을 주장한 핵심 인물들이 대부분 유대계였기 때문이라는 이유도 배제할 수 없을 것이다. 쇤베르크로 대표되는 유대계 독일 작곡가들의 정신이 깊이 뿌리내린 현대음악은 독일의 건강한 예술을 상하게 하는 것으로 간주되었다.

> 무조음악은 조성음악을 파괴한 결과이며, 그러므로 퇴폐와 예술적인 볼셰비즘을 의미한다. 더 나아가 무조음악은 유대인인 아널드 쇤베르크의 체계에 대한 기반을 제공하므로 유대적인 생각의 산물로 간주되어야 한다.[5]

고대 그리스 조각과 건축에 특별한 애착을 보였던 히틀러는 그가 살고 있는 시대의 음악이 고대 그리스에서 음악이 수행했던 것과 동일한 역할을 하기를 바랐다. 그는 음악이 사회를 통합하는 도구이자 일반적인 대중이 갖는 미에 대한 느낌을 찬양하는 수단이 되어야 한다고 생각했고, 음악과 무용, 연극 등이 유기적으로 통합된 고대 그리스 예술이야말로 가장 이상적인 형태로 보았다. 그리고 음악과 극 사이의 유기적인 관계가 깨지면서 모두가 이해할 수 있는 바람직한 예술의 형태도 사라졌다고 생각했다. 이러한 이유에서 그는 고대 그리스의 종합 예술을 재현하려 했던 바그너의 이상에 열광적인 지지를 보냈고, 대중의 이해와 공감을 얻을 수 없었던 현대음악을 비판했다. 그에게 무조주의와 12음기법을 앞세운 현대음악은 엘리트주의가 낳은 편협한 산물에 지나지 않았다. 불안한 정서를 조장하는 불협화음과 불규칙한 리듬이 특징인 무조음악 등에 대해 히틀러는 모두 무정부주의와 같다고 비난했다

'퇴폐 음악 콘서트'와 함께 열린 '제국음악의 날' 행사에서는 이런 바람직하지 못한 예들이 무대 위에 올랐고, 그와 맞물려 '음악과 인종'이라는 주제로 음악학회도 열렸다. 이 학회에서도 역시 불협화음을 앞세운 유대인 음악과 현대음악 및 재즈가 공격의 대상이 되었다. 또한 '음악 볼셰비즘'이라는 개념하에 비판받아야 할 음악가들의 명단도 공개되었다. 히틀러 정권에서는, 퇴폐 미술 전시회가 그랬던 것처럼 퇴폐 음악 콘서트를 통해서도 현대음악에 대한 강한 비판과 자성이 이루어지기를 기대했지만 기대만큼의 성과를 거두지는 못했다. 귀로 감상하는 청각 예술인 음악이 즉각적으로 보이는 시각 예술인 미술만큼 관람객을 자극하리라고 생각한 것 자체가 무리였다. 또한 당시 무대에서 연주될 수 있는 음악들은 이미 제국문화원의 공인을 받은 음악들이었기에 퇴폐 음악을 가려낸다는 시도 자체가 무의미하게 보일 수도 있었다. 결국 이 행사는 큰 호응을 얻지 못한 채 흐지부지 끝나고 말았다. 하지만 퇴폐 음악 콘서트는 히틀러 정권에서 권장했던 음악과 그렇지 않은 음악의 기준을 뚜렷이 제시했다는 점에서 의미를 지닌다.

히틀러의 예술 독재

예술은 민족의 영혼을 가장 깨끗하게, 가장 직접적으로 반영하기에 모르는 사이에 민족 대중에게 단연 최대의 영향력을 행사한다. 그렇지만 예술은 한 민족의 삶과 타고난 능력을 있는 그대로 그리며 왜곡하지 않는다.[6]

히틀러가 정권을 잡은 1933년 전후 독일에는 전통과 현대가 공존하고 있었다. 고전적인 전통음악과 현대음악이 위험한 동침을 하고 있는 음악계의 현실은 제1차 세계대전의 전범으로 몰려 정치적, 경제적으로 파산 상태에 몰린 독일 사회의 모습을 반영하는 듯했다. 히틀러는 모든 형태의 예술이 타락한 도덕적, 정치적, 문화적 이상을 정화할 수 있다고 생각했다. 그러나 순수한 예술 옹호자로 스스로를 이미지화했던 그는 드러내 놓고 예술을 정치적 프로파간다로 사용하는 것을 원치 않았다. 그는 표

▲ 퇴폐 미술 전시회에 참석한 히틀러(좌). 퇴폐 음악 콘서트에서 '퇴폐 예술'로 금지의 대상이 된 재즈(우).

면적으로는 예술의 자율성을 추구했고 음악을 비롯한 예술 활동을 관장하는 기관들이 정부의 직접적인 통제를 받지 않는다고 공표했지만, 다양한 방법으로 예술 활동을 통제 혹은 장려했고 관리 감독했다.

지원과 규제 : 제국 문화원

히틀러가 이끄는 나치당은 '획일화(Gleichschaltung)'라는 이름하에 문화 통폐합을 통해 대중매체와 문화의 구조 개편을 단행했다. 문화 관련 정부 기구의 정식 수립을 계기로, 이전까지 부분적이고 개별적으로 행해졌던 문화 예술 활동을 보다 조직적이고 통합적으로 관리할 수 있게 되었고 나치의 예술관을 문화 활동 전반에 적용할 수 있는 기반도 마련되었다.

제3제국이 단행한 문화 통폐합은 문화 통합(Einschaltung)과 문화 배제(Ausschaltung)라는 상반된 두 가지 형태로 나눌 수 있는데, 모두 문화를 통한 민족 공동체 확립이라는 목적으로 수렴되었다. 예술 작품은 수용할 수 있는 것과 수용할 수 없는 것으로 분류되어 당의 문화 이데올로기에 부합하는 예술은 정부의 감독하에 수용 혹은 통합되었고, 나치의 이상에 부합하지 않는 세력들은 문화 폐합이라는 명분하에 철저히 배제되었다. 문화 통폐합을 효과적으로 추진하기 위해 제국의 선전부장관으로 취임한 요제프 괴벨스는 1933년 9월에 제국선전부, 11월에는 제국문화원을 각각 조직했다. 제국문화원은 독일 문화 활성화를 위해 문화 활동에 대한 경제적, 사회적 제반 사항을 관장했으며 산하에는 문학, 연극, 음악, 라디오, 영화, 회화, 그리고 언론을 관장하는 일곱 개의 부서가 포진했다. 이 기구들은 각각의 영역에 해당하는 활동을 규제했지만 기본적인 운영방침에 대한 모든 권한은 상위 기구인 제국문화원에 있었다.

제국문화원의 기본적인 전략은 '지원'과 '규제'라는 두 가지 방향으로, 독일 문화의 창조와 생산을 육성하는 것과 독일 문화의 순수성을 훼손하고 민족정신을 희석시키는 부적합한 문화 요소를 규제하고 금지하는 것이었다.

제국음악원은 제국문화원 산하 일곱 개의 부서 중에서 가장 규모가 컸다. 1937년 제국음악원에 소속된 회원 숫자는 9만 5,600명으로, 제국미술원의 3만 5,000명, 제국연극원의 4만 1,000명에 비하면 세 배 이상 많은 것이었다. 제국음악원은 예술에 대한 통제와 규제도 물론 있었지만 그보다 먼저 예술가들에게 필요한 경제적인 지원과 복지 혜택을 제공했다는 점에서 처음에는 예술가들의 환영을 받기도 했다. 정치적인 노선을 떠나서 음악가를 비롯한 많은 예술가들이 공식적인 후원을 받을 수 있었고, 연주 기회를 얻고 소득도 증가하리라는 기대를 갖기도 했다.

제국음악원은 전반적인 예술과 문화 활동을 육성하기 위해서 문화예술 인력에 대한 정책적인 지원 방안을 마련했고 구체적인 후원 방안도 제시했다. 지원 사업은 (1) 작품 창작 활동에 대한 지원, (2) 문화 예술과 관련된 직업 교육의 활성화, (3) 전문 영역 종사자들에 대한 자격증 부여, (4) 문화예술 인력에 대한 소득 체계 확립, (5) 문화 예술 인력에 대한 사회 보장 제도 확충 등으로 나뉘어 실질적인 조치를 실시했다. 음악가들의 임금에 대한 규정이 마련되었고, 전문 음악인의 활동을 침해하는 아마추어 음악가들의 직업적 활동을 제한하는 방안도 마련되었다. 또한 음악 강사를 선발하는 시험과 훈련 시스템이 갖추어졌고, 은퇴한 음악가들을 위한 연금 제도도 시행되었다. 이러한 제도는 직업 음악가들의 생활 안정과 사회적인 인식 및 대우 개선이라는 결과를 낳았고, 이로써 문화 예술 관련 인력의 빈곤과 실업 문제가 어느 정도는 해결될 수 있었다.

한편 독일 내에서 이루어지는 모든 예술 활동은 제국문화원의 허가를 받아야 했으며, 개인과 단체는 자신의 활동에 해당하는 영역의 부서에 의무적으로 가입해야 했다. 초기에는 유대인의 가입을 제한하는 조건이 명시되어 있지 않았지만, 그렇다고 해서 모든 신청자들에게 가입이 허락되는 것은 아니었다. 신청자에 대한 심사를 거쳐 가입이 거절되거나 부적절한 예술가의 경우 예술가로서 제명되기도 했는데, 이 심사에는 인종적이고 정치적인 기준이 빈번하게 적용되곤 했다. 그러나 이러한 심사의 잣대를 벗어난 예외가 있었으니, 그것은 바로 바이로이트 극장이었다. 히틀러의 절대적인 지지를 받은 바이로이트 극장은 제국문화원 소속이 아니었으며, 국가 차원에서 보호해야 할 민족적인 의무 행사로서 정부의 직접적인 재정지원을 받았다.

유대인 음악가에 대한 탄압은 이렇듯 처음에는 표면적으로 드러나지

▲ 제국문화원을 비롯한 나치 선전부 조직도.

않았으나 시간이 지나면서 보다 강렬하고 직접적인 제재가 이루어졌다.

1934년에는 유대인 혈통을 정부 공무원직에서 퇴출하는 법령이 마련되어 오케스트라나 정부 기관, 오페라 하우스, 미술관에서 일하는 모든 공무원 중에서 유대인이나 유대계로 분류된 사람들은 대부분 파직되었다. 1938년까지 음악가 2,310여 명이 추방당했다.

독일에서의 검열은 국가의 직접 검열부터 예술가들의 자체적인 검열에 이르기까지 다양한 형태를 보였다. 1936년 5월 13일, 괴벨스는 모든 예술 작품에 대해 비평을 금지하는 법령을 발표했다. 무대에 상연되는 음악은 제국문화원을 통해 공인된 작품이므로 정부에서 허가한 작품에 부정적인 비평을 가한다는 것 자체가 정부에 대한 도전이라고 보았던 것이다. 예술적 가치를 결정할 수 있는 것은 오직 당과 국가뿐이었으며, 30세 이상의 허가받은 사람들만이 비평을 할 수 있었다. 이러한 법령하에서 음악 잡지에는 단순히 서술적인 품평이나 주관적인 인상 등을 적은 기사들이 실렸고, 정기간행물에는 예술 관련 소식이나 감상 후기를 적은 기사만 실렸다. 1935년에는 원로 예술가들을 중심으로 한 제국문화원로원도 설립되었는데, 이것은 일종의 자문 기관으로 예술가들이 스스로 작품을 검열하는 자정 작용을 수행했다.

미국에서 유입된 재즈는 현대음악과 더불어 나치가 수용을 거부한 대표적인 음악이었다. 사실 1920년 중반에 일명 '아메리카 붐'이 일어나 재즈가 독일 대중에 소개되면서 이미 독일 내 재즈 애호가가 적지 않았다. 그럼에도 1933년 이후 나치들은 재즈를 금기시했다. 이들은 재즈 음악이 미국적 정서를 조장하면서 독일 민족의 자부심을 해칠 뿐 아니라 재즈에 자주 사용되는 싱코페이션 리듬과 색소폰 같은 악기가 불순한 성적 환상을 불러일으킨다고 주장했다. 그러나 이러한 제도적인 규제가 독일 내 재즈 열풍을 완전히 잠재울 수는 없었다. 외국을 자주 다니는 비행기 조종사들은 기내에서 재즈를 들었고, 젊은 층 사이에서도 비밀리에 재즈 음악이 유통되었다. 이러한 상황을 인식한 선전부 장관 괴벨스는 독일화된 형태의 유흥 음악을 만들기로 한다. 대중이 좋아하는 재즈에 '독일적인 정신'을 교묘히 접붙인 이 음악을 통해 재즈로 향한 관심을 돌렸고, 정부가 다양한 예술을 장려한다는 표면적인 정당성도 얻을 수 있었다. '독일의 춤과 유흥 오케스트라(Deutsche Tanz–Unterhaltungsorchester: DTU)'는 바로 이러한 독일의 이중적인 재즈 정책을 구체적으로 실현하기 위해 만들어진 악단이었다.

히틀러식 무대 연출: 연극적 제의

1936년 8월 1일, 베를린에서 세계인의 축제인 제11회 하계 올림픽이 개막했다. 고대 그리스 신전을 연상시키는 거대한 경기장이 수만 명의 관중으로 꽉 찬 가운데 선수들의 입장이 시작되었다. 선수들이 모습을 드러낼 때마다 관중은 환호와 함께 자리에서 일어나 한 손을 뻗어 나치식 인사를 보냈다. 흐트러짐 없이 일정하게 뻗은 손들의 물결이 거대한 파도를 이루는 장관이 연출되었다. '총통' 히틀러의 개회 선언에 이어 팡파르가 울려 퍼졌다. 이윽고 성화가 도착했다. 올림픽 역사상 최초로 그리스 올림피아에서 직접 가져온 성화였다. 성화는 경기장을 돌아 가장 높은 곳에 마련된 점화대로 향했다. 점화대에 불이 옮겨지고 평화를 상징하는 수천 마리의 비둘기가 일제히 날아올랐다. 「올림픽 찬가」가 연주되자 분위기는 절정으로 향했다.

베를린 올림픽 개막식은 히틀러식 무대 연출의 전형을 보여주는 좋은 예이다. 이전까지 올림픽에 대해 부정적이었던 독일이 태도를 급선회해서 올림픽을 유치하게 된 이면에는 정치적인 의도가 깔려 있었다. 전 세계인이 주목하는 축제인 올림픽 개막식을 통해 히틀러와 나치즘은 제국주의와 침략자로서의 이미지를 벗어버리고 세계와 인류의 평화를 추구하는 민족으로서의 이미지 변신을 꾀하고자 했다. 히틀러의 오랜 친구이자 건축가인 알베르트 슈페어가 연출을 맡은 개막식은 한 편의 드라마틱한 오페라를 보는 듯했다. 오래전부터 최고의 아름다움이라 여겼던 고대 그리스 건축을 모방한 대형 경기장을 건축했고 세계 최초로 성화를 그리스에서부터 가져오는 유례없는 시도를 통해 올림픽의 순수한 정신을 계승하겠다는 의지를 천명했다. 성화는 올림피아를 시작으로 불가리아, 유고슬라비아, 헝가리, 오스트리아, 체코슬로바키아 등 3,075킬로미터를 달려왔다. 비록 훗날 히틀러가 제2차 세계대전을 일으켰을 때 이 코스의 역순으로 침략해 가지만, 적어도 성화가 점화되는 이 순간만큼은 관중과 텔레비전을 지켜보는 모든 사람들이 극적인 감동을 경험했다. 그 감동의 분위기를 만드는 데는 물론 음악도 일조했다. 유대인 작가와 작업했다는 이유로 연주를 금지당했던 리하르트 슈트라우스도 이날만큼은 독일의 대표 작곡가로서 자신이 작곡한 「올림픽 찬가」를 직접 지휘했다. 독일이 자랑하는 코스모폴리탄 음악가인 헨델의 <메시아> 중에서 「할렐루야」가 울려 퍼지고 나치의 당가인 「호르스트 베셀의 노래」도 빠지지 않았다. 사람들은 이날을 아름답고도 위대한 날로 기억했다. 누구보다도 선전의 효과를 잘 알고 있었던 히틀러는 역사적인 광경을 전 세계에 TV로 생중계하는 것을 잊지 않았다. 또한 개막식 장면은 히틀러가 총애하는 음악감독 레니 리펜슈탈에 의해 다큐멘터리 영화로도 제작되었다.

    히틀러는 선동가였다. 그는 머리보다는 마음에 호소해야 사람들의 행동을 움직일 수 있다고 믿고 있었다. 그에게 정치는 일종의 종교였다. 지성에 호소하는 것이 아니라 감성 깊숙이 자리 잡은 영혼을 움직이는 힘, 무의식 속에서 무조건 적으로 빠져들게 하는 종교의 힘, 그것을 정치에 빌려

▲ **올림픽을 통한 이미지 재고** 베를린 올림픽은 최초로 그리스에서 성화를 가져온 대회였다. 히틀러 정권은 올림픽을 통해서 침략자의 이미지에서 벗어나고자 했다.

오면서 히틀러는 무조건적인 복종과 지지를 얻어낼 수 있었다. 그것이 바로 그가 추구한 종교 독재, 대중 독재의 힘이었다. 히틀러는 정치적인 모든 행사를 한 편의 드라마로 연출하고자 했고, 거기에 제의적인 분위기를 더했다. 광기에 가까운 열정, 해방과 구원의 메시지, 여기에 함부로 범접하거나 항거할 수 없는 신성함이 더해진 연출은 '민족은 하나'라는 공동체 의식을 불러일으키고 절대 복종을 맹세하기에 충분했다. 화가와 건축가를 꿈꾸면서 직접 오페라 극장과 무대의 설계 도면을 그렸던 경험, 무대 뒤에서 오페라 연출부로 일했던 경험, 그리고 바그너 음악극에 대한 해박한 지식 등은 이 정치적인 연출을 계획하는 데 중요한 자산이 되었다.

1937년 9월, 뉘른베르크에서 열린 나치 전당대회 역시 정치적 행사를 연극적 제의로 승화시킨 가장 성공적인 사례로 꼽힌다. 이번에도 베를린 올림픽 개막식을 기획한 건축가 알베르트 슈페어가 전체 연출을 맡았다. 누구보다 히틀러의 이상을 잘 이해하고 있었던 그는 이 전당대회의 컨셉트를 '빛'으로 정했다. 행사는 밤에 열릴 예정이었으므로 조명을 잘 활용하면 그 어느 때보다 신비한 장면을 만들어낼 수 있으리라고 생각한 그는 지상 위로 수 킬로미터 높이의 빛을 쏘아 올릴 수 있는 방공 탐조등 130개의 사용을 요청했다. 전략상 비축분을 훨씬 뛰어넘는 수량이었음에도 히틀러는 흔쾌히 받아들였다. 전당대회가 열리는 밤, 기수들을 앞세운 당원들이 일사불란하게 열을 지어 대회가 열리는 광장 안으로 입성했다. 지방에서 올라온 당원들은 수천 개의 깃발을 든 채 광장의 담 바깥 쪽을 빙 둘러싸고 있었다. 갈색과 검정색, 붉은색의 깃발과 군복 행렬에 맞춰 브루크너의 장엄한 음악이 연주되는 가운데 총통이 가장 높은 곳에 모습을 드러냈다. 이윽고 절정의 순간이 왔다. 광장 가장자리를 빙 둘러싸고 있던 130개의 방공 탐조등이 동시에 하늘을 향해 빛을 쏘았다. 12미터 간격으로 배치된 탐조등의 불빛은 지상으로부터 6킬로미터 이상을 직선으로 뻗어나가며 광장을 에워쌌다. 광장 안의 사람들은 시간과 공간을 초월해 마치 하늘 위에 떠 있는 듯한 느낌을 받았다. 눈부신 빛이 만들어내는 신비롭고 거대한 벽, 그 가운데에 우뚝 선 히틀러의 모습은 경이롭기까지 했다. 이날의 대회를 가리켜 사람들은 '빛의 성전'이라 불렀다.

해마다 11월 8일이 되면 나치의 충성스러운 단원들이 뮌헨에 모였다. 1923년 11월 9일, 히틀러가 이곳에서 폭동을 일으키던 날에 희생된 순교자들을 추도하는 행사를 위해서였다. 해마다 그날의 폭동이 정치 무언극으로 재연되었다. 먼저 순교자들을 위한 의식용 깃발을 새긴 16개의 청동관이 만들어졌고, 이 관은 타오르는 등과 붉은 깃발로 장식된 기둥을 지나 명예의 전당으로 옮겨졌다. 여러 차례의 연습을 거쳐 진행되는 이 무

▲ **1937년 뉘른베르크 전당대회** 130개의 방공 탐조등을 수직으로 쏘아 올리는 장관을 연출했다. '빛의 성전'이라 불린 이 자리에서는 브루크너의 음악이 연주되었다.

언극이 펼쳐지고 모든 관들과 행렬이 전당에 도착하면 마침내 절정의 순간에 도달한다. 모자를 벗은 히틀러는 순교자들의 영혼을 만나기 위해 마치 제사장과 같은 모습으로 홀로 성소로 들어갔다.

이처럼 히틀러는 제3제국에서 이루어지는 정치적, 문화적 행사 전반에 걸쳐 상징적이고 극적인 효과를 추구했다. 본격적인 유대인 탄압의 시발점이 된 유대인 상점 습격 사건이 벌어진 1938년 11월 9일을 가리켜 '제국 수정의 밤'이라고 불렀고, 권력 장악 후 줄곧 히틀러와 대립각을 세우던 나치 돌격대장 에른스트 룀을 살해하던 1934년 6월 30일은 '긴 칼의 밤'이라고 불렀다. 이러한 이름들은 정치적인 사건을 보다 극적이고 상징적으로 포장하려는 히틀러의 의도를 드러낸다. 수사학적 예술과 상징적인 표현, 음악과 시, 연극과 정치 의식이 혼합된 이런 의식과 제의는 히틀러 정권의 가장 큰 특징이 되었다.

선전과 선동: 프로파간다 음악

여기저기 널려 있고, 대중에게 영향력을 행사하는 매체 중에서 가장 현대적이며 가장 중요한 도구는 바로 라디오라고 생각한다.[7]

1933년 3월, 라디오관(Haus des Rundfunks)에서 열린 독일 라디오 경영 간부들의 모임에서 괴벨스가 한 말이다. 나치의 문화와 선전 활동을 담당한 괴벨스는 라디오라는 매체가 가진 선전 도구로서의 잠재성을 일찍부터 인식하고 있었다. 누구나 들을 수 있는 라디오야말로 동시에 많은 사람들에게 나치의 사상을 알릴 수 있는 가장 효과적인 매체였다. 괴벨스는 라디오로 선전 활동을 하기 위해서는 먼저 라디오 방송을 국가 차원에서 효과적으로 통제할 수 있어야 한다고 판단했다. 독자성을 지닌 9개의 지방 방송국을 중앙 정부 관할로 통합하는 것이 급선무였다. 이러한 취지에서 '라디오통합(Rundfunkeinheit)'이라 불리는 대통합이 단행되었고, 방송 통합을 위해 제국라디오주식회사였던 기관은 제국라디오부로 승격했다.

방송 체제를 통합한 후의 해결 과제는 수신기 보급이었다. 되도록 많은 사람들이 방송을 들을 수 있도록 소형 라디오 수신기를 만들어 저렴한 가격으로 서민들에게 공급했고, 저소득층을 위해서 할부로 구매할 수 있는 혜택을 제공하기도 했다. 1933년 한 해 동안에만 150만 대의 라디오가 생산되었고, 이듬해에는 라디오 보급으로 벌어들인 매출액이 600만 달러에 달했다. 1939년이 되자 라디오 청취자의 숫자는 1,100만 명으로 증가했다. 각 가정에서 라디오 사용이 일반화되면서 비로소 라디오는 민족의 소리를 전달하는 수신기 역할을 할 수 있게 되었다.

라디오를 통해 히틀러를 비롯한 당 지도자들의 메시지를 담은 연설이 방송되었다. 연설의 내용은 정치적이며 민족 사상을 고취시키고 전쟁의 정당화를 역설하는 것 등이 주를 이루었다. 연설이 방송되기 전에는 항상 음악이 먼저 전파를 탔다. 음악은 연설의 메시지에 부합하는 것이기도 하고 연설자의 이미지에 어울리는 곡이기도 했다. 방송이 회를 거듭하면서 특정 음악이 특정 지도자를 상징하는 음악으로 인식되기도 했다. 매년 히틀러의 생일에 괴벨스가 축하의 메시지를 남길 때는 바그너의 <뉘른베르크의 명가수> 서곡이 울려 퍼졌고, 영웅 추모일을 기념한 지도자 연설에서는 베토벤의 교향곡 「영웅」이 방송되었다. 자칫 지루하고 딱딱하며 거부감이 들 수 있는 정치적 메시지 사이사이를 음악이 부드럽게 채워주면서 사람들의 귀를 라디오에 붙잡아 둘 수 있었다.

그러나 음악이 단순히 정치 방송의 배경음악 역할에만 국한된 것은 아니었다. 라디오 방송에서 음악 프로그램도 상당한 비중을 차지했다. 독일 제국방송에서 음악이 차지하는 비율은 1933년 57.4퍼센트에서 해마다 늘어나 1936년에는 68.1퍼센트, 그리고 제국 역사의 막바지에 접어든 1943년에는 90퍼센트에 달했다. 그중에서도 클래식 음악은 중요한 비중을 차지했는데, 이런 음악들은 정치적 의도를 드러내지 않은 채 독일 민족의 우수성을 알릴 수 있는 효과적인 도구였다. 모차르트, 브루크너, 후고 볼프 등 주로 독일 작곡가들의 전통음악이 방송되었다. 베를린 필하모니 관현악단 같은 관현악 연주를 녹음하기 위해 전문 엔지니어를 따로 고용하기도 했고, 일정 기간 동안 특정 작곡가의 음악을 집중 조명하는 시간을 만들기도 했다. 반면 한창 긴장감과 불안, 공포가 고조되던 전시에는 클래식 음악보다는 가벼운 오락용 음악과 군인들의 사기를 진작시킬 수 있는 경쾌한 음악들이 주로 방송되었다. 적군과 마주하는 국경에서 라디오를 듣는 장병들은 독일 민족의 우수성과 자본주의에 대한 적개심을 공고히 다졌으며, 듣기 쉬운 음악들을 따라 부르며 전쟁의 긴장과 피로에서 잠시나마 벗어났다.

영화는 음악만큼이나 히틀러가 매력적으로 생각했던 예술 장르였다. 영화에 대한 히틀러의 관심과 애정 또한 각별해서 제3제국 시절 정치적 메시지를 담은 선전 영화들이 많이 제작되었다. 그중에 클래식 음악을 주제로 한 대표적인 선전 영화가 1941년 파울 페어회벤 감독이 만든 <필하모니커>라는 작품이다. 베를린 필하모니 관현악단을 주인공으로 내세운 이 영화의 이면에는 세계 최고의 명성을 자랑하는 독일 악단을 통한 선전과 선동의 욕구가 내재되어 있었다. 음악과 직접적인 관련이 없는 정치적 선전용 영화에 모습을 드러내는 것을 꺼린 푸르트벵글러를 제외하고 리하르트 슈트라우스, 카를 뵘, 한스 크나퍼츠부슈, 오이겐 요훔 등 베를린 필하모니 관현악단을 거쳐간 거장들이 영화에 출연했다. 이 영화는 1944년 12월 4일 베를린 타우엔트치엔 팔라스트에서 개봉되었다.

영화로 제작될 정도로 독일인의 사랑을 받았던 베를린 필하모니 관현악단 역시 나치 프로파간다 전략을 실행하는 주요한 도구였다. 명실상부한 최고의 관현악단인 베를린 필하모니 관현악단은 독일 음악의 우수성을 세계 곳곳에 알리는, 움직이는 나치의 외교 사절이었다. 히틀러 정권이 유지되는 동안 베를린 필하모니 관현악단의 표면적인 해외 연주 목적은 독일 민족의 음악적 우수성을 알리는 데 있었지만, 그 이면에는 독일 군대가 곧 정복해 올 것이라는 경고를 담고 있기도 했다. 그 때문에 나치가 침략하려는 땅에는 총칼보다 먼저 베를린 필하모니 관현악단을 보낸다는 말이 나돌기도 했다. 1937년부터 다시 베를린 필하모니 관현악단을 지휘하게 된 푸르트벵글러는 "독일 민족의 음악적 영혼의 신화를 구체적으로 보여주기 위해" 연주 여행을 다녔다고 말했는데, 그가 일궈낸 연주 성과에 대해 선전부 장관인 괴벨스는 무척 만족하면서 다음과 같이 평했다.

> 푸르트벵글러가 스위스와 헝가리 연주 여행에 대해 보고하였다. 그는 가는 곳마다 거대한 성공을 거두었다. 우리는 그를 아주 잘 이용할 수 있다. 그는 우리의 음악적 명예를 드높이기 위해 프라하로 가려고 한다. 이것은 정말 필요하고도 중요한 일이다.[8]

그러나 푸르트벵글러의 생각은 달랐다.

> 내가 위대한 음악을 지휘하는데, 그곳이 공교롭게도 히틀러가 지배하는 곳이라면 그것 때문에 나는 히틀러의 대표자가 되어야 합니까? 오히려 위대한 음악이 나를 그의 대적자로 만드는 것 아닐까요? 위대한 음악이야말로 나치즘의 망상과 영혼의 부재에 맞서는 최대 적수니 말입니다.[9]

제2차 세계대전이 발발하고 독일군의 전세가 점점 불리해지자 1944년 9월 나치 선전부에서는 모든 극장과 연주 단체의 예술 활동을 금지했다. 하지만 그런 상황에도 베를린 필하모니 관현악단만큼은 예외였다. 정치적인 목적을 수행하는 귀하신 몸이니만큼 베를린 필하모니 관현악단 단원들은 의무적으로 수행해야 하는 병역의 의무에서도 제외되었다.

독일에서는 오래전부터 아마추어 문화 전통이 잘 확립되어 있었다. 음악뿐 아니라 사격이나 체조 등의 협회가 존재했고, 이런 아마추어 단체들은 구성원들 사이의 결속력이 매우 강했으므로 이 역시 효과적인 프로파간다의 수단으로 사용될 수 있었다. 음악 분야에서는 독일가수협회, 그리고 남성 합창단을 중심으로 한 독일합창협회 등이 있었고, 독일가수협회 회원만 해도 전국적으로 80만 명에 달했다. 합창은 민족의 단일 정신을 고취시키는 효과적인 수단이었다. 제1차 세계대전 후 에리히 스트로이벨이 창안한 '음악율동극'은 시각과 청각, 음악과 극이 결합된 예술을 추구한 히틀러의 이상에도 부합하는 것이었기에 장려되었다. 이런 아마추어 합창단은 중소 도시의 민속 축제에서 크게 유행했다. 이 축제에서는 주로 민요가 불렸고 <뉘른베르크의 명가수>나 <탄호이저>에 나오는 것처럼 노래 경연대회가 펼쳐지기도 했다. 아마추어 합창단이 부르는 노래는 대중이 쉽게 부를 수 있도록 화음이 있는 음악보다는 제창이 장려되었다. 노래의 종류도 민요와 나치의 이데올로기를 담은 단순한 노래들이 주를 이루었다. 합창이 나치 정권의 프로파간다로 사용되고, 아마추어협회가 정치적인 검열과 규제를 받게 되면서 합창단은 다성음악을 비롯한 고전 레퍼토리의 상당 부분을 포기해야 했다. 그 대신 그 자리는 정치적인 사상을 담은 혁명가와 민요가 채웠다.

히틀러의 음악가들

1938년 나치의 선전부장관 괴벨스는 "음악은 독일 예술의 가장 영광스러운 유산"이라고 선언했다. 히틀러는 "거장이 남긴 불멸의 작품보다 더 찬란히 빛나는 독일 정신의 표현은 없다"라고 말하기도 했다. 나치 시절, 독일 역사의 한 페이지를 장식한 음악가들은 독일 민족의 우월성을 국내외에 알리는 중요한 역할을 했다. 히틀러 정권은 독일의 음악가들을 재조명

▲ **베를린 필하모니 관현악단** 히틀러 치하에서 나치의 예술 외교관 역할을 수행했던 베를린 필하모니 관현악단. 현재는 사이먼 래틀이 음악감독을 맡고 있다.

하고 이들의 작품과 생애를 독일 민족주의, 애국주의와 연관 지으려 노력했으며, 이 과정에서 몇몇 음악가들은 민족주의 영웅 혹은 독일 정신을 대변하는 인물로 포장되거나 왜곡되기도 했다.

일례로, 바로크의 두 거장인 바흐와 헨델은 의심의 여지없는 독일의 대표 음악가였지만, 나치가 원하는 민족의 영웅이 되기에는 치명적인 문제들을 안고 있었다. 바흐는 음악 세계 전반에 깔려 있는 독실한 신앙심이, 고국을 떠나 영국으로 귀화했던 헨델에게는 코스모폴리탄 작곡가라는 이미지가 그것이었다. 하지만 독일 음악의 원류가 되는 두 작곡가를 결코 포기할 수 없었기에 히틀러 정권에서는 이들에게 민족정신을 불어넣기 위한 작업을 시작했다. 먼저 바흐의 경우, 그가 평생 독일을 떠나지 않앉다는 점을 강조하면서 독일 루터교회 음악을 민족주의적인 맥락에서 해석하고자 했다. 종교적인 색채를 최대한 감추는 대신 그의 작품에 나타난 독일적인 특징을 부각시키며 '민속'적인 특성을 강조했다. 바흐가 교회에서 연주하기 위해 작곡한 오르간 음악은 실제 무대에서의 연주를 최대한 자제하고 방송을 통해 들려주었다.

구약 성서의 텍스트를 사용한 헨델의 교회음악도 바흐와 마찬가지의 문제를 안고 있었다. 그 유명한 오라토리오 <메시아>부터 <유다스 마카베우스>, <사울> 등 그의 주요 오라토리오들은 모두 성서를 바탕으로 하고 있다. 하지만 이 작품들은 대부분 민족을 구한 영웅들을 주인공으로 하고 있어 종교적인 성격만 아니라면 히틀러가 추구하는 이상에 충분히 부합했다. 나치 정권은 헨델의 작품에서 종교를 연상시키는 단어가 최대한 부각되지 않도록 하는 데 중점을 두었다. 이 과정에서 때로는 몇몇 가사들이 다른 단어로 대치되기도 했다.

영국을 주 무대로 활동한 헨델의 전적은 상황에 따라 오히려 유용하게 사용될 때도 있었다. 헨델 탄생 250주년이었던 1935년까지만 해도 그는 영국과 독일 간 문화 교류의 교두보 역할을 한 긍정적인 아이콘으로 자리매김해 있었다. 하지만 그로부터 4년 뒤에 제2차 세계대전이 발발하고 영국과 독일의 호의적인 관계가 깨어지자 헨델의 위상도 달라졌다. 이제 그는 런던에 있는 수많은 적들의 비판 속에서 독일적인 정신과 원칙을 지켜낸 민족적인 인물로 그려졌다. 나치 치하 말기, 헨델은 코스모폴리탄이라는 이미지 대신 외세의 탄압에 항거한 민족 음악가로 인식되었다. 바흐와 헨델의 사례를 통해 나타난 민족 영웅 만들기, 자의적인 재해석과 왜곡 등은 이후 독일 고전음악의 주요 거장들에게도 동일하게 적용되었다.

민족 공동체 수호자, 베토벤

> 환희여!
> 아름다운 주의 빛이여, 낙원에서 온 여인들이여,
> 정열에 넘치는 우리는, 그대의 성소로 들어가리!
> 그대의 매력은 가혹한 세상이 갈라놓은 것들을 다시 결합시키도다.
> 그대의 날개가 머무는 곳에서 모든 사람들은 형제가 되리.[10]

아우슈비츠의 유대인 강제 수용소. 한 무리의 남녀가 줄을 지어 어디론가 걸어가고 있다. 이들이 향하는 곳은 "천국으로 향하는 문"이라 불리는 가스실. 다시는 돌아올 수 없는 길을 지나며 이들은 자그마한 소리로 「환희의 송가」를 부른다. 같은 시각, 한 독일 장병도 주어진 임무에 따라 기계를 점검하고 곧 도착할 유대인들을 기다리고 있다. 무료함을 달래려는 듯 휘파람을 분다. 역시 「환희의 송가」 멜로디다. 죽임을 당하는 자와 죽이는 자가 같은 음악을 부르고 있는 이 아이러니한 상황은 히틀러 시대 베토벤 음악이 처한 위치를 단적으로 보여준다. 동일한 음악도 수용자의 입장에 따라 다르게 해석될 여지가 있지만, 나치 정권하의 베토벤 음악만큼 극단적인 해석의 차이를 보인 경우도 드물 것이다.

수용소에서 희생될 운명에 처한 유대인들에게 「환희의 송가」는 '영원한 성소로 인도하는 환희의 빛'이었을 것이다. 이 노래를 통해 그들은 고통 없는 안식의 세계에 대한 확신을 얻었고 자신들이 처한 현실에 위로를 받았다. 그랬기에 아름다운 빛을 따라 환희에 찬 발걸음을 옮길 수 있었다. 반면 히틀러와 나치 정권은 "모든 사람들은 형제가 되리"라는 가사에 깊은 의미를 부여했다. 가혹한 세상을 하나로 결합시키고 인류를 한 형제로 만드는 미래에 대한 비전을 보았고, 그 과업을 베토벤이 속한 독일인이 완성해야 한다고 믿었다. '민족은 하나'를 외치는 히틀러에게 이보다 더 완벽한 메시지를 전달하는 음악은 없었다.

 1933년 나치당의 집권 초기만 해도 독일 국민의 대다수가 히틀러를 지지하지 않았다. 더구나 제1차 세계대전의 패배로 얻은 충격과 상처가 아직 아물지 않은 상태였다. 히틀러는 이러한 군중의 심리를 이용했다. 모든 실패를 외부의 탓으로 돌리며 위기를 극복할 수 있는 강한 민족 공동체 의식을 강조했다. 그리고 독일인이 얼마나 우수한 민족인지를 역설하기 위해 백 마디 말보다 한 곡의 음악을 들려주었다. 대중에겐 길고 난해한 바그너의 음악보다 메시지가 분명하고 즉각적인 감동을 주는 베토벤의 음악이 훨씬 효과적이었다. 특히나 웅장한 오케스트라의 사운드에 합창까지 더해진 교향곡 「합창」은 음악적인 면에서나 정치적 메시지를 전달하는 면에서 탁월한 효과를 지니고 있었다. 불우한 가정 환경과 청각 장애라는 치명적인 시련, 그리고 그것을 극복하고 결국은 음악가로 승리하는 인생 여정 등이 맞물리며 베토벤은 민족 공동체의 영원한 수호자로 각인되기 시작했고, 그러한 이미지는 자연스럽게 히틀러와 오버랩되었다. 베토벤과 히틀러, 위대한 국민 작곡가와 위대한 국민 지도자가 만들어내는 시너지 효과는 생각보다 컸다.

 교향곡 「합창」을 비롯한 베토벤의 음악은 제3제국의 중요 행사나 축제 때마다 빠짐없이 연주되었다. 1933년 제국문화원 탄생 기념식과 1934년 제국전당대회에서 히틀러가 입장할 때 베토벤의 「에그몬트 서곡」이 연주되었고, 1955년 나치 문화의 날 행사에서는 히틀러가 요청한 교향곡 「운명」이 연주되었다. 히틀러는 과거 인터뷰에서 가장 좋아하는 베토벤 음악이 뭐냐는 질문에 「운명」이라고 답하기도 했다. '바바바 밤~' 하면서 심장 깊숙한 곳을 울리는 장엄한 운명의 모티브 역시 독일인들의 자부심과 민족 공동체의 운명을 공고히 다지는 역할을 수행했다. 1936년 올림픽에서도 교향곡 「합창」이 연주되었다. 인류 평화와 화합을 상징하는 자리에 가장 잘 어울리는 곡이었다. 특히 6,000여 명의 학생들이 부르는 「환희의 송가」의 선율은 학살과 전쟁으로 얼룩진 히틀러 독재 정권의 어두운 일면을 덮어주었다.

    히틀러는 가장 뛰어난 독일 음악가로 베토벤과 브루크너, 그리고 바그너를 꼽았다. 그중에서도 베토벤은 대외적으로 독일 민족의 음악적 영혼과 신화를 대표하는 것으로 나치 문화정책에 효과적으로 기여했다. 나치 시기의 베토벤 음악은 독일인의 우월감을 과시하는 수단이자 히틀러가 선택한 평화적인 외교관이었다. 인류가 한 형제라는 메시지는 독일 팽창주의 정책을 옹호하는 것으로 해석되었고, 학살과 전쟁의 참상을 미화시켜 가해자와 희생자 모두에게 위로를 주는 음악이었다.

왜곡된 영웅, 모차르트

독일 음악의 우수성을 알리는 데 모차르트만 한 인물이 있을까? 베토벤이 민족 공동체의 수호자이자 강한 의지로 역경을 이겨낸 승리자였다면, 모차르트는 독일인의 우월함을 증명할 수 있는 신이 내린 음악가이자 인간의 한계를 뛰어넘은 천재였다. 모차르트를 신동 혹은 천재로 부르는 데 이의를 제기하는 사람은 없었기에 히틀러의 입장에서는 이 매력적인 천재를 어떤 방법으로든 자기편에 세워야 했다. 사실 베토벤이나 바그너, 브루크너에 비하면 모차르트는 나치 시대에 크게 부각되지 않았던 것처럼 보이기도 하지만 모차르트는 그 자체로 독일 음악의 탁월성을 드러내주는 존재로서 히틀러에겐 꼭 필요했다.

    모차르트를 민족의 영웅으로 만드는 것은 베토벤이나 바그너보다 훨씬 어려운 작업이었다. 해결해야 할 여러 가지 문제들이 있었다. 모차르트가 잘츠부르크(독일 영토가 아니라 오스트리아 영토에 속한) 출신이라는 점, 아주 어렸을 때부터 연주 여행을 다닌 탓에 민족 음악가 이미지보다는 자유로운 세계인의 이미지가 강하다는 점, 그리고 그가 상당수의 오페라를 유대인 대본가들과 함께 만들었다는 점, 말년에는 프리메이슨과 연계되어 있었다는 점 등이다. 그러나 이 모든 장애물에도 불구하고 히틀러는 모차르트를 포기할 수 없었다. 여러 악조건 속에서도 철저한 노력과 체계적인 전략하에 모차르트의 민족 영웅 만들기 작업이 시행되었다.

모차르트의 민족 영웅 만들기 정책의 요지는 크게 세 가지로 요약된다. 첫째로 모차르트에 대한 인식 및 이미지 개선, 둘째로 모차르트 음악 안에 내재된 독일 정신 강조, 그리고 마지막으로 모차르트 음악의 대중화이다.

나치 정권은 모차르트의 이미지를 고달프고 힘겨운 타지 생활을 강인한 민족정신으로 이겨낸 독일 음악가로 재탄생시켰다. 어린 나이에 여러 나라를 떠돌아다니며 연주 생활을 했던 모차르트는 매일 신에게 자비를 구함과 동시에 고국의 영광을 위해 기도했고, 시간이 날 때면 고국을 그리워하면서 스스로가 독일인임을 한시도 잊은 적이 없는 인물로 그려졌다. 그리고 그 근거를 찾기 위해 모차르트가 남긴 편지들에 대한 대대적인 재해석이 이루어졌다. 고향이 그립다거나 집에 있는 가족과 친지의 안부를 궁금해하는 대목은 여지없이 민족정신을 부각시키는 단서로 활용되었다.

1918년 출판된 에른스트 르비츠키의 저서 『편지를 통해 본 모차르트의 독일성(Mozarts Deutschtum nach seinen Briefen)』을 근거로, 음악학자들은 모차르트 정신이 기본적으로 순수한 '독일적인 것'에 기인하고 있으며, 해외 연주를 통해 독일 음악의 우수성을 세계에 전파하는 역할을 했다고 보았다. 또한 모차르트를 코스모폴리탄 음악가로 간주했던 이들(아들러,

로베르트, 히르쉬펠트, 헤르만 코헨, 훗날 알프레드 아인슈타인) 모두 유대인이었다는 점을 강조하면서, 그들의 주장은 모두 독일인의 우월성을 부정하기 위한 유대인들의 계획된 조작이라고 주장했다.

모차르트의 「이집트 왕 타모스(Thamos: König in Ägypten)」(K345)는 합창과 오케스트라를 위한 5막짜리 연극의 부수 음악이다. 고대 그리스를 배경으로 한 이 작품은 '타모스'라는 영웅의 일대기를 다룬 극적인 드라마로, 이 연극의 대본을 쓴 게블러는 프리메이슨 회원이었다. 1933년 5월 크리스트너 앤드 지겔사(社)에서는 막스 프리렌더의 책임하에 이 곡의 1막에 등장하는 합창곡을 편곡한 「독일 찬가(Hymne an Deutschland)」 악보를 출판했다. 편곡에 사용된 음악은 「이집트 왕 타모스」 1막 시작 부분에 등장하는 대규모 합창곡 「태양을 향해서(Schon weichet Dir Sonne)」로 태양 사원의 사제와 처녀들이 태양신을 향해 타모스 왕과 그가 다스리는 이집트의 안녕과 평화를 기원하는 노래이다. 애국주의 시인이었던 발레리안 토르니우스는 이 곡의 가사를 히틀러와 제3제국의 평화를 기원하는 내용으로 바꿨다. "우리는 찬양하리. 독일, 우리의 고향을(Dich preisen wir, Deutschland! Heimat!)"로 시작하는 가사는 모차르트가 아리아인이라는 이미지를 심어주면서 독일 민족의 긍지와 자부심을 고취시키는 역할을 했다.

모차르트의 출신, 즉 그가 독일인이냐 오스트리아인이냐의 문제는 헨델의 경우와 마찬가지로 독일이 처한 정치적 상황에 따라 해석되었다. 오스트리아 린츠에서 태어난 히틀러는 1933년 제국의 수장에 올랐을 때부터 독일과 오스트리아의 합병을 꿈꾸고 있었다. 히틀러는 오래전부터 한 민족이었던 두 나라 사이의 합병이 정당한 것이며 오랫동안 계획해온 '민족 공동체' 구현의 일환임을 알리기 위한 도구로 모차르트를 내세웠다. 잘츠부르크 출신 모차르트의 음악을 앞세워 독일과 오스트리아가 국가라는 경계를 떠나 게르만이라는 하나의 민족임을 강조하고자 했고,

결국 1938년 히틀러의 바람대로 오스트리아는 독일에 병합되었다.

두 번째로 모차르트가 지닌 독일 정신을 부각시키기 위해 다양한 작품의 편곡과 해석이 이루어졌다. 프리메이슨을 유대인의 음모를 관장하는 비밀 조직으로 매도했던 히틀러 정권에게 먼저 주어진 숙제는 모차르트와 프리메이슨 사이의 연관성을 어떻게든 끊어놓는 것이었다. 특히 프리메이슨 사상을 반영했다고 알려진 오페라 <마술피리>에 대해서는 작품의 의미와 위상의 재정립이 반드시 필요했다. 사실 모차르트는 이미 빈에 오기 전부터 프리메이슨 회원들과 친분이 있었다. 모차르트는 1785년 1월에 정식 입회의식을 갖고 회원이 되었지만, 실제로 그가 프리메이슨 조직에 가입했다는 사실을 증명하는 문서나 기록은 거의 남아 있지 않다. 모차르트가 프리메이슨을 위해 작곡한 것으로 알려진 작품으로는 「메이슨의 환희(Die Maurerfreude)」(K471), 「메이슨 장례 음악(Maurerische Trauermusik)」(K477), 「작은 메이슨 칸타타(Eine Kleine Freimaurer Kantate)」(K623) 등이 있었다. 나치 치하에서 이 작품들 중 몇몇은 '독일적인 것'에 부합하는 음악이 되기 위해 각색 혹은 편곡의 과정을 거쳐야 했다. 하지만 프리메이슨 사상을 가장 강하게 반영했다고 알려진 오페라 <마술피리>의 경우, 히틀러 정권은 이 위대한 모차르트의 유산을 함부로 바꾸기보다는 <마술피리>를 수용하는 사람들의 사고관을 바꾸는 데 초점을 맞췄다. 1937년 뉘른베르크 전당대회에서 히틀러는 이 부분에 대해 직접적으로 언급했다.

> 고유한 민족정신이 부족한 사람만이 모차르트의 <마술피리>가 작곡가가 가진 세계관에 사상적으로 대항하는 텍스트를 사용했다고 비난할 것이다.[11]

이 말 속에는 작곡가가 기본적으로 독일 민족정신을 지니고 있으며,

이 작품을 들으며 프리메이슨 사상을 떠올린다면 그 감상자의 정신이 문제라는 의미가 담겨 있다. <마술피리>를 프리메이슨적으로 보는 시각에 대해 수용자의 민족정신이 결여된 탓으로 돌린 히틀러는 <마술피리>와 프리메이슨을 연결시키는 것 자체가 이미 유대인들의 음모에서 비롯된 것이라고 주장했다. 몇 년 후에는 선전부 장관 괴벨스도 오페라의 내용이 바뀌는 것을 원하지 않는다는 주장을 다시 한 번 확고히 한다. 그는 이 오페라에서 프리메이슨 사상보다는 환상적이고 동화적인 성격을 부각시키고자 했다. 따라서 이 시기 오페라의 연출은 종교적 제의보다는 동화적인 분위기 속에서 음악적인 즐거움을 강조하는 방향으로 흘러갔다. 괴벨스는 "<마술피리>는 위대한 모차르트가 낳은 유쾌한 풍자극"[12]이라고 정의했다.

또한 모차르트 안에서 '독일적인 것'을 발견하기 위한 일환으로, 모차르트와 독일 작곡가들 사이의 미학적인 연계나 공통점을 찾기 위한 노력도 이어졌다. 모차르트를 주제로 한 칼 하르틀의 1942년 영화에는 젊은 베토벤이 모차르트를 찾아오는 장면이 등장한다. 베토벤은 모차르트에게 피아노 소나타 「월광」을 모티브로 한 즉흥 연주를 선보이는데, 이 장면에는 독일인의 민족 영웅으로 자리 잡은 베토벤과 모차르트를 자연스럽게 연결 짓고자 하는 의도가 깔려 있다. 히틀러가 숭배했던 또 다른 민족 영웅 바그너와 모차르트의 연관성을 찾기 위한 시도도 있었다. 비평가 알프레드 비더만은 게르만 민족이 숭앙한 신 보탄의 옛 별명이자 '용기의 영웅'이라는 뜻을 지닌 'Moutishart'라는 말이 모차르트에서 파생되었다고 주장했다. 모차르트와 바그너의 연계를 찾기 위한 다소 억지스러운 주장이었다. <마술피리>와 함께 죽음에 대한 외경을 담은 모차르트 최후의 걸작 「레퀴엠」에서는 유대인과 직접적인 관련이 있는 가사를 다른 단어들로 대체했다. 'Deus in Sion(시온에서 찬양하라)'에서는 'Sion(시온)' 대신

▲ 모차르트를 반프리메이슨적인 관점에서 해석한 마틸데 루덴도르프의 저서(좌). 모차르트를 아폴로에 빗댄 1938년 잘츠부르크 축제 포스터(우).

'Coelis(하늘)'가 사용되었고, 유대인들의 영원한 성지인 'Jerusalem(예루살렘)'이라는 가사도 'hic in terra(여기 이 땅에서)'로 바뀌었다.

    모차르트를 민족적 영웅으로 만들기 위한 세 번째 노력으로, 히틀러 정권은 모차르트 음악의 대중화에 앞장섰다. 1938년 독일과 오스트리아가 합병된 후 반독일 감정이 있는 오스트리아 사람들을 유화시키기 위한 목적으로 모차르트의 음악이 자주 연주되었다. 실제로 1938년 이후 독일은 모차르트의 고향인 잘츠부르크에서 열리는 축제에 직접적으로 관여하기 시작했고, 1941년에는 모차르트 사망 150주기를 기념한 대대적인 축제를 오스트리아 빈에서 열었다. 이 계획은 원래 빈 신임 총독인 발두르 폰 쉬라흐가 계획한 것이었으나 보고를 받은 중앙 정부에서 이를 대대적인 국가의 행사로 확장시켰다. '독일 제국 모차르트 주간'이라는 이름하에 11월 28일부터 모차르트의 서거일인 12월 5일까지 열린 이 행사에는 35만 제국마르크라는 거금이 투입되었다. 그러나 이 행사에는 일반 사람들의 참석이 제한되었다. 독일 동맹국, 그리고 독일이 점령한 국가의 핵심 인사들이 초청되었는데, 이는 전시에도 독일은 여전히 건재하며 문화와 예술을 즐긴다는 것을 과시하기 위해서였다.

히틀러의 초상, 브루크너

브루크너는 히틀러와 가장 공통점이 많은 음악가였다. 히틀러는 그의 삶과 음악에서 자신과의 공통점을 찾아내면서 일부분 그를 자신과 동일시했다. 히틀러의 맹목적인 사랑을 받은 브루크너를 영웅으로 만들려는 계획은 1937년부터 본격적으로 시작되었다. 히틀러는 브루크너를 바그너와 같은 위상으로 끌어올리고, 그의 고향인 린츠를 바이로이트와 같은 나치즘의 성지로 만들고자 했다. 아울러 린츠를 독일 제국의 문화 거점으로 삼겠다는 히틀러의 야심은 브루크너를 통해 시작되고 있었다.

1937년 6월 6일, 린츠에서는 대대적인 브루크너 축제가 개최되었다. 레겐스부르크에 위치한 명예의 전당 발할라에 대리석으로 만든 브루크너의 흉상이 안치되었고, 이 역사적인 순간에 히틀러도 자리했다. 시기는 절묘했다. 당시 히틀러는 오스트리아의 합병을 계획하고 있었고, 이를 위해서는 오스트리아 북쪽 린츠 사람들의 인심을 얻는 것이 시급했다. 브루크너를 신격화하는 히틀러의 제스처는 오스트리아 내 음악가들과 예술가들의 지지와 신망을 얻는 데 큰 몫을 했다. 히틀러는 자신이 오스트리아 출신이라는 점, 그리고 브루크너라는 오스트리아 음악가를 민족의 영웅으로 추대하는 과업을 통해 오스트리아 사람들에게 긍정적인 이미지를 얻었다. 그로부터 8개월 뒤에 히틀러는 자신의 꿈을 이루었다.

브루크너는 전형적인 대기만성형이자 자수성가형 작곡가였다. 브루크너는 젊은 시절 유대인 음악가들의 비판을 받았고, 예순 살이 되도록 빈에서 제대로 된 작곡가 대접을 받지 못했다. 1884년까지 빈에서 그의 작품은 거의 연주되지 못했고, 교향곡 3번은 초연에 참패했고 교향곡 5번은 그가 살아 있는 동안에는 연주조차 되지 못했으며, 교향곡 6번은 두 악장만이 연주되었다. 한슬리크를 중심으로 한 보수주의자들이 브루크너가 바그너의 신봉자를 자처한다는 이유로 그에게 적대적이었기 때문이다. 그들은 브루크너를 '극단적인 아방가르드' 혹은 '신성한 교향곡의 세계를 어지럽히는 무서운 악동'이라고 보았다. 이 점이 히틀러에겐 큰 자극이 되었다. 엘리트들의 멸시와 비난 속에서도 오직 '아리아인'이라는 혈통과 민족 정서의 힘을 바탕으로 확고한 자신의 음악을 구축한 브루크너의 스토리에 히틀러는 묘한 동질감을 느꼈다. 히틀러의 전폭적인 지지를 발판으로 평범한 시골 출신의 음악가였던 브루크너는 독일 민족의 우월함을 보여주는 가장 효과적인 사례로서 제3제국 시대의 위대한 음악가로 신격화되었다.

브루크너와 마찬가지로 히틀러도 오스트리아 북쪽 린츠 지역에서 성장했다. 린츠 근교 브라우나우 암 인에서 태어난 히틀러는 어린 시절을 보낸 린츠를 제2의 고향으로 여겼다. 이른바 '촌뜨기'였던 두 사람 모두 그리 높은 신분이 아니었고 제대로 된 교육적 혜택조차 받지 못하고 자랐다. 이런 환경에서 성장한 브루크너는 현대음악을 추구한 이른바 '엘리트 음악가'들과는 분명히 차별된 음악가였다. 그는 대체로 자연친화적이고 검소한 삶을 추구했다. 히틀러의 독재를 문화적인 측면에서 연구했던 리처드 오베리에 의하면, 히틀러 역시 단순한 구상주의적 풍경화를 좋아했다. 그는 들판과 구름, 하늘, 나무 등을 있는 그대로의 색채로 표현하는 그림을 좋아했으며 그의 이러한 취향은 브루크너의 취향과도 유사한 면이 있다.

바그너에게 음악극이 있다면 브루크너에게는 교향곡이 있다. 작품 번호가 없는 습작과 미완성작을 포함해 모두 11곡의 교향곡은 대규모 편성을 앞세운 장중하고 웅장한 음향을 지니고 있다. 하지만 시작부터 이런 거대한 음향이 나오는 것은 아니다. 주로 처음에는 들릴 듯 말 듯 희미한 현의 트레몰로가 나오다 관악기 선율이 등장하면서 신비한 분위기를 연출한다. 이렇게 여리게 시작한 음악은 점차 고조되면서 절정으로 치닫는다. 클라이맥스에 이르면 오케스트라의 풀 사운드가 만들어내는 거대한 음향의 물결이 가슴을 울리는데, 이것이 브루크너 교향곡의 전형적인 구성 방식이다. 사람들은 이렇게 희미하게 시작하는 도입 부분을 '브루크너 개시'라고도 부른다. 이러한 브루크너의 교향곡 전개 방식은 히틀러의 연설 방식과도 상당히 유사한 면을 보인다. 뮌헨에서 나치당의 세력을 확장해가던 시절, 히틀러는 대중이 하루 일과를 마치고 피로감을 느끼면서 느슨해지기 쉬운 저녁 시간을 택해 연설을 했다. 처음에는 언제나 낮은 톤에 나지막한 어조로 시작했다가 점차 목소리를 높여갔다. 기분이 격앙될 때는 승리감에 도취된 채로 거의 울부짖음에 가까운 고함을 치기도 했다. 프라이스는 그의 연설을 이렇게 기술했다.

▲ 독일 유명인들을 기념하는 발할라 전당의 브루크너 동상 앞에 서 있는 히틀러.

> 느리게 뜸을 들이며 시작한다. 대다수 군중 사이에 영적인 분위기가 조성되었을 때 그는 점차 분위기를 달군다. 그런 식의 형이상학적 접촉에 반응함으로써 그는 각 구성원들이 개인적인 공감의 고리로 그와 연결되었다

히틀러, 독재의 최면에 걸린 음악

고 느낄 수 있도록 한다.[13]

    정치를 일종의 종교라고 생각한 히틀러는 결국 대중의 생각을 움직이기보다는 감정을 먼저 움직여야 한다고 여겼다. 그래서 그는 자신의 연설을 종교 의식처럼 신성하고 극적인 분위기로 몰고 가면서 감성과 영혼에 호소하고자 했다. 종교적인 상승의 분위기는 독실한 가톨릭 신자였던 브루크너 음악에도 지배적으로 깔려 있다. 브루크너는 작곡가이기 이전에 먼저 오르가니스트였고 예순이 다 된 나이에 작곡가로 빛을 보기 전까지 린츠 근교의 성당에서 오르간을 연주했다. 그의 교향곡에서 느껴지는 장엄하고 거대한 음향 효과는 오르간을 연주하던 경험이 바탕이 된 것이다. 그런 브루크너의 영향을 받아서인지 총통에 오른 후 히틀러는 뉘른베르크 나치 전당대회가 열리는 공간에 거대한 오르간을 설치하라고 지시했다. 장중한 오르간 소리는 신성한 분위기를 극대화하면서 전당대회의 종교적이고 의례적인 분위기를 더욱 극대화시켰다. 또한 단순한 음형을 수차례 반복하는 브루크너 기법 역시 히틀러식 수사법과 연관이 있다. 히틀러 연설의 특징 중 하나는 많은 메시지를 담지 않는다는 것이다. 그는 늘 단순한 메시지를 수차례 반복해서 전달했으며, 그것은 어렵거나 난해한 것이 아니라 이해하기 쉬운 명확한 내용이었다.

    1945년 5월 1일, 히틀러의 사망 소식이 일제히 보도되고 난 후, 라디오에서는 브루크너의 교향곡 7번의 2악장이 계속해서 흘러나왔다. 브루크너가 50대에 완성한 이 곡은 바그너를 추모하는 의미를 지닌 곡으로 그 어느 교향곡보다 종교적인 색채가 강한 곡이었다. 제국의 총통이 세상을 떠나고 난 뒤, 제국은 총통의 영전에 그가 생전에 사랑했던 브루크너의 음악을 바쳤던 것이다.

독재의 라이트모티브, 바그너

1901년, 열두 살 소년 히틀러는 린츠 극장 일층의 입석에서 바그너의 <로엔그린>을 처음으로 보았다. 백조의 기사 로엔그린이 소년 고트프리트의 마법을 풀어주고 미래를 열어주는 장면에서 히틀러는 감동의 눈물을 쏟았다. 그는 거룩한 영웅의 일대기를 가슴속에 간직했다. 동시에 바그너의 이름도 마음속 깊은 곳에 새겨두었다. 얼마 후에는 바그너의 또 다른 작품 <리엔치>를 보았고, 이 역시 그의 마음을 사로잡았다. 알아주는 이 없이 비극적으로 침몰해가는 중세 후기의 호민관 리엔치의 운명에 가슴이 아팠다.

히틀러의 바그너 앓이는 이렇게 시작되었다. 게르만 전통에 깊이 뿌리내리고 음악과 극의 유기적인 통합을 이상으로 삼으며 새로운 극예술의 개념을 제시한 바그너의 음악관은 히틀러가 추구했던 정치관과 일맥상통했다. 더불어 그의 반유대인 사상에도 공감했다. 히틀러는 바그너의 음악극을 들으며 정치가의 꿈을 꾸었고, 오페라 속 주인공들을 보며 자신도 어려움에 처한 민족을 구원하는 영웅이 되겠다고 결심했다.

1906년 빈에 도착하자마자 히틀러는 궁정 오페라극장을 찾았다. 바그너의 <트리스탄과 이졸데>를 보았고 <방황하는 네덜란드인>을 보았다. 그 벅찬 감흥을 혼자서만 감당할 수 없었던 그는 친구에게 엽서를 쓰기도 했다.

> 강렬한 음의 파도가 홀 안에 가득하고, 살랑거리는 바람 소리가 무서운 음의 파도에 압도되는 순간 말할 수 없는 숭고함을 느낄 수 있다네.[14]

바그너 음악은 히틀러 정권의 배경음악이라 해도 과언이 아닐 만큼 나치 치하에서 중요하게 사용되었다. **반유대주의, 인종주의라는 공통된 이데올로기를 매개로 바그너 음악은 나치즘을 상기시키는 라이트모티브처럼 인식되었다.** 정치와 예술의 연계성에 관한 연구들에서도 바그너와 히틀러 사례는 빈번하게 다루어진다. 사실 바그너는 나치 정권이 들어서기 한참 전인 1883년에 이미 사망한 작곡가이다. 따라서 그의 음악이 히틀러에 의해 민족우월주의의 과시와 정치적 프로파간다의 수단으로 사용된 것은 전적으로 그의 의지와는 관계가 없었던 것이다. 하지만 그럼에도 히틀러와 바그너를 분리해서 생각할 수 없는 이유는 바그너가 생전에 가지고 있던 이데올로기가 히틀러와 유사할 뿐 아니라 이런 사상이 그의 작품 속에 명시적으로 드러나고 있기 때문이다.

반유대주의에 심취했던 바그너는 자신의 작품에서 소외되고 이질적이고 우스꽝스러운 인물에 유대인의 모습을 희화화시켰다. <뉘른베르크의 명가수> 속 인물 '베크메서'나 난쟁이 '미메'의 모습을 보며 당시 청중은 누구라도 유대인을 풍자하고 있음을 알았을 것이다. 반면 <니벨룽겐의 반지>의 주인공 '지크프리트'는 히틀러가 표방하는 나치적 인간상과 연결된다. <니벨룽겐의 반지>에서 바그너가 미래의 인간상으로 제시한 지크프리트는 오페라 전체의 영웅이자 반유대인의 전형으로 그려진다. 히틀러는 이런 모습에서 민족과 세계를 구원할 영웅의 모습을 보았고, 바로 자신이 그 거룩한 사명을 수행할 인물이라고 생각했다. 그러나 결국 반지 4부작의 결말인 '신들의 황혼'에 이르면 지크프리트는 신들로 상징되는 낡은 질서를 파괴하고 스스로도 죽음을 맞는다.

반유대주의는 1870년대를 살았던 바그너와 1930년대를 살았던 히틀러를 연결하는 가장 긴밀하고 강력한 고리였다. 젊은 시절, 바그너는 파리에서 사유재산을 부정하는 아나키즘과 무신론에 빠져들었다. 1845년 독일 민주주의 단체인 실러 협회의 창설자가 왕에 반항하는 봉기를 일으키자 바그너는 이듬해 베토벤의 교향곡 9번을 연주해 대성공을 거두기도 했다. 이러한 해석은 히틀러에게도 영향을 주었다. 히틀러는 권력을 잡은 해 바이로이트에서 열린 축제의 시작을 베토벤의 9번 교향곡으로 하라고 지시했다.

히틀러는 바그너를 직접 대면한 적은 없지만 남아 있는 그 가족들과는 긴밀한 유대 관계를 맺었다. 그는 바그너의 성지인 바이로이트를 자주 찾았고 바그너의 가족들에게 친절한 '늑대 아저씨'로 통했다. 특히 바그너의 아들 지크프리트 바그너의 아내인 비니프레트 바그너와는 돈독한 관계를 유지했다. 그녀는 이미 1923년부터 히틀러를 알았고 그의 열렬한 신봉자가 되었으며 29349라는 나치 회원번호도 받았다. 1930년 남편 지크프리트 바그너가 세상을 떠나자 33세의 젊은 미망인인 비니프레트 바그너가 바이로이트를 총괄하게 된다. 그녀는 야심가였다. 바그너 사후, 시어머니 코지마에서 남편 지크프리트 바그너로 이어온 반세기 동안의 바이로이트 분위기를 쇄신하고자 했다. 1931년 베를린 국립극장 총감독인 하이츠 티첸을 조언자로 선택했고 뛰어난 예술가들을 불러들이면서 바이로이트 축제의 새로운 부흥을 이끌었다.

히틀러가 정권을 잡은 1933년 여름 바이로이트에서 축제가 열렸다. 원래 이 축제의 지휘는 토스카니니가 맡기로 했었으나 나치가 정권을 잡았다는 소식을 들은 그가 지휘를 거절하면서 그 자리는 푸르트뱅글러에게 넘어갔다. 푸르트뱅글러와 티첸은 기존의 보수적인 해석과는 다른 새로운 해석으로 엇갈린 평가를 이끌어냈다. 이 자리엔 히틀러도 있었다. 히틀러는 새로운 해석을 지지했으며 바이로이트에 전폭적인 지원을 약속했다. 히틀러는 1940년까지 축제가 열릴 때면 빠지지 않고 바이로이트를 찾았고, 매년 5만 5,000마르크 이상의 예산을 지원했다. 1939년 전쟁이 일어나고 여러 가지 상황이 악화되자 바이로이트 축제 극장도 휴관에 들어갈 상황에 처했다. 그러나 히틀러는 축제만큼은 계속되어야 한다고 말했다. 1940년 전쟁이 발발한 후에도 바이로이트의 음악 소리는 멈추지 않았다. 히틀러도 변함없이 모습을 드러냈으며, 그는 이 축제를 사기를 진작시키고 승리를 자축하는 공연으로 삼았다. 참전 장병들과 무기 생산 공장의 직공 등 전쟁과 직접적인 관련이 있는 인력들을 바이로이트에 초대했다. 전쟁이 극을 향해 치달아가는 1942년에는 독일뿐 아니라 동부 전선에서도 3만 5,000여 명에 해당하는 청중이 바그너 음악극을 관람했다. 전쟁 기간 동안 바이로이트는 후방에서 전쟁에 필요한 인력들을 위한 훌륭한 프로파간다 역할을 했다. 전쟁이 끝으로 치닫고 패색이 짙어진 1943년의 축제에서는 <뉘른베르크의 명가수>만이 무대에 올랐다. 1944년에도 마찬가지였다. 종군기자와 히틀러 선전부 관계자들까지 모두 동원한 축제는 열두 차례의 <뉘른베르크의 명가수> 공연을 끝으로 막을 내렸다. 그것이 히틀러 치하의 마지막 바이로이트 축제였으며, 이후 1950년까지 5년 동안 극장은 문을 닫았다.

　바그너 음악이 나치 정권의 중요한 정치적 선전 수단으로 사용되었던 것은 사실이다. 서유럽과 대항해 '독일적인 것'을 강조하기 위해서, 자신의 개인적인 야망을 합리화시키기 위한 구실로서 바그너 음악은 유용했다. 그리고 무엇보다 히틀러는 바그너 음악을 좋아했다. 자신이 추구하는 이상과 맞아떨어져서 음악을 좋아하게 되었는지, 음악을 좋아하다보니 저절로 그런 사고관이 형성되었는지 선후 관계를 따질 수 없어도 히틀러가 절대적인 바그너 애호가였던 것은 분명하다. 그러나 그렇다고 해서 모든 당원이 바그너를 좋아한 건 아니었다. 실제로 바그너 음악을 지원하고 공연하는 과정에서 나치 정부 내 문화정책 지도자들의 반발이 일어나기도 했다. 길고 난해한 바그너 음악이 누구나 쉽게 따라 부를 수 있는 쉬운 음악을 선호한다는 당의 기본 노선과는 맞지 않는 부분이 있었다. 특히 히틀러 유겐트를 비롯해 청소년 문화 운동을 주도하는 사람들은 바그너 음악이 교육적인 노선과 맞지 않음을 지적했다. 또한 나치당 내의 니체 추종자들은 니체의 비판에 근거해 바그너 음악에 제동을 걸기도 했다. 그러나 이러한 비판적인 움직임에도 불구하고 히틀러는 바그너 음악에 대한 지원을 멈추지 않았다. 그는 전쟁이 극한으로 향하는 중에도 바그너의 성지만큼은 지키고자 했다. 비판이 심해지자 평소 예술에 대한 공식적인 언급을 자제하는 경향을 보였던 히틀러가 직접 나서서 바그너를 옹호하는 발언을 하기도 했다. 당 내부의 바그너 비판이 일부 정당함에도 불구하고 히틀러가 바그너를 포기하지 않았던 근본적인 이유는 바그너에 대한 깊은 애정 때문이었다. **히틀러가 사랑한 바그너 작품들은 정치적인 사상에 부합하는 것들이라기보다는 개인적으로 받은 예술적 감동에 의한 것**이었다. 예술가를 꿈꾸던 시절의 순수한 감동이 평생 그의 가슴에 남아 있었다. 그리고 그것은 정치적인 이해관계를 어느 정도 떠나 있는 것이기도 했다.

1945년 4월 30일, 히틀러는 베를린 지하 벙커에서 아내인 에바 브라운과 함께 스스로 목숨을 끊었다. 그리고 그는 유대인들에게 시신을 보이고 싶지 않다는 유언에 따라 화장되었다. 히틀러의 최후는 신들의 세계가 몰락하는 가운데서 지크프리트의 시체가 불에 타는 바그너의 오페라를 연상시킨다. 히틀러의 장례식에서는 국가 공식 추모 음악인 베토벤 교향곡 7번 대신 「지크프리트 장송곡」이 울려 퍼졌다. 독재자의 마지막 길은 이렇게 그가 가장 숭배했던 작곡가의 음악이 지켰다.

마오쩌둥,
붉은 혁명의 음악

이서현

마오쩌둥 (毛澤東, 1893~1976)

1893.12.26.	중국 후난 성 샹탄 현 사오산 출생
1921.07.23.	상하이의 중국공산당 제1차 전국대표대회에 후난 성 대표로 참석
1931.11.07.	장시 성 루이진의 중화 소비에트정부 중앙 집행위원회 주석으로 선출
1934.10.16.	루이진에서 산시 성 옌안까지의 1만 2,500km에 이르는 대장정 시작
1938.11.	후일 문화대혁명의 주동세력인 네 번째 부인인 장칭과 재혼
1945.04.	공산당 중앙 제7차 전국대표대회에서 중앙위원회 주석으로 추대
1949.10.01.	베이징에 중화인민공화국 수립 선포
	국가 주석 및 혁명 군사위원회 주석으로 선출
1954.09.	마오쩌둥이 주관한 「중화인민공화국 헌법」 제정
1958.05.	대약진 운동, 8월 인민공사 사업 착수
1959.11.	대약진 운동 실패 후 권위 추락하여 국가 주석 사임
1964.04.	「마오쩌둥 어록」 간행
1966.05.16.	문화대혁명 시작
1970.03.	헌법수정초안을 채택하여 1인 체제를 확립하고 중국 최고지도자로 군림
1976.09.09.	베이징에서 사망, 10월 장칭 등 4인방(四人幇) 체포

마오쩌둥과 중화인민공화국

마오쩌둥은 중국 현대사에서 가장 영향력 있는 인물 중 한 사람으로, 그의 사상은 지금까지도 중국인의 삶에 큰 영향을 미치고 있다. 그는 현대 중국 공산주의 혁명의 사상적 지주이자 자신의 이념에 기반을 둔 강력한 정권을 통해 방대한 중국을 철저하게 통제한 전략가였다. 마오쩌둥 사후, 베트남전보다 많은 사람이 죽었다고 하는 '문화대혁명'이라는 엄청난 광기와 희생을 자초한 마오쩌둥 권력은 강력한 비판의 대상이 되었고, 문화대혁명 시기(1966~1976)는 '잃어버린 10년'이라는 비난을 면치 못했다. 그러나 한편으로, 항일전쟁을 승리로 이끌면서 일본 제국주의를 몰아내고 중국식의 독자적 사회주의 체제를 확립한 인물로서 마오쩌둥의 업적에 대한 긍정적인 재평가 역시 이루어졌다.

    1993년에는 마오쩌둥의 탄생 100주년을 맞이하여 중국 각지에서 토론회, 영화 상영, 동상 제막, 기념 우표와 배지 제작, 어록 디스크 발간, 전시회, 음악회 등 각종 기념 행사와 추모 물결이 줄을 이었다. 『마오쩌둥 어록』이 재출판되고 중국식 사회주의를 이끌며 인민과 길을 같이한 그의 사상이 재조명되는 등 마오쩌둥은 여전히 중국인들에게 '중국의 붉은 별'로 건재하고 있음을 보여주었다.

　　마오쩌둥은 후난의 중농 집안에서 태어나 근면한 아버지 밑에서 근대적 학교 교육을 받으며 성장했고, 성도인 창사에 있는 사범학교에 진학했다. 졸업하자마자 베이징 대학 도서관에서 일하면서 중국 사회주의 이론의 선도자인 리다자오의 마르크스주의 연구회에 참여하며 사상적인 기반을 쌓았다. 또한 그 무렵 일어난 5·4운동[1]에 적극 참여했으며, 중국공산당의 창립멤버가 되었다. 중국에서는 5·4운동을 전후로 사회주의 사조가 풍미하면서 유사한 모임들이 각지에서 나타났고 사회민주주의, 무정부주의, 마르크스주의와 공산주의 등이 널리 유행했다. 사회주의 사조의 확산에 결정적인 자극을 가한 것은 구소련의 레닌주의에 바탕을 둔 이념이었고, 소련은 중국공산당 창당에 원조했다. 중국의 마르크스주의자들은 코민테른[2]의 원조를 얻어 1921년 7월 각지의 대표자들과 일본 유학생 대표, 그리고 코민테른 극동 담당 대표인 마링이 참석한 가운데 상하이에 모여 역사적인 중국공산당 창립대회를 개최했다. 이후 중국공산당은 프롤레타리아 독재의 실현을 공산당의 기본노선으로 정하고 노동자의 조직화, 노동운동의 전국화를 통하여 중국사회주의 혁명노선을 개척해나갔다. 마오쩌둥은 특히 농민을 주축으로 한 농촌 사업에 주력했고, 그 무렵 후난 대표로 공산당 회의에 참가하면서 자신의 입지를 구축해나갔다.

　　한편 광저우를 중심으로 활동하던 민족주의 지도자 쑨원은 북경의 군벌정부에 대항하면서 러시아 혁명에 감명을 받고 5·4운동을 통해 민중의 거대한 힘을 인식하게 되었다. 그리하여 1919년 기존의 중화혁명당을 중국국민당으로 바꾸고 민중을 기반으로 하는 대중적 정당으로 발전시켜나갔다. 소련 정부는 정치고문 보로딘, 군사고문 갈렌 등을 파견하여 이를 원조했다.

국민당과 공산당은 민족통일과 대단결의 이상을 내세우며 서로 힘을 합쳐 반제국주의, 반군벌의 과제를 해결하고자 했다. 이로써 1920년대 쑨원이 이끄는 중국국민당은 삼민주의(민족주의·민권주의·민생주의)에 반제국주의·반봉건군벌의 기치를 내걸고 1924년 제1차 국공합작을 성립시켰다. 이후 중국에서는 민족통일운동이 활발하게 전개되었다. 중공은 1924년 국민당을 비롯한 사회주의 단체와의 연합전선을 제기하고, 모든 공산당원이 개인 자격으로 국민당에 가입하는 형태의 국공합작을 추진했다. 마오쩌둥은 제1차 국공합작 후 국민당 농민보의 농업 강습소에서 활동가를 양성하는 데 몰두하며 일찍부터 농민운동에 강한 관심을 보였다. 쑨원의 뒤를 이은 국민당 지도자인 장제스와 마오쩌둥이 만난 것은 이 국공합작 시대였다. 두 사람은 중국 현대사에 커다란 발자취를 남긴 인물들로서, 같은 시대에 태어나 전혀 다른 노선을 지향하면서 경쟁과 대립관계를 반복했다. 장제스의 반공 쿠데타로 국공합작은 결렬되었고, 장제스는 1927년 쑹메이링과 결혼하여 그녀의 인척 관계를 통해 4대가문의 연합으로 정치, 경제, 군사의 독점 체제를 구축했다. 한편, 마오쩌둥은 1927년 가을 장시 성을 혁명 근거지로 삼고 마침내 국민당군의 포위를 뚫고 대장정을 감행하게 된다.

1931년 장시 성의 루이진에 중화 소비에트공화국 임시중앙정부가 수립되고 마오쩌둥이 주석으로 추대된다. 장제스의 난징정부는 여러 차례 공산당에 대한 소탕작전을 감행했으나, 공산당의 홍군은 게릴라 전법으로 맞서면서 세력을 키워나갔다. 이후 1933년 말부터 100만 대군을 동원한 대대적인 공산당 소탕작전이 다시 한 번 벌어지자 공산당은 결국 루이

진을 버리고 역사적인 2만 5,000리 대장정에 나서 산시 성 옌안으로 이동한다. 이 과정에서 주력부대 30만이 3만으로 감소되는 어려움을 겪게 되었다. 1935년 말 공산당은 옌안을 근거지로 하여 세력 만회의 기회를 얻기 위해 민족주의 노선을 택하면서 국민당에 휴전과 항일공동전선을 제안했다. 그 후 국민당 정부와 공산당은 전쟁과 화친을 거듭하면서 밖으로 대일항전에 나서게 되었다.

국·공 내전 초반에는 국민당 정부군이 압도적으로 우세했다. 그러나 만주 지방은 소련의 지원을 받고 있던 공산군이 단연 우세했다. 상하이·난징을 비롯한 강남 일대의 주요 도시는 국민당 수중으로 들어갔고 공산당군은 도시로부터 후퇴했는데, 이것은 마오쩌둥의 이른바 도시를 내어주고 농촌을 장악하는 게릴라 전법이었다. 국민당으로서는 병참선이 길어지면서 병력이 서로 고립 분산되었다. 게다가 국민당 정부군의 기강도 흐트러져 군율의 해이와 부패가 극심해지고 연령의 고령화로 전투력을 상실하고 있었다.

국·공 양군의 전세는 1947년 7월을 기해 공산군 측의 우세로 반전되었다. 동북야전군은 만주 지역을 석권하면서 일대에 남아 있던 국민당군을 모조리 축출하는데, 이때 소련군의 원조가 큰 역할을 했다. 덩샤오핑이 지휘하던 화북 지역 야전군 역시 쉬저우를 중심으로 중원 지방을 점령한 후 마침내 1949년 1월 전투에서 베이징과 톈진을 점령함으로써 화북 전역을 장악하게 되었다. 장제스 총통은 미국과 영국을 포함한 연합국에 원조를 요청했으나 제2차 세계대전 직후의 연합국은 국민당을 도와줄 형편이 못 되었다. 이에 장제스는 공산당에 화의를 제의했으나 거절당했다. 그리하여 국민당 정부는 중국 본토를 공산당에게 빼앗기고 패잔병 50만 명과 200만 명의 피난민을 이끌고 1949년 8월 타이완으로 철수했다. 이로써 **4년간 지속된 국·공 내전은 종결되고 중국 본토에 중화인**

민공화국이 수립되었다. 타이완으로 철수한 장제스는 타이페이를 수도로 국민당 정부를 재건하고 본토 수복의 기회를 엿보았으나 뜻을 이루지 못했다.

마오쩌둥의 문예 정책

마오쩌둥의 문예 정책을 살펴보기 위해서는 중국을 통일하기 이전으로 거슬러 올라가야 한다. 2차 국공합작이 결렬되면서 국민당과 공산당은 다시 적대 관계에 놓이게 되었다. 일본이라는 적을 목전에 두고 국공이 분열되었다는 것은 불행이었다. 공산당의 유일한 후원자였던 소련이 자국의 보위를 위해 1941년 4월 일본과 중립우호협정을 체결하면서, 이것을 기회로 일본군은 공산군의 근거지에 전면 공격을 가해왔다. 제2차 국공합작이 결렬된 이후 국민당 중앙정부로부터의 경제 지원이 중단되었을 뿐만 아니라 공격을 받게 된 입장에서 일본군의 전면 공격까지 추가로 받자 공산당은 1934년 대장정 이후 최대의 위기를 맞게 되었다.

1938년부터 후방에서 옌안으로 몰려온 지식 청년들은 공산주의 교육과 선전 교육을 받고 각 전선이나 농촌에 파견되어 항일전에 참전하거나 공산주의 선전 활동에 종사했다. 그러다 시국의 극변으로 위기 국면을 맞자 각 전선과 농촌에서 철수하여 옌안에 복귀했다. 그들의 불안감은 점차 위기의식으로 바뀌었고, 이어 당에 대한 불신과 불만으로 확산되었다. 당은 청년들의 위기의식을 극복시키기 위해 1941년 7월에 당성 증강에 관한 결의문을 공포하여 지식 청년들 사이에 팽배한 '패배주의'와 '분산주의'를 비판하고 당을 중심으로 단결할 것을 호소했으나 별다른 효과는 없었다.

1942년 2월에 마오쩌둥은 중앙당학교 개교식에서 '정풍운동'을 정식으로 선언했다. 운동의 내용은 '주관주의를 반대하고 학풍을 바로잡자, 종파주의를 반대하고 당풍을 바로잡자, 팔고문[3]을 반대하고 문풍을 바로잡자'의 삼정풍(三整風)으로 2,000여 명의 청년당원들을 소집하여 학습에 돌입했다. 이는 청년당원들의 당간부에 대한 불신을 해소하고, 당원의 지식수준을 향상시켜 당원의 이론적 무장을 강화하기 위함이었다.

한편 옌안 시절에 마오쩌둥은, 혁명의 이상을 품고 옌안으로 몰려든 젊은 지식인들을 전투에 내보내는 대신 10년 후 공산당이 집권하면 문화예술 분야에서 활약할 간부를 키워야 한다는 구상에 따라 루쉰예술학원을 설립했다. 루쉰예술학원 출신은 1949년 10월 1일 신중국의 성립 이후 중국 문화예술계의 핵심 인사로 성장하게 된다. 루쉰예술학원의 음악 부서는 다음과 같은 목표를 내세웠다. 진보적 음악이론과 기법의 교육, 일본음악의 잔재 거부, 중국음악의 연구와 발전 장려, 음악 활동의 조직과 선도가 그것이다. 그에 따라 커리큘럼도 정치에서부터 예술 이론, 지휘, 작곡, 화성, 음악 감상, 음악 기초이론, 성악, 악기 연주 등을 포괄적으로 다루도록 했다.

중화인민공화국 수립 이후 새롭게 설립된 최초의 기관은 중앙 콘서바토리이다. 이는 루쉰예술학원의 음악 부서와 베이징, 난징, 상하이의 몇몇 학교를 합병한 형태로 구성되었다. 이 학교는 당시 베이징을 중심으로 세워진 예술 학교들(연극 중앙 아카데미, 미술 중앙 아카데미 등)의 일환으로 문화부에서 엄격히 관장했다. 중앙 콘서바토리는 자체 악기공장을 운영하며 정교한 작업으로 악기를 만들어냈다. 중앙 콘서바토리의 수장은 당 총리인 저우언라이가 맡았다. 중앙 콘서바토리의 오케스트라는 중요한 국가 행사의 모든 연주를 담당했으며, 국가적인 음악 활동의 중심에 있었다.

문예강화에 나타난 마오쩌둥의 문예원칙

당 중앙은 1942년 5월 2일 문예좌담회 개최를 통지했다. 이 자리에는 마오쩌둥, 주더 등 당 고위간부와 옌안에 와 있던 문인 대부분이 참석했다고 한다. 이때 마오쩌둥이 직접 연설한 '문예강화(文藝講話)'의 내용은 후일 공산당 문예 방침의 핵심이 된다. 개회 첫날인 5월 2일에 마오쩌둥이 직접 좌담회를 주도하여 그동안 문인들이 제기했던 문제점들을 거론하고, 이것들을 다섯 가지 항목으로 종합하여 토론의 주제로 제기했다. 기조연설에 해당하는 머리말(引言)에 제시된 5개항의 요지는 다음과 같다.

첫째, 입장문제
우리는 무산계급과 인민대중의 입장에 서야 한다. 작가는 당의 입장에 서야 하고 당성(黨性)과 당의 정책의 입장에 서야 한다.

둘째, 태도문제
찬양할 것인가? 폭로할 것인가? 이것이 바로 태도문제이다. 작가는 우리와 동맹자에 대해서는 광명을 칭송하며, 적에 대해서는 암흑을 철저하게 폭로해야 한다.

셋째, 대상문제
이곳에서 문예 작품을 접수하는 사람은 노동자, 농민, 병사와 혁명 간부들이다. 그들을 잘 이해하여 그들을 이해시키고 숙지시켜야 한다.

넷째, 공작문제
문예 공작자들은 그들의 공작 대상인 노동자, 농민, 병사 들을 모르고 있다. 언어에서도 그렇고 사상·감정에서도 그렇다. 스스로가 그들의 생활·사상·감정을 배워야 한다.

다섯째, 학습문제
문예 종사자들은 마르크스-레닌주의를 학습해야 한다. 일부 문인 작가들은 문예란 인간에 대한 사랑과 인성(人性)을 표현하는 것이라고 한다. 그러나 계급을 초월한 사랑, 추상적 사랑, 추상적 자유, 추상적 진리, 추상적 인성은 필요 없다. 그것은 자산계급의 문예이다.

위의 다섯 가지 항목은 문예계가 당면한 문제와 지향점을 제시한 것으로, 이후 이와 유관한 문제들에 관한 토론을 전개했다. 토론에 대한 구체적인 기록은 발표된 것이 없다. 좌담회 마지막 날인 5월 23일에는 그동안 제기되고 토론했던 것을 토대로 마오쩌둥 스스로 다음과 같은 골자의 맺음말(結言)을 발표했다.

첫째, 우리의 문예는 누구를 위한 것인가? 혁명의 주체인 노동자, 농민, 병사와 혁명의 동맹자인 도시 소자산계급을 포함한 인민 대중을 위한 것이 되어야 한다.

둘째, 어떻게 봉사(服務)할 것인가? 혁명 주체인 노동자, 농민, 병사에게 지식을 보급하고 지식 수준을 향상시키며 문예 작품을 지식을 보급하는 교재로 삼아야 한다. 그러나 작가인 도시의 소자산계급들은 노동자, 농민, 병사 들의 생활을 모르므로 그들의 생활 속으로 뛰어들어 생동하는 그들의 생활 형식과 투쟁 형식을 체험하고 관찰하여 분석한 후에 창작 과정에 들어가서 그것을 작품의 기본으로 삼아 창작해야 한다.

셋째, 당과 문예사업의 관계 및 문예계의 통일전선문제. 모든 문화, 혹은 문학예술은 특정한 계급에 속해 있고 특정한 정치 노선에 속해 있다. 예술을 위한 예술, 계급을 초월한 예술, 정치로부터 독립된 예술은 실제로 존재하지 않는다. 무산계급의 문학예술은 무산계급 전체 혁명 사업의 일부분이다. 혁명에 있어 사상 투쟁과 예술 투쟁은 반드시 정치 투쟁에 복종해야 한다.

넷째, 문예비평의 표준문제. 문예계의 주요한 투쟁 방법의 하나는 문예비평이다. 문예비평에는 두 가지 표준이 있다. 하나는 정치 표준이고 하나는 예술 표준이다. 정치 표준은 '대중을 한마음 한뜻이 되도록 고무'시키는 것이며, 예술 표준은 '대중 투쟁의 요구에 적합한 예술로 변화'시키는 것이다. 어떤 사회 속의 어떤 계급도 반드시 정치 표준이 첫째이고 예술 표준은 그다음에 두고 있다.[4]

위의 '문예강화'에서 제시된 결론들은 무산계급사회에서 문학예술의 의미와 문학예술인의 위치, 그리고 무산계급사회에서 문예 창작의 목적과 방법을 역설하고 있다. 무산계급사회에서 문학예술은 혁명 사업의 도구일 뿐이며 혁명 사업의 주체인 노동자, 농민, 병사에게 철저하게 봉사해야 한다. 또한 무산계급사회에서 문학과 예술의 목적은 혁명의 주체들에게 지식을 보급하는 역할을 하는 것이며 예술성은 중요한 문제가 아니다. 무산계급사회에서의 문학예술은 오로지 공산주의 혁명을 위한 도구일 뿐이다.

'문예강화'가 발표될 때만 해도 이를 공식적인 공산당의 문예정책이라고 하지 않았다. 그것은 다만 당이 어려운 환경에 처해 있을 때 당을 비판하고 비방하는 문예인들에게 질책과 비판으로 대응하고, 아울러 공산당의 휘하에 있으려면 당이 제시하는 통제하에 들어오고 그렇지 않으면 떠나라는 경고성도 포함된 발표문이었다. 문예좌담회가 끝나고 문예계에는 숙청의 태풍이 불었다. 당 중앙에 가장 거세게 반발했던 작가들은 대거 체포되고 중노동에 처해지거나 자아비판에 넘겨졌다. 이 '문예강화'가 당의 문예정책으로 결정된 것은 문예좌담회가 있은 지 1년 6개월 후인 1943년 11월 7일이다. 이것이 문예정책으로 확정되자 공산당에서는 문예

이론가들을 동원하여 문예강화의 정당성과 이론의 합리성을 뒷받침하는 문장들을 발표하기 시작했다. 이러한 문장들은 '문예강화'의 이론적 근거로 소련의 사회주의 문예정책, 즉 마르크스주의 문예이론을 원용하였다. 1944년 3월에는 이 문장들을 엮어 '마르크스주의와 문예(馬克思主義與文藝)'라는 제목으로 출판했다.

문화대혁명

중화인민공화국 수립 이후 최대의 사건을 꼽으라면 단연 문화대혁명을 떠올리게 된다. 사회주의 국가 권력을 공고히 하기 위해 문예를 통제한 마오쩌둥 정권의 정책은 문화대혁명으로 절정에 달했다. 사건의 발단은 1961년 <해서파관(海瑞罷官)>이라는 연극 공연이었다. 1965년 11월 10일, 문화대혁명을 주도한 4인방[5] 중 한 명인 야오원위안은 이 연극을 비판한 글인 "신편역사극 <해서파관>을 평한다"를 상하이의 일간지인《문회보》에 게재했고, 이 글은 뒤이어《해방일보》에도 실렸다. 이 작품은 베이징의 부시장이자 유명한 극작가였던 우한이 1960년에 쓴 경극의 제목이다. 해서(海瑞)는 황제가 백성을 돌보지 않는 것을 충언했다가 노여움을 사 파직된 명나라 가정제 시대의 고관으로, 이 경극은 당시에 인기리에 공연되었다. 야오원위안은 이 작품이 봉건시대의 공직자를 미화하고 나아가 지주계급국가를 옹호하고 있어 프롤레타리아 독재와 사회주의에 반하는 것이라고 비판했다. 사실 야오원위안의 글은 대약진 운동의 실패로 정치적 위기에 처해 있던 마오쩌둥과 장칭의 암묵적인 지지하에 이루어진 것으로, 이후 10년에 걸쳐 전개된 문화대혁명의 불씨가 되었다. 야오원위안은 우한의 연극이 대약진 운동을 문제 삼다가 실각한 펑더화이 국방부장의 명예회복의 암시와 관련 있는 것이라고 교묘하게 비판함으로써 주춤해 있던 마오쩌둥의 권위에 도전한 반대파를 제거하기 위한 명목을 제공했던 것이다.

야오원위안의 글을 시작으로 <해서파관>을 옹호했던 반대파에 대한 포위망을 주도면밀하게 구축하면서, 마침내 1966년 8월 8일 중국공산당 중앙위원회에서 '프롤레타리아 문화대혁명에 관한 결정안 16개조'를 발표하며 문혁 10년의 막을 올렸다. 신문들은 앞다투어 새로운 혁명의 소식을 공표했다. 신(新)중국에서 성장한 젊은이들은 혁명의 요구에 민첩하고 열정적으로 반응했고, 기꺼이 마오쩌둥이 수정주의자를 축출하는 일을 도왔다. 1966년 6월, 대도시에서 작은 마을에 이르기까지 전국의 중학교와 대학교가 학생들이 홍위병 활동에 모든 시간을 바침에 따라 폐쇄되었다. 당시 《인민일보》에는 다음과 같은 사설이 실렸다. "성난 폭풍우와 같이 거대하고 맹렬하게, 홍위병은 과거 오랫동안 착취계급이 그들의 마음속에 세워놓은 족쇄를 부수고 부르주아 '전문가', '학자', '권위자'와 '존경할 만한 스승들'을 내쫓고 그들의 위신을 남김없이 쓸어버려 먼지로 만들었다." 마오쩌둥은 피 끓는 젊은 홍위병들로 하여금 끊임없이 '적대계급'을 만들어내어 자신과 반하는 이들을 공격하도록 만든 효율적인 선동가이자, 분노와 원한 등의 집단적인 감정을 극대화시켜 자신의 목적을 위해 철저하게 이용함으로써 자신의 위치를 더욱 확고히 한 지배자였다.

문화대혁명은 "파괴 없이는 재건도 불가능하다", 즉 낡은 것을 타파하여 새것을 세운다는 것을 목표로 하였다. 그것은 '착취계급의 문예를 크게 부수고 무산계급의 문예를 철저히 크게 세움'으로 표현된다.[6] 다시 말해 **구시대를 제재로 삼는 예술을 파괴하고 사회주의 혁명을 구가하는 프롤레타리아 문화를 세우는**

▲ **마오쩌둥의 홍위병 사열** 1966년 수백만 명의 홍위병이 베이징의 톈안먼 광장에 모인 가운데 마오쩌둥이 그들을 사열하며 격려하고 있다. 홍위병은 중국 최고 지도자 마오쩌둥을 지지하며 공산당 청년운동에 가담한 학생들로 당시 그 수가 중국 전역에서 1,100만 명에 달했다. 홍위병은 1966년 8차례에 걸쳐 베이징에서 대규모 집회를 가졌다.

것이다. 새롭게 세워지는 문화는 정부가 통제함으로써 모든 예술 분야의 프롤레타리아적 비전을 강요했다.

음악과 공연예술은 문화대혁명을 주도한 '4인방' 가운데서 특히 장칭이 주의 깊게 관심을 둔 분야였다. 장칭의 개혁의 시작은 음악과 음악극장을 쇄신하는 것이었다. 그는 당 최고 지도자의 부인으로서 1964년 경극대회에서 문화혁명 이전의 전통 연극과 공연이 현실과 동떨어진 고전적인 가치를 추구하고 있고, 이러한 속성은 사회주의 발전에 기여할 수 없다고 주장하며 문혁 이전의 공연예술을 철저하게 비판하고 나섰다. 그리하여 모든 경극을 현대적 혁명 경극으로 재탄생시키는 데 주력했다. 혁명 경극이란 인민들의 현실을 반영한 것이어야 하며, 현대 혁명 영웅들의 이미지가 극 무대에서 창조되어야 한다고 역설했다. 이는 곧 문화 예술을 통제함으로써 사회주의 국가권력을 공고히 하려는 시도의 일환이었다.

1967년 장칭은 공연예술 전반에 대해 현대 혁명 경극 5종, 혁명현대 무극 2종, 교향곡 1종 등 총 8개의 작품을 사회주의혁명의 이상적인 문예 작품의 모델로 제시했다. 현대 혁명 경극 <홍등기(紅燈記)>, <사가빈(沙家浜)>, <지취위호산(智取威虎山)>, <기습백호단(奇襲白虎團)>, <항구(海港)>와 현대 발레극 <홍색낭자군(紅色娘子軍)>, <백모녀(白毛女)>, 그리고 교향악 「사가빈(沙家浜)」으로, 이들 작품은 8대 '모범극'으로 집중 선전되었다. 아울러 이들 작품을 '혁명적 정치 내용과 아름다운 예술 형식의 완벽한 통일'이라고 찬양하면서 '양판(樣板)'을 무산계급 혁명 문예 발전을 위해 수립된 정전으로 내세웠다.

'양판'이라는 용어는 1965년 3월 16일자 《해방일보》의 논평에서 "경극 <홍등기>야말로 경극 혁명화의 위대한 '양판'이며, 경극 종사자들은 모두 <홍등기>에서 배워야 한다"고 주장하면서 처음 대두되었다. '양판'은 문화대혁명 시기에 문예계에 대대적 비판이 이루어지고 과거 작가 대부분의 작품이 부정되면서, 이를 대신하여 혁명 시대의 새로운 '경전'이 될 만한 대안을 제시하기 위해 만들어진 개념이었다. 그리고 이러한 모범적인 작품으로 선정된 공연 예술 작품을 '양판희(樣板戲)'라고 하여 칭송하고, 이를 본받도록 장려하였다.

문화대혁명이 시작된 이듬해인 1967년 4월 마오쩌둥을 비롯한 중앙 당지도자들이 혁명 발레 <백모녀>를 감상한 것을 뒤이어 같은 해 5월 24일부터 6월 15일까지 8개의 '혁명 양판희'가 베이징에서 218회 상연되었고 신문 매체에서는 이를 대대적으로 선전했다. 대표적으로 1967년 마오쩌둥의 옌안 좌담회 25주년을 기념하여 공연한 8대 양판희를 평가한 《인민일보》 사설 "혁명 문예의 우수 양판"에서는 양판희를 마오쩌둥 사상을 선전하고 역사의 주인공인 공, 농, 병을 찬양하는 무산계급 문화대혁명의 성과라고 선전하고 있다. 장칭은 문화대혁명의 정치적 도구로서 '양판'을 활용했다. 일찍이 마오쩌둥이 명시했던 "모든 문예의 목적은 노동자와 농민, 군인을 위해 봉사(복무)하는 것"이라는 원칙은 문혁 시기에도 가장 주요한 혁명예술이론으로 고착되어 모든 예술가의 창작 임무로 지시되었다. 앞선 8편의 양판희 뒤를 이어 피아노 반주곡「홍등기」, 피아노 협주곡「황하(黃河)」, 혁명 현대 경극 <용강송(龍江頌)>, <홍색낭자군>, <평원작전(平原作戰)>, <두견산(杜鵑山)>, 혁명 현대 발레 <기몽송(沂夢頌)>, <초원아녀(草原兒女)>, 그리고 혁명 교향 음악「지취위호산」등 새로운 혁명 양판 작품이 뒤를 이어 탄생했다. 이들 9편을 '2차 양판희'라고도 부른다.

중국공산당이 이러한 양판희를 대대적으로 선전 및 찬양하고 널리 보급하고자 한 것은 문화대혁명 주도 세력의 정당성을 인정하려는 것이며, 그 배후에 있는 마오쩌둥에 대한 추종을 자연스럽게 이끌어내고자 한 것이었다. 즉, 이는 착취계급의 문예를 '대파'함으로써 마오쩌둥의 정치적 경쟁자를 타도하고, 무산계급 혁명문예인 양판희를 '대립'함으로써 마오쩌둥의 위치를 재정립하고자 한 문혁 주도세력의 '혁명'을 사회적으로 승인하는 것이었다.

문화대혁명의 음악

혁명 경극

양판희로 지정된 5편의 현대 혁명 경극은 예술에 대한 정치적 영향력이 극대화되었던 문혁시대의 대표적인 극음악이다. 혁명 경극들은 경극에서는 이례적으로 오케스트라가 반주를 맡았으며, 장칭은 새로운 혁명 경극을 위한 음악을 그의 휘하에 있는 작곡가 그룹에게 새롭게 작곡하도록 지시했다. 또한 화려한 분장과 의상을 중시하는 전통 경극과는 차별되는 양식으로, 인민복 혹은 평상복을 입고 공연하도록 했다. 무엇보다 중요한 것은 당시 장칭을 비롯한 4인방이 내세웠던 대표적 문예원칙 중 하나인 '삼돌출 원칙'[7]에 입각하여, 양판희 속의 영웅 인물은 정치성이 짙으며 현실에서는 존재할 수 없는 이상적인 영웅상을 보여준다는 점이다. 기존의 전통 경극도 혁명이라는 주제를 강조하고 혁명적 영웅을 부각시키는 방향으로 개작되었다.

그 대표작으로 혁명 경극 <홍등기>는 삼돌출 원칙에 따른 전형적인 혁명 영웅 이미지의 개조를 보여주는 작품이다. 본래 이 작품은 혁명 이전에 이미 존재했던 전통극이었고, 이를 혁명의 이상에 부합하도록 현대 경극으로 개작한 것이었다. 현대 경극 <홍등기>는 1964년에 극본이 출판되었고, 이후 아홉 차례에 걸쳐 개작과 사전 심의를 거쳐 현대연극대회에서 상연된 이후 중국 각지에서 여러 극단들에 의해 공연되며 일대 유행을 만들어냈다. 이러한 성공으로 <홍등기>는 1966년 '혁명 양판희'의 선두주자가 되었고, 장칭의 정치적 의도가 다분히 개입된 몇 번의 개편을 거쳐 1970년에는 연출본 <홍등기>로 재탄생했다. 이때 만들어진 연출본은 문화혁명 시기 현대 경극이 지향한 정치적 목적을 더욱 농후하게 반영한 것이었다.

양판희 <홍등기>는 일종의 지하 투쟁극으로서, 지하 공작원의 투철한 활동과 무장병력과의 긴밀한 연관 관계를 다루며, 무산계급의 활약을 통한 무장투쟁의 승리를 주제로 하고 있다. 주인공 리위허가 무산계급 출신의 영웅으로 부각되면서 전형적인 삼돌출 원칙의 영웅상을 보여주고 있다. 또한 무장투쟁은 단독적인 행동으로는 승리할 수 없으며 무장 병력과 무산계급 인민 대중의 긴밀한 협력을 통해 이루어질 수 있다는 마오쩌둥의 원칙을 치밀하게 반영하고 있다.

작곡이나 창법도 다른 경극보다 화려하게 창작되었고, 대단한 성공을 거두면서 양판희의 대표작으로 널리 알려지게 되었다. 마오쩌둥을 비롯한 당 지도부 간부들도 이 공연을 보면서 감동의 눈물을 흘렸다고 전해진다. 이후 <홍등기>는 꾸준히 상연되며 인기를 누렸고, 1968년에는 극중 열두 장면을 발췌한 피아노 반주 음악으로도 편곡, 연주되었다.

이처럼 문화대혁명기 공연예술은 자유로운 창작 원칙 대신 교조주의적 문예원칙하에 철저하게 통제되었다. 이는 앞서 언급한 마오쩌둥의 옌안 문예강화의 원칙에 충실한 것이었다. 당 지도부는 혁명 문예이론에 충실한 양판의 창작과 공연에 만족하지 못하고 나아가 영화의 위력을 통해 전국적으로 그 영향력을 확장시키고자 했고, 1970년대 초까지 8편의 작품이 모두 영화화되어 이른바 '모범영화'로 다시 제작되었다. 흥미롭게도 시기별로 창작되고 장려된 양판희의 주제와 시대적 배경은 공산당의 혁명사와 그 흐름을 같이하고 있다.

> 혁명 양판희는 당의 기본노선을 지도사상으로 삼아 반세기 이래 중국의 무산계급과 광대한 민중이 중국공산당의 영도 아래 진행했던, 어렵지만 탁월한 무장으로 정권을 탈취했던 투쟁 생활과 무산계급 정권하에 혁명을 계속하였던 투쟁 생활을 심각하게 반영하여 우리에게 한 폭의 웅장하고 장엄한 중국혁명의 역사 그림을 펼쳐 보인다.[8]

이는 마오쩌둥과 당의 정치적 행보에 따라 그에 적절한 공연예술을 활용하여 입지를 정당화하고 뒷받침하기 위한 의도였다. 실제로 양판희의 영웅 인물은 현실적인 존재가 아니라 마오쩌둥의 정치적 이상을 선전하기 위해 빚어낸 허상이라고 할 수 있다. 양판희에 등장하는 영웅적 인물들은 어떠한 난관도 극복할 수 있는 의지와 능력을 가지고 있는데, 이 능력의 원천은 한결같이 마오쩌둥의 가르침에서 나오는 것이었다. 그들은 위대한 영도자의 지시를 따르기 때문에 무소불능하다. 그 힘은 마오쩌둥에 대한 맹종에서 비롯된다. 이러한 점을 들어 문혁 시기 자체가 농후한 종교적 색채를 지니고 있다고 지적되기도 한다. 종교 세계에서는 신과 악마라는 선과 악의 대립 구도가 적(敵)과 아(我)의 이분법, 즉 혁명 세력과 그에 반대하는 세력으로 나뉘는 것이다. 실제로 상당수 작품 속의 분위기와 배경 등에서도 종교적인 상징성을 보여주고 있다.

▲ 모 주석, 안원에 가다 류춘화의 유화. 문화대혁명 시기 마오쩌둥에 대해 높고 크며 완전한 지도자의 상징적 이미지를 부각시킨 대표적 그림으로, 문혁판 '양판화'로 승인되었다. 노동 혁명의 발원지에 도착한 28세의 마오쩌둥은 장포를 입고 주먹을 불끈 쥔 영웅 지도자의 모습으로 묘사되며, 영험한 배경과 휘날리는 옷자락으로 비범해 보이는 후광이 덧입혀진다.

한편 이와 같은 마오쩌둥의 영웅적이고 신성한 이미지를 재창조하는 데 각종 포스터는 물론 그림과 조각 등 미술 분야에서도 여러 선전성 작품들이 대거 등장했는데, 그 가운데 유명한 그림 <모 주석, 안원에 가다>는 이른바 양판화로서 승인되어 전국 각지에 공표되었다고 한다. 마오쩌둥의 신성화된 영웅 이미지를 보여주는 대표적 작품이다.

양판희가 정치적 정당성을 뒷받침하기 위한 장치였음은, 양판희 대부분이 기존 작품의 개편물이라는 사실과 개편 과정에서 어떠한 변화가 이루어졌는가를 통해 알 수 있다. 그 목적은 마오쩌둥이 영도하는 중국공산당의 혁명을 칭송하는 것이다. 그 과정에서 반대 세력을 상징하는 인물들은 더욱 철저한 대립 세력으로 과장되는데, 이러한 목적을 위해 원작과 상당히 다른 왜곡이 이루어지기도 하며 연극적 완성도를 포기하면서까지도 혁명 노선을 부각시키는 방향으로 나아갔다.

문혁 시기의 양판은 단지 모범적인 문예 작품을 지칭하는 것뿐 아니라 마오쩌둥과 문화혁명 주도세력이 구상하고 실현하고자 했던 새로운 사회주의 모델을 의미하는 상징성을 띠고 있는 것이다. 결국 그것은 대약진 운동의 실패로 실추된 마오쩌둥의 정치적 위상을 재정립하는 동시에 문혁 주도세력들이 자신의 정치적 입지를 공고히 하기 위한 문예적 장치였다.

> 8가지 양판희는 무산계급 혁명 문예 발전의 빛나는 전범을 수립하였고, 무산계급 문화대혁명의 휘황찬란한 성과이자 마오쩌둥 사상의 위대한 승리이다.[9]

혁명 발레

모범극으로 선정된 작품 중 발레 작품으로는 <백모녀>와 <홍색낭자군>이 있다. 공연에 많은 관심을 두었던 장칭은 이 두 발레 작품의 혁명적 개작에도 적극적으로 동참했다. <백모녀>는 중국공산당의 대(對)국민당과 대일본 무장투쟁의 승리를 찬양하는 혁명적 내용과 구전설화가 잘 조화된 작품으로 평가받는다. 중국에서 구전되어오던 민간전설 '백모선고(白毛仙姑)'를 바탕으로 한 내용으로, 동명의 가극도 존재한다. 가극의 경우,

1945년 4월 중국공산당 대표대회 개최를 기념하는 자리에서 처음으로 이루어진 <백모녀>의 공연이 마오쩌둥을 비롯한 당 간부들의 호평을 받으며 성공리에 마무리되었고 대중에게도 대단한 영향력을 행사했다. 1949년 중화인민공화국의 수립 후에도 꾸준히 상연되고 영화로도 개작되었으며, 1951년에는 스탈린 문학상을 받아 국제적인 명성도 누리게 된다. 마오쩌둥은 <백모녀>를 가리켜 가극의 최고봉이며 모든 문예 종사자가 이를 보고 본받아야 할 것이라고 극찬했다.

이 작품은 주인공 희아를 둘러싼 지주와 소작농의 갈등, 비참한 현실에 좌절하다가 그것을 딛고 일어나 복수를 감행하는 이야기로 "낡은 사회는 사람을 귀신으로 만들지만 새 사회는 귀신을 사람으로 바꾼다(舊社會把人遍成鬼, 新社會把鬼變成人)"라는 주제를 제시한다. 주인공 희아는 소작농이었던 아버지에 의해 땅을 얻는 조건으로 지주에게 첩으로 팔리고, 괴로움에 시달리던 아버지는 결국 자살한다. 주인공 희아는 인간의 존엄성과 기본 생존권을 박탈당한 구사회의 모순 속에서 괴로워하지만, 훗날 이 모든 원인이 지주에게서 비롯되었음을 각성하고 그 소굴을 탈출하면서 복수의 노래를 부르며 절규한다. 원한 속에서 지탱한 3년간의 동굴 생

▲ 발레 <백모녀> 중 주인공 희아와 홍위병의 2인무(좌). <홍색낭자군> 중 여군 부대의 역동적인 군무 장면(우). 혁명 발레에는 대부분 충성스러운 군대의 일사불란한 위용을 과시하는 역동적인 군무 장면이 포함된다.

활은 그녀를 강인한 백모녀로 바꾸어놓는다. 변화된 주인공 희아는 봉건 사회의 억압 속에서 혁명의 당위성을 각성해가는 중국 인민의 전형을 대변하고 있다. 팔로군이 가져온 새로운 사회 덕분에 인간은 존엄성을 회복하게 된다는 설정은, 공산당의 홍군에 대한 대중적 지지를 이끌어낼 수 있었다는 점에서 마오쩌둥과 당에 의해 적극 장려되었다.

<홍색낭자군>은 마오쩌둥에 충성하는 용맹한 젊은 여학생 군대를 칭송하는 내용으로, 1964년 베이징 천교극장에서 초연되었다. 1965년 장칭에 의해 여주인공의 이름과 비중이 변경되기도 했다. 이 작품은 이후 영화로도 만들어져 전국에서 상영되었다. 내용은 토지혁명기(1927~1937)를 배경으로 보잘것없던 노예 소녀 우칭화가 지주의 횡포를 피해 홍색낭자군에 입대하면서 혁명을 완수하는 용맹한 여군으로 성장하는 과정을 담고 있다. 홍색낭자군의 당 대표 홍창칭이 전투에서 살해당하자 소녀는 그를 대신해 낭자군을 이끌고 지주세력을 섬멸한다. 이들 낭자군은 군복을 입고 절도 있는 '프롤레타리아 무용'을 선보인다. 음악은 옌안의 예술학교에서 교육받은 여성 작곡가들이 맡았다.

혁명 발레극에서는 병사들의 충성을 다짐하는 혁명적인 안무가 등장하는데, 특히 일사불란한 병사들의 군무가 돋보인다. 도식화된 프롤레타리아 발레는 마오쩌둥이 그것을 훌륭한 예술이라 인정하는 이상 가장 우수한 예술작품이 되었고 전국적으로 유행했다. 마오쩌둥은 "처음에 발레는 착취계급인 서구에서 빌려 왔지만, 이제 그것은 혁명적 목적에 봉사하는 강력한 프롤레타리아의 무기가 되었다"고 평했다. 또 이 시기에는 마오쩌둥에 대한 충성을 나타내는 무용인 '충자무(忠字舞)'가 유행하여 전 국민들이 함께 추기도 하였다. 결과적으로 발레라는 장르 역시 사회주의의 목적에 부합하도록 '프롤레타리아 무용'으로 재탄생되어 마오쩌둥과 공산당에 대한 집단적인 충성심을 역동적으로 표현하는 데 적극 이용되었다.

혁명 교향곡

1956년 마오쩌둥은 음악가들에게 다음과 같이 지시했다. "음악에서 적절한 외국의 이론이나 악기를 사용할 수는 있다. 그러나 반드시 민족적인 특징이 드러나야 한다. …… 예술은 관습, 인민들의 감정과 언어, 민족의 역사와 단절되어서는 존재할 수 없다." 마오쩌둥이 지향하는 예술의 목적은 (1) 민족주의를 증진시키고, (2) 모든 대중을 대상으로 음악과 예술을 창작하고 공연하며, (3) 이 두 가지를 능가하는 가장 중요한 목적으로 프롤레타리아 사회에 봉사하는 것이다. 즉, 프롤레타리아의 이름으로 사회주의와 공산당의 독재를 지지하는 것이다.

마오쩌둥의 대원칙하에 문예 변혁을 주도한 장칭은 경극과 발레 개혁에 이어 순수 음악, 즉 교향악에 대한 개혁을 단행했다. 그것은 중앙 교향악단을 중심으로 이루어졌는데, 당시 교향악단의 레퍼토리는 대부분 서양음악이었기 때문에 외래의 것을 금지한다는 정책은 이들에게 연명할 거리를 빼앗아 가는 것이기도 했다. 외국의 악기조차 금지되자 교향악단의 여러 음악가들은 애국심을 증명하려는 듯 중국 전통악기를 채택하게 되었다. 중국 중앙 교향악단의 초대 지휘자인 리더룬은 전공을 바이올린에서 얼후(二胡)로 바꾼 음악가들로 가득 찬 심포니 오케스트라를 지휘해야만 했다. 오케스트라의 위기가 엄습해오자 리더룬은 교향악단을 살리기 위한 자구책을 마련, 순회공연과 설명을 펼치게 된다. 실제로 전통적이라 생각하는 악기들도 실은 외국의 악기에서 기원하며, 중국의 것이라고 생각되는 것들도 세계의 오케스트라들에서 사용하고 있다는 것을 보여주기 위함이었다. 이는 많은 청중의 호응을 불러일으켰다.

장칭은 1964년 오케스트라를 방문해 여러 질문을 했다. 특히 악기에 관한 질문에서 리더룬은 모든 악기가 중국에서 생산될 수 있고 실제로 그렇게 하고 있으며 또 수출도 한다고 대답했다. 장칭은 그 말에 감명을 받아 비록 악기의 기원은 서양이지만 중국 인민들이 그것을 만들어낼 수 있고 또 연주할 수 있으므로 이들도 틀림없이 노동자와 농민, 군인 들에게 봉사하는 데 사용될 수 있을 것이라고 말했다. "부르주아의 음악은 언젠가 틀림없이 소멸할 것이다. 그러나 우리는 그것과 함께 죽지 않을 것이다. 우리의 자취는 광채를 발할 것이다."

이러한 지도부의 정책에 부응하여, 교향악단은 생존을 위해 혁명 음악을 작곡 및 연주하게 되었고, 국경일에 맞추어 교향악 「사가빈」을 준비했다. 이 콘서트는 노동자와 농민, 군인, 그리고 장칭이 손수 티켓을 보낸 유명한 경극 연주가들이 군데군데 자리한 가운데 청중에게 선보였다. 혁명 교향악 「사가빈」은 장칭이 스스로 제목을 붙인 것으로, 마오쩌둥을 찬양하는 서곡으로 시작한다. 새로운 군대의 행진곡풍으로 진행되며 군대의 영웅적인 위상을 전체 오케스트레이션으로 표현한다. 합창단은 양쯔강 유역에서 적군을 물리친 군대의 기세를 음악에 맞추어 노래한다.

붉은 깃발이 휘날린다.
군악대의 소리가 울려 퍼진다.
언덕과 강들이 화답한다.
일제 침입자들을 몰아내고
배반자들을 처단하자.
우리 조국을 수호하고 구해내자!
중국의 아들 딸들이여.
용맹하게 싸우고 노래하라!
국민당 반동분자들은 싸우려 하지 않는다.
그들은 우리 조국을 배반했다.

앞으로 향하자
마오쩌둥과 공산당이 저항의 전쟁을 이끈다.

이 노래 뒤에 합창단은 군대의 병사들이 되어 반제국주의의 깃발을 휘날리고 나레이터가 줄거리를 설명한다. 무대 뒤에는 배경이 되는 호수 그림이 내려오고 민속 선율이 중국 전통악기로 연주된다. 공연은 성공적이었고 혁명 교향악「사가빈」은 모든 거리와 공장에서 울려 퍼졌다. 리더 룬은 "매일 우리는「사가빈」을 연주했다. 나는 거꾸로 놓고 지휘할 수 있었고 연주자들은 눈을 감고도 완벽하게 연주할 수 있었다"고 회상했다.

어록가

'마오쩌둥 어록가(語錄歌)'는 문혁 시기 마오쩌둥의 어록을 노래로 만들어 군중에게 주입시키고 마오쩌둥의 신념을 적극적으로 받아들이도록 하기 위해 대대적으로 보급된 것이다.『마오쩌둥 어록』은 마오쩌둥의 강연과 담화, 지시문 들 중에서 핵심적인 구절을 선별하여 33개의 주제별로 실은 것으로, '모주석 어록(毛主席語錄)'이라는 제목으로 1964년 중화인민공화국 정부에 의해 출판된 이래 방대한 중국 땅의 어느 곳을 가도 접할 수 있을 만큼 전국적으로 출판 보급되었다. 문화대혁명 시기에는 수십 억 부가 출판되었다고 하며, 휴대하기 좋은 소책자 형태로 되어 있어 홍위병들은 물론이고 모든 중국인들이 소지하는 것이 불문율이 되었다. 어록은 학교나 군대에서의 모든 가르침의 중심에 있었으며 모든 단체의 행동규범이 되었다. 당시의 선전 포스터들에는 사람들이 한결같이 붉은 책을 손에 들고 등장하여『모주석 어록』에 대한 숭배 현상을 보여주고 있다.

문혁 시대 마오쩌둥은 개인숭배로 말미암아 농민의 지도자에서 무

▲ **선전 포스터** 아래의 문구는 "위대한 영도자 모 주석을 따라 용기를 내어 전진하자"라는 뜻이다. 상해인민미술출판사(1969).

산계급 혁명의 우상으로 신화화된 신성한 지도자로서 농공병을 위한 사회주의를 실현할 수 있는 특별한 존재로 여겨졌으며, 이러한 이미지는 조각·회화·공예·인쇄물 등을 망라하여 재생산되었다. 특히 노래는 사람의 마음에 특정한 감정을 불러일으키고 가사를 스스로 되뇌이면서 더욱 그 혁명적인 기운에 가담할 수 있다는 점에서 정치적 목적을 위해 적극적으로 활용되었다. 마오쩌둥의 어록가 또한 '어록가곡집', '어록가선집' 등의 제목으로 여러 지역에서 각기 출판되었다.[10]

수백 편의 어록가들은 중국의 현대사에 깊은 영향을 끼쳤으며 그중 대표적인 노래로는 「우리 사업을 영도하는 핵심역량」, 「조반유리」 등이 있다.

우리 사업을 영도하는 핵심역량(領導我們事業的核心力量)

우리 사업을 영도하는 핵심역량은 중국공산당

▲ **톈안먼 광장에 모인 홍위병(1966).** 모든 병사들은 손에 마오쩌둥의 어록인 붉은 책자를 들고 있다. 중국에서는 이를 붉은 보서(红宝书)라고 부르는데, 붉은색의 보배로운 책이라는 뜻이다. 집회 때마다 이를 손에 들고 "모 주석 만세", "조반유리"를 외쳤다.

우리 사상을 영도하는 이론기초는 마르크스레닌주의

공산당 만세! 마오 주석 만세! 공산당 만세! 마오 주석 만세!

만세 만세 만만세!

조반유리(造反有理)[11]

마르크스주의의 이치는 천 개 만 개인데

결국은 한 가지로 바로 이 한 마디

조반유리라네! 조반유리라네!

이 이치에 근거해서

반항하고 투쟁해서 사회주의를 하는 것이라네!

이 외에도 특별히 혁명의 기상과 마오쩌둥에 대한 충성심을 드러낸 노래들이 유행했다. 옌안 시절 내세웠던 「3대 기율과 8항 주의(三大律八注

意)」는 인민해방군의 우수성과 행동강령을 단순한 선율에 붙여 부른 노래로, 총 8절로 되어 있다. 전체 군대의 기율을 강화하기 위한 수단으로 당시에 군대에서 국가만큼이나 많이 불렀다고 한다.

3대 기율은 다음과 같다.

1. 모든 행동은 지휘를 따른다(一切行动听指挥)
2. 군중의 바늘 하나 실 한 오라기도 취하지 않는다(不拿群众一针一线)
3. 우리가 획득한 모든 것은 공동으로 나눈다(一切缴获要归公)

8항 주의는 다음 여덟 가지 조항이다.

1. 말할 때는 온화하게 한다(说话和气)
2. 매매는 공평하게 한다(买卖公平)
3. 빌린 것은 반드시 되돌려 준다(借东西要还)
4. 손해를 입혔을 때는 반드시 배상한다(损坏东西要赔)
5. 인민을 구타하거나 욕하지 않는다(不打人骂人)
6. 농작물을 해하지 않는다(不损坏庄稼)
7. 부녀자를 희롱하지 않는다(不调戏妇女)
8. 전쟁 포로를 학대하지 않는다(不虐待俘虏)

이러한 어록가와 혁명가는 문혁 10년 동안 대중이 일상생활에서 수없이 불렀고, 라디오에서도 밤낮으로 마오쩌둥을 찬양하는 노래가 흘러나왔다. 가사가 마오쩌둥에 대한 충성심과 찬사를 담고 있기 때문에 누구든 노래를 더 많이 부르면 부를수록 충성심이 많은 것으로 여겨졌다. 마오쩌둥은 실로 절대 진리의 상징이자 프롤레타리아 혁명의 화신, 사회주의 중국의 별이었던 것이다. 따라서 마오쩌둥을 찬양하고 그를 사모하는 것은 곧 당과 나라를 사랑하는 것과 직결되었다. 이 모든 내용을 담은 노래는 곧 한결같은 충성심의 표현이었다.

마오쩌둥이 사망한 1976년까지 문화대혁명기 모든 예술가들은 프롤레타리아 혁명 노선에 따른 마오쩌둥의 이데올로기에 순응해야 했고, 그렇지 않은 경우 가차 없는 비판과 숙청의 대상이 되었다. 음악 역시 앞에서 인용한 바와 같은 매우 단순하고 혁명적인 노래 외에 복잡한 형식의 순수 기악음악은 거부되었다. 당의 방침과 혁명 정신을 고취시키기 위한 가사가 있는 음악이어야 했고, 구조는 단순하고 반복적이며 5음 음계와 2/4 박자의 행진곡풍의 단순한 리듬으로 된 매우 표준화된 양식의 음악들이 장려되었다.

한때 '만민평등과 조직타파를 부르짖는 인류 역사상 가장 위대한 혁명'이라는 평가를 받았던 문화대혁명은 1981년 6월 27에 열린 중국공산당 제11기 중앙위원회 제6차 전체회의에서 "국가와 인민에게 건국 이래 가장 심한 좌절과 손실을 가져다준 내란이며 영도자 마오쩌둥의 극좌적 오류"로 공식 규정되면서 역사적 평가에서도 종언을 고했다. 마오쩌둥 사후 덩샤오핑 정권의 첫 번째 과제는 앞선 시대의 과오를 청산하고 지배권을 재확립하는 것이었다. 그래서 '문화대혁명'으로 숙청되고 잘못된 판결에 가해진 이들에 대한 복권운동이 대대적으로 진행되는 등 문혁의 과오

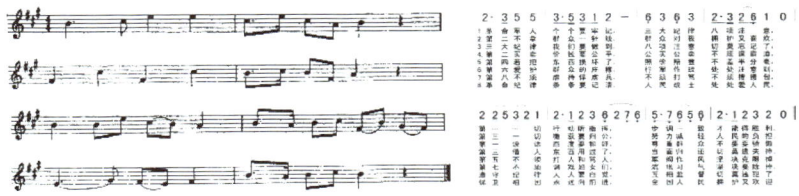

▲ 3대 기율과 8항 주의 두 번째 그림은 숫자와 부호로 음높이와 리듬을 표시한 악보이다. 여기에서 숫자 1은 A음을 의미한다.

를 바로잡으려는 시도가 이루어졌다. 그런데 문제는 마오쩌둥이었다. 중국의 레닌이자 스탈린과 같은 존재였던 마오쩌둥이 지녔던 신성(神性)을 약화시키지 않고 단순히 '잃어버린 10년'의 과오를 비난만 한다는 것은 어려운 일이었다. 그 해결책으로 마오쩌둥 생애 전반기의 업적과 후반기의 과오를 나누어 대체로 70퍼센트의 공(功)과 30퍼센트의 과(過)로 그의 통치를 평가하게 되었다.

'양판'에 해당된 예술 작품은 문화대혁명의 소산이라는 이유로 전부 금지되었다가 1980년대 후기부터 다시 무대 위에 올려졌다. 많은 이들의 희생을 대가로 치른 문화대혁명 시기의 예술은 그 시대를 겪은 이들에게 떠올리고 싶지 않은 악몽과 같은 기억이지만, 동시에 그 역시 중국 현대사의 한 단락이자 대중적인 지지를 받은 예술적 전통임을 인정하려는 움직임에서이다. 물론 이는 마오쩌둥의 업적에 대한 재평가와도 무관하지 않을 것이다. 농민이 주체가 된 혁명을 통해 새로운 세계를 건설하고자 한 청년 마오쩌둥에서 항일무장투쟁을 승리로 이끌어 외세를 물리치고 사회주의 중화인민공화국을 이루어낸 마오쩌둥까지 그 드라마틱한 인생 역정은 여전히 중국 사회주의의 상징적인 의미로 남아 있다. 농민층을 주축으로 한 혁명사상, '권력은 총구로부터 나온다'는 현실주의적 전략, 평등주의, 민족주의와 중국식 사회주의를 표방한 마오쩌둥의 사상은 그의 인생임과 동시에 중국 인민들의 행보를 대변하고 있기 때문이다.

한편 1966년 톈안먼 광장에서 빨간 마오쩌둥의 어록을 손에 들고 "조반유리"를 외치던 홍위병들의 슬픈 자화상을 담은 회고록과 숨겨진 이야기들을 통해 그 당시를 겪은 이들에게 역사는 단지 과거의 기록이 아닌 생생한 고통이었음을 읽을 수 있다. 1925년 군벌 시기에서부터 1977년 문화대혁명이 끝나던 시점까지 두 명의 경극 배우를 중심으로 격변하던 중국사의 파노라마를 보여준 영화 <패왕별희>의 감독 첸카이거는 자전적 에세이 『어느 영화감독의 청춘: 나의 홍위병 시절』에서 자신이 홍위병이었던 그 시절을 다음과 같이 표현했다. "어떤 시인은 우리의 시대를 이렇게 노래했다. '비겁은 비겁한 자의 통행증, 고귀함은 고귀한 자의 묘비명'." 이처럼 중국 현대사는 중국인들의 '영원한 마오(毛) 주석'과 명과 암을 함께했다.

이성을 통하여 중국의 유토피아를 이루고자 했던 마오쩌둥의 사회주의 혁명과 문혁 시기 예술 작품에 대한 시각과 평가는 엇갈렸지만, 문혁 시대의 혁명적 예술 작품은 그 자체로 마오쩌둥의 문화대혁명이라는 특수한 시대정신을 상징하는 것이었다. **음악은 그러한 시대정신을 집약적으로 표방하고 인민 대중을 각인시키는 데 상당한 파급력을 지닌 도구였으며, 그 자체로 마오쩌둥 정권의 이데올로기적 상징이었다.**

김일성,
붉은 독재의 노래

이재용

김일성 (金日成, 1912~1994)

1912.04.15.	평양 만경대 출생. 본명은 김성주
1926.10.17.	타도제국주의동맹(타동)을 결성하여 항일무장투쟁 시작
1937.06.04.	보천보 전투 참여
1940.	일본군의 대토벌전에 밀려 소비에트 연방으로 피신. 소련군 장교로 임관
1945.10.14.	조선해방축하집회 참석을 기점으로 정치활동 시작
1948.09.09.	조선민주주의인민공화국이 수립되어 내각 총리로 선출
1950.06.25.	한국전쟁을 일으킴
1953.07.27.	정전협정
1956.08.	종파사건으로 정적 숙청
1957.	천리마 운동 시작
1972.12.15.	제1대 국가주석과 국방위원회 위원장(겸임)에 취임
1975.02.	당 전원회의를 통해 김정일을 후계자로 확정
1990.05.24.	제2대 국가주석으로 재선
1994.07.08.	심근경색증으로 사망

북한 음악의 아버지 김일성

위대한 수령님의 현명한 령도 밑에 항일혁명투쟁시기에 전투적이며 혁명적인 음악예술이 힘있게 벌어졌으며 이 과정에서 주체사실주의 음악예술창작방법이 창조되고 음악예술활동에 대한 당의 유일적령도체계가 철저히 확립되었다. …… 여기에서 가장 중요한 것은 위대한 수령님께서 몸소 창작하신 불후의 고전적명작들을 비롯하여 사회주의, 공산주의 음악예술 창조와 건설의 영원한 본보기로 되는 명작들이 다양한 종류와 형태에 걸쳐 풍부하게 마련된 것이다. 위대한 수령님께서는 항일혁명투쟁의 전력사적기간에 불후의 고전적명작 혁명가요 「조선의 노래」, 「사향가」, 「반일전사」, 「조선인민혁명군」, 「조국광복회10대강령가」, 「피바다가」, 「토벌가」, 「가련한 신세」, 혁명가무 「13도자랑」, 「단심줄」, 혁명가극 <꽃파는 처녀> 등 수많은 기념비적인 음악작품들을 창작하시고 널리 보급하시었다.[1]

위 글은 2001년 북한이 편찬한 『조선대백과사전』 제18권 「조선민주주의인민공화국」편 중 '음악'에 대한 설명의 일부이다. 이를 간단히 정리하면, 북한의 음악은 김일성의 항일 혁명 음악에 뿌리를 두고 있으며 김일성의 주체사상을 기초로 음악사상이 확립되었고 구체적인 '리론실천적 문제' 또한 김일성이 일찍이 창작한 '고전적명작'을 통해 밝혀진바, 북한 음악은 '위대한 수령님' 김일성에 의해 형성되었다는 내용이다. 북한에서 '음악의 원로' 혹은 '음악의 천재'로 불리는 김정일이 1991년 발표한 『음악예술론』에서도 "위대한 수령님께서 일찍이 항일 혁명 투쟁의 불길 속에서 독창적인 주체적 문예 사상을 내놓으시고 몸소 혁명음악의 전통을 이룩하시었으며 주체적인 음악 예술 건설을 현명하게 령도하여 오심으로써 오늘 우리나라에는 주체음악예술의 일대 개화기가 마련되었다. 우리는 수령님께서 령도하여오신 주체적 음악건설의 빛나는 력사와 당에 의하여 이룩된 주체음악의 창조업적과 경험을 집대성하고 일반화함으로써 주체음악예술이 시대와 혁명 앞에 지닌 영예로운 사명을 훌륭히 수행할 수 있게 하여야 한다"[2]라고 하며, 북한 음악의 기반은 김일성에 의해 확립되었음을 명확히 강조하였다.

    이 주장을 구체적으로 살펴보면, 북한이 현대음악사의 뿌리로 보는 시점은 김일성이 타도제국주의동맹(약칭 '타동'), 공산주의청년동맹 등을 조직하고 항일 혁명가요를 창작하였다고 하는 1920년대 말에서 1930년대 초반이다. 이 시기 김일성이 직접 창작했다고 하는 항일혁명가요 「피바다가」와 「조선의 노래」 등은 북한 현대음악사의 뿌리가 되는 작품으로 평가됨과 동시에, 이후 북한의 음악인들이 따라야 할 '전형적인 고전적 명곡' 모델로 추앙받고 있는 것이다. 또한 북한의 「애국가」도 '음악에 천품을 지닌' 김일성의 지도로 창작되었다고 강조한다. 1947년 월북 시인인 박세영의 시 「아침은 빛나라」에 인민예술가 칭호를 받은 북한 최고의 작곡가 김원균이 곡을 붙인 「애국가」는 김일성이 몸소 창작에서 야기되는 문제와 구체적인 해결 방도까지 자세히 교시하는 등 본격적으로 그 탄생에 개입하여 작곡가와 작사가를 비롯한 "참가자들은 모두가 김일성 주석을 우러러보며 음악예술에 대한 그분의 천품 앞에 감탄을 금치 못하였다"[3]고 전하는 것이다.

이처럼 수많은 노래를 지었으며 "주체시대의 요구와 인민대중의 지향을 반영하여 주체적인 음악예술사상을 창시"[4]했다고 선전되는 김일성의 음악 활동은 북한 음악의 역사에서 그야말로 '기념비적인' 업적으로 평가받고 있다. 김일성은 북한 음악 역사에서 찬양해야 하는 대상에만 머무르는 것이 아니라 위대한 음악 사상가이자 이론가, 그리고 작곡가인 것이다. 아이러니하게도 김일성의 음악 교육 배경에 대해서는 전혀 알려진 바 없으니 그들의 말을 빌려 "노래를 사랑하고 노래의 철학을 귀중히 여겨온 위대한 가문"[5] 출신의 타고난 천재라고 평해야 할지 모르겠다.

하지만 이 시점에서 우리는 '불후의 명작 작곡가이자 음악 이론가 또는 음악 사상가'로 평가받는 김일성이 실제 타고난 음악 천재였다는 가능성보다 독재 체제의 완성과 우상화를 위해 음악에서의 기념비도 필요했을 가능성에 더 무게를 두어 생각할 필요가 있다. 그것은 음악이 사람의 사상과 정서에 큰 영향력을 끼칠 수 있는 특유의 예술 장르라는 사실을 수많은 독재 정권들이 십분 이용해왔던 역사 때문이다. 실제로 음악은 엄청난 대중성과 사상성 때문에 여타 문화 예술 장르를 제치고 독재 정권 사회에서 독보적인 사상교육 장르로 꼽혀왔다. 다른 독재 정권에서와 마찬가지로 북한에서 음악은 체제 유지와 선전, 김일성 일가의 우상화를 위한 중요한 매체로 자리 잡았다. 따라서 개개인의 자유로운 창작 활동이 장려되는 것이 아니라 **김일성의 교시와 예를 따르는 것이 올바른 음악이라는 목적의식을 철저하게 지향**하여왔던 것이다.

이 글은 북한 음악에 대해 미학적인 평가를 내리려는 것이 아니며, 김일성에 대한 역사적·정치적 평가를 내리는 것은 더욱 아니다. 김일성 독재 체제 완성을 위한 수단으로 변모되었던 북한 음악 특유의 모습을 살펴보고, 김일성이 북한 인민들의 '위대한 수령'으로 우상화되는 데 크게 일조한 북한 음악의 흥미로운 사회학적 기능을 조명해보고자 할 따름이다.

'위대한 수령님'을 향한 송가

북한 음악 정책의 형성과 송가의 발달

지난 2000년도에 발표된 통일부 자료에 따르면 북한 창작음악의 80퍼센트 정도가 위인의 공덕을 기리는 노래인 '송가' 류라고 한다. 실제로 북한 음악에서는 송가가 가장 중요한 음악 장르를 이루며, 특히 김일성을 찬양하는 송가가 크게 발달하였는데, 이는 김일성 독재 체제의 형성 및 완성의 역사와 그 행보를 같이한다.

광복 이후 한반도는 일제로부터 벗어나기는 했으나 삼팔선을 기점으로 미국과 소련이 동시에 주둔하여 남과 북이 갈라짐으로써 극도의 혼란과 분열을 겪는 격동의 시대를 맞게 되었다. 조선공산당은 소련의 도움으로 1945년 10월 북부 조선 분국을 결성하였고, 1946년 2월 김일성을 위원장으로 하는 북조선임시인민위원회를 출범했다. 다음 해 2월 대의원선거를 거쳐 북조선인민위원회가 정식으로 출범하였고, 1948년 2월에는 조선인민군을 창설하였으며, 곧 이어 9월 9일 조선민주주의인민공화국이 수립되어 김일성이 수상에 취임하였다.

이 시기 김일성은 자신의 지휘하에 인민을 단결시켜 '사회주의 조국'을 건설하려는 과업에 직면해 있었다. 사회주의 조국 건설의 성공을 위해서는 당 중심의 결속이 필요했고, 정치·사회뿐 아니라 문화 예술 분야에서의 장악도 필요했다. 이에 그 어떤 언어나 예술보다도 대중적인 파급 효과가 큰 음악이 중요한 사상 교육의 매체가 될 수 있다는 점을 견지했던 김일성은 "광복 직후의 어둡고 복잡한 환경 속에서 새 조국을 건설하는 첫 시기부터 음악예술의 발전에 커다란 의의를 부여"하고, 1946년 3월 북조선예술총동맹 산하 북조선음악건설동맹을 조직하여 본격적으로 음악을 당의 강령하에 결속하여 관리 및 감독하기 시작했다. 같은 해 10월 북조선예술총동맹은 '북조선문학예술총동맹'으로 개편되었고 산하에 '조선음악가동맹'을 두었다. 조선음악가동맹은 전문 음악인들로 구성된 조직으로, 평양의 중앙위원회를 중심으로 중앙과 각 지부로 이루어졌으며 주요한 사업의 하나로 사상 교육 사업을 전개했다.

1946년 모란봉 극장이 설립되었으며 국립연극극장의 전신인 중앙예술공작단이 조직되었고, 조선국립교향악단의 전신인 중앙교향악단이 창립되었다. 중앙교향악단의 창립 직후로 북조선가극단, 인민군협주단, 로동자예술단, 농민예술단, 청년예술단 등 전문적인 음악 단체들이 앞다투어 조직되었다. 1947년 중앙교향악단은 국립교향악단과 국립합창단으로 개편되었고, 1949년과 1950년도에는 각 도마다 도립악단을 창설하였다. 1949년 3월에는 평양음악대학의 전신인 국립음악학원이 개교하였다. 이러한 음악단체들의 활동은 당의 뜻을 철저히 따르고, 국가의 정책을 올바르게 반영해야만 했으며, 인민을 사회주의적으로 교양시킬 수 있는 사상적인 무기가 될 것을 요구받았다.

1946년 5월과 9월에 예술인 대회를 소집한 김일성은 "음악예술인들은 새 민주조선 건설에 적극 이바지해야 한다"는 교시를 내렸으며, 같은 해 8월 중앙교향악단창립공연 관람 후 예술인들 앞에서 "우리의 음악은 우리 인민의 감정과 정서에 맞고 새 조국 건설에 일떠선 우리 인민의 혁명적 지향에 맞아야 하며 민족적 해방을 이룩하고 새생활 창조에 일떠선 우리 인민의 환희와 기쁨, 긍지와 자부심, 혁명적 열정을 반영한 참말로 인민적이며 혁명적인 음악으로 되어야 한다"[6]고 연설하였다. 이는 음악인들로 하여금 궁극적으로 사회주의 건설과 민족주의 혁명에 이바지할 것을 요구한 것이었다. 또한 1949년 말 '현대의 작가와 예술인들 앞에 놓인 의무'라는 연설에서는 작가들과 예술가들이 "단지 오락적인 것"만을 추구하고 "경박한" 행동을 하며 혁명적 정신이 부족하다고 비판했다. 그러면서 예술가들이 "인민을 교육시키고 공화국을 보위한 전사가 될 것" 그리고 "노동 인민의 영웅적 투쟁을 무엇보다 중요하게 묘사할 것"을 재차 강조하여, 사회주의 리얼리즘에 입각한 작품 활동에서 벗어나지 말 것을 명확히 교시했다.

이처럼 사상 교육의 중요 매체로 자리 잡은 북한 음악은 그 목적성 때문에 음악의 내용이 가장 중요한 요소로 대두되었고 내용의 당성, 인민성, 혁명성이 작품의 표면에 노골적으로 드러나야 했다. 따라서 가사가 없는 음악보다 가사가 있는 음악인 '가요'가 자연스럽게 북한 음악의 중심을 차지하게 되었으며, 특히 김일성과 그의 혁명 업적을 찬양하는 내용의 송가가 크게 발전하기 시작했다. 이 시기 송가의 대표적인 예로 '영생불멸의 혁명송가'로 평가받는 「김일성 장군의 노래」를 들 수 있다. 1947년 발표된 노래로, 작사자는 이찬이며 작곡자는 북한의 「애국가」를 작곡한 김원균이다. 가사는 김일성의 빨치산 항일투쟁과 북한의 최고 지도자로서의 위대함을 찬양하는 내용이며, 선율은 군가풍으로 매우 단순하여 누구나 따라 부르기 쉽게 작곡되었다. 이 노래는 북한이 2002년 집대성한 『조선노래대전집』의 맨 앞 장에 실려 있는 명실공히 북한의 대표 음악작품이다. 북한 사회의 음악교육에서 가장 중요한 노래로 조총련계 재일교포들이 쓰는 음악교재의 맨 앞 장에 이 노래가 실려 있으며, 여러 가지 형태의 기악곡으로도 편곡되어 널리 연주된다. 특히 북한 내에서는 국가(國歌)와도 같은 상징성을 갖는 노래로 알려져 있는데, 실제로 1980년대부터는 모든 국가적 행사에서 「애국가」 대신 「김일성 장군의 노래」를 부르도록 함으로써 사실상 「애국가」를 대체하게 되었다.

김일성 장군의 노래

장백산 줄기줄기 피어린 자욱
압록강 굽이굽이 피어린 자욱
오늘도 자유조선 꽃다발 우에
력력히 비쳐주신 거룩한 자욱
(후렴)
아―, 그 이름도 그리운 우리의 장군
아―, 그 이름도 빛나는 김일성장군

만주벌 눈바람아 이야기하라
밀림의 긴긴 밤아 이야기하라
만고의 빨치산이 누구인가를
절세의 애국자가 누구인가를
(후렴)
로동자 대중에겐 해방의 은인
민주의 새 조선엔 위대한 태양

▲ 묘향산 바위에 새겨진 「김일성 장군의 노래」 가사

이십개 정강우에 모두다 뭉쳐
북조선 방방곡곡 새봄이 오다
　　(후렴)

김일성 1인 체제의 확립과 집체창작방법 도입

1950년 민족의 비극인 6·25 전쟁이 발발하자 김일성은 문화예술정책을 재빨리 전시체제로 개편하고, 같은 해 12월 "우리의 예술은 전쟁승리를 앞당기는 데 이바지하여야 한다"는 교시를 발표했다. 이로써 1953년 휴전이 될 때까지 음악은 조선인민군협주단, 대남예술공작대 등의 활동을 통해 인민군의 사기 진작과 선전에 적극적으로 이용되었다. 이 시기의 음악은 행진곡이나 군가, 인민군의 승리를 기원하는 노래가 주를 이루었는데,

대표적인 작품들로는 「우리의 최고 사령관」, 「결전의 길로」, 「진군 또 진군」, 「저격수의 노래」, 「해안포병의 노래」, 「조국보위의 노래」 등이 있다.

전쟁의 소란 속에서 김순남, 안기옥, 박동실 등 좌파 경향의 남한 음악인들이 월북했고, 1951년 3월에는 북조선 문학예술동맹 산하의 북조선음악동맹과 월북 음악인들이 주축이 된 남조선음악동맹이 통합되어 '조선음악동맹'이 되었다. 1952년 6월에는 최고인민회의 상임위원회를 통해 당의 정책 발전에 이바지한 예술인들에게 인민예술가 및 공훈예술가 칭호를 부여하는 기준을 세워 전시사상교육에 공헌한 음악인들을 격려하였다. 이같은 음악 정책은 전쟁이 끝남과 동시에 불어닥친 숙청의 바람과 함께 일대 변화를 맞게 되었다.

6·25 전쟁까지의 북한은 김일성이 당과 정부, 군대를 장악했다고는 해도 실제 권력구조는 집단지도체제적인 성격이 강했다. 김일성을 중심으로 하는 항일유격대 세력 외에도 남로당계, 소련파, 연안파 세력 등이 독자적인 그룹을 형성하고 있었기 때문이다. 이들은 당의 통일과 김일성 1인 체제 완성에 걸림돌이 될 수밖에 없었고, 김일성은 이후 1950년대 말까지 방해가 되는 세력들을 숙청, 제거하기 시작했다. 1953년 박헌영, 이승엽 등 남로당 출신 지도자들의 숙청을 시작으로 1954년 허가이, 김열 등 일부 소련파 간부들을 처벌했다. 이러한 행보는 타 그룹 세력들의 불만을 극대화했고, 1956년 김일성의 1인 체제 정치노선에 도전하는, 이른바 8월 종파사건이 발생한다.

8월 종파사건은 전후 북한에서 일어난 최대의 정치적 사건으로, 김일성에게는 일대의 위기를 가져온 사건이었다. 이때 북한은 1954년부터 1956년까지의 3개년 전후복구계획이 끝나고, 1957년부터 시작되는 제1차 5개년 경제계획을 목전에 두고 있었다. 5개년 경제계획의 성공을 위해 자본과 기술 원조가 필요했던 김일성은 1956년 6월부터 7월까지 동유럽 순방에 나섰다. 김일성의 부재를 틈타 연안파의 인물들인 김두봉, 최창익, 윤공흠, 서휘 등과 소련파인 박창옥, 김승화, 김재욱 등은 김일성을 축출할 것을 계획했다. 하지만 이를 사전에 알게 된 김일성은 1956년 8월 30일 당 중앙회의 전원회의에서 군대를 동원하여 반대 세력을 진압하고, 이듬해 그들을 반란음모죄로 숙청했다. 이렇게 8월 종파사건이라는 권력투쟁에서 승리함으로써 김일성은 자신의 정적들을 제거하고 자신의 계파인 항일빨치산투쟁세력을 조선노동당의 유일한 주요 세력으로 만드는 데 성공했다. 이로써 김일성 수령을 중심으로 하는 1인 지배 체제의 기반이 마련된 것이다.

8월 종파사건을 시작으로 김일성은 1인 지배 체제의 완성에 박차를 가하기 위해 '천리마 운동'과 '중앙당집중지도사업'으로 대표되는 국가사업을 벌였다. '천리마 운동'은 사회주의 조국 건설을 위한 노력 경쟁 운동으로, 1956년 12월 조선노동당 중앙위원회 전원회의를 시작으로 전국적인 범위로 확산되어 북한 인민들에게 공산주의 사상을 교양함과 동시에 김일성 자신의 대중적인 인지도를 상승시킴으로써 김일성 1인 지배 체제 확립에 대중적 기반을 마련해주는 계기가 되었다. 또한 연안파와 소련파 계열의 지도자들을 숙청한 후에도 잔재해 있다고 의심되던 반대 세력을 가려내 제거하기 위해 1958년 12월 평양을 시작으로 1960년까지 북한 전지역에서 대대적으로 '중앙당집중지도사업'을 실시하였는데, 이 과정에서 수많은 사람들이 '반혁명분자'라는 죄명으로 공개 총살되거나 수용소에 유배되었다.

전쟁 이후 문화예술계의 운명도 이와 크게 다르지 않았다. 조선문학예술총동맹이 남로당 숙청과정에서 1953년 5월에 해산되었으며, 북한 음악인들과 월북한 남한 음악인들의 합동 단체인 조선음악동맹 역시 1953년 9월 해체되었다. 이때 김순남, 이건우, 박은용 등의 많은 남로당계 월북 음악인들이 숙청되었고, 당의 이념에서 벗어나는 음악인들 역시 격렬히 비난받고 제거되었다. 이렇게 음악계가 정치, 사상에 의해 정비된 직후 "조선음악예술의 창작은 사회주의 레알리즘을 택한다"고 하는 강령을 내세우는 조선작곡가동맹이 조직되었다. 이는 후에 조선음악가동맹으로 명칭이 바뀌었으며, 북한 출신의 전문 음악인들을 배출하는 기관으로서 당 중심의 일원화된 통로를 통해 음악의 창작이 이루어지도록 하는 데 큰 역할을 하였다. 1956년 4월 중앙위원회사업총결보고를 통해 김일성은 "우리의 문학, 예술인들은 앞으로 계속 문학, 예술 분야에서 반동적 부르죠아 사상을 반대하는 견결한 사상 투쟁을 완강히 전개하며 사회주의적 사실주의의 창작 방법에 튼튼히 립각하여 창작 활동을 진행하며 자연주의, 순수 예술의 각종 표현들을 반대하여 견결히 투쟁할 것입니다"[7]라는 교시를 내리고, 당의 기대와 요구를 충족시킬 수 있는 작품을 창작할 것을 강요했다.

8월 종파사건 후 김일성 1인 체제가 확립됨과 함께 **음악을 비롯한 문화 예술 전반은 김일성 우상화의 수단으로 본격적으로 이용되기 시작**했다. 음악 분야에서는 「김일성 원수께 드리는 노래」 등 김일성을 직접 거명하는 '김일성 송가'가 집중적으로 생산되며 북한 음악의 가장 중요한 장르로 자리 잡게 되었다. 또한 이때부터 작품 창작에서의 수령 형상화 예술 기조가 더욱 강조되기 시작했다. 이는 '위대한 수령 김일성 동지'의 업적을 예술에서 형상화한다는 것으로, 이러한 작업을 수행하는 것은 개인의 힘으로는 불가능하기 때문에 여러 예술인들이 힘을 합쳐 집단적으로 창작의 의견을 모아야 한다는 것을 그 핵심으로 하였다. 이러한 집체창작방식의 도입으로 1,500명 규모의 대합창을 갖는 음악무용서사시 「영광스러운 나의 조국」 등과 같은 대규모 작품들이 나타나게 되었다.

▲ 평양 지하철 부흥역의 모자이크 벽화 〈노동자들 속의 위대한 지도자 김일성 동지〉, 만수대예술창작사 공동작품.

김일성 유일사상과 주체음악

주체사상과 전통음악의 변용

1950년대 말 권력투쟁의 소용돌이에서 승리한 김일성은 북한 내 일인자로서 정치적 안정기를 맞이하게 되었다. 하지만 북한을 둘러싼 당시의 국제정세는 매우 어지러웠다. 1953년 스탈린의 죽음 이후 소련과 동유럽 사회주의 국가들은 안팎으로 걷잡을 수 없는 갈등에 휘말렸고, 소련의 흐루쇼프와 중국의 마오쩌둥은 서로를 강렬히 비판하며 외교 문제로까지 비약되는 반목을 키웠다. 게다가 1962년 쿠바 사태에서 미국에 대한 소련의 굴복을 지켜본 북한의 지도부는 우방 국가들에 대한 불신감이 커지는 것을 막을 수 없었다. 이에 북한은 1962년 12월 조선노동당 제4기 5차 전원회의에서 "전민의 무장화, 전국의 요새화, 전군의 간부화, 전군의 현대화"를 중심으로 하는 '4대군사노선'을 주창했다. 이와 함께 중국과 소련으로부터 거리를 두고 '조선식' 사회주의를 추구하려는 정책을 택하게 되었고, 김일성의 '주체사상'을 유일사상으로 규정하여 민족적 주체 의식에 입각한 북한식 사회주의 사상을 단일화된 사고로 도입했다.

'주체'는 1955년 12월 '사상 사업에서 교조주의와 형식주의를 퇴치하고 주체를 확립할 데 대하여'라는 김일성의 연설을 통해 처음 언급되었는데, 이는 소련이나 중국의 경험을 그대로 적용한 혁명이 아니라 '조선식 사회주의 건설'이라는 자주노선에 의한 혁명을 주장한 것이었다. '주체'는 1963년에 '주체적 사상'이라는 말로 다시 나타났으며, 1965년 '주체사상'이라는 용어로 변모하면서 당의 이념으로 대두했다. 1967년 조선노동당 중앙위원회 전원회의에서 '김일성의 혁명사상'만이 당의 '유일사상체계'임을 강조한 북한은 이듬해 제6차 6기 최고인민회의에서 "우리 당의 주체사상은 우리의 혁명과 건설을 성과적으로 수행하기 위한 가장 정확한 마르크스-레닌주의적 지도 사상이며 공화국 정부의 모든 책동과 활동의 확고부동한 지침"이라고 언급하며 주체사상을 혁명이론으로 체계화하고 유일한 당의 통치이념으로 정착시켰다. 다시 말해 김일성의 빨치산 항일무장혁명 전통이 사회주의 혁명의 기반이며, 이를 체계화한 주체사상만이 사회주의 강성대국 건설을 완수하는 데 필요한 유일사상이라고 선포한 것이다. 이와 동시에 김일성 중심의 유일영도체제 형성도 시작되어 이 시기부터 김일성에 대한 호칭이 '위대한 수령 김일성 동지'로 통일되었으며, 1972년 국가주석제의 신설과 함께 김일성은 국가의 주석으로 명실공히 당·정·군의 삼권을 모두 장악하는 최고 권력자가 되었다.

문화 예술도 주체사상을 확립시키기 위한 "당의 힘 있는 무기"[8]가 되어야 했다. 따라서 소련을 모델로 형성해왔던 초기의 정책 기조에서 방

▲ **거대한 김일성 우상화 조형물들** 1972년 김일성의 60회 생일을 기념하여 설립한 김일성 동상(좌)과 1982년 70회 생일에 완공된 주체사상탑(우).

향을 틀어 **김일성의 항일혁명전통을 부각시킴과 동시에 '조선식' 예술을 추구하려는 의도가 대두되었다.** 김일성과 그의 아버지 김형직이 작곡했다고 주장하는 항일 혁명 가요들을 수집하여 북한 음악의 뿌리로 제시하였으며, 전통음악을 기본으로 하는 '주체음악'을 강조하기 시작함에 따라 전통음악이 서구 클래식음악보다 우위를 차지하게 되었다.

북한은 이 시기 전통음악 계승 과정에서 일대 혁명을 단행하며 주체음악의 실제적인 모습을 제시했는데, 전통음악을 현대적 정서에 맞게 계승하고 발전시켜나가야 할 대상으로 규정하고 국악기를 '개량'하는 것이 그 주된 내용이었다. 다음은 1964년 7월 김일성이 음악인들에게 내린 교시를 발췌한 예문으로, 전통음악 계승과 변용에 대한 '김일성식' 원칙을 잘 말해준다.

> 판소리는 너무 예날 것이기 때문에 흥미가 없습니다. 남도창은 량반들이 갓 쓰고 당나귀를 타고 다니던 시절에 술이나 마시면서 앉아서 흥얼거리던 것인데 우리 시대에 맞지 않습니다. 남도창을 민족음악의 기본으로 삼아야 한다는 일부 동무들의 주장은 잘못된 것입니다. 남도창은 옛날 량반들의 노래곡조인 데다가 듣기 싫은 탁성†을 냅니다. …… 우리의 민족음악을 현대화하기 위하여서는 악기를 더욱 발전시키는 문제도 고려하여야 합니다. 옛날 그대로의 조선악기를 가지고는 민족음악을 현대화할 수 없으며 우리 시대 인민들의 정서를 충분히 표현할 수 없습니다. …… 우리는 서양악기를 민족음악발전에 리용하여야 합니다. 서양악기에 조선음악을 복종시킬 것이 아니라 조선음악에 서양악기를 복종시켜야 합니다. 서양악기로 조선바탕의 곡을 연주할 수 있도록 좋은 작품을 많이 만들어야 합니다. 문제는 작곡에 있습니다. 조선 맛이 풍부한 곡들을 많이 만들어야 하며 서양악기를 위한 교측본도 만들어야 하겠습니다. 서양악기에 새납,‡ 꽹가리 같은 민족악기를 배합하니 더욱 흥취가 있습니다. 이것은 좋은 시도라고 생각됩니다. 바이올린으로 조선곡을 연주하는 것도 좋고 피아노로 조선곡을 치는 것도 좋습니다. …… 서양악기를 가지고 양곡만 해서는 안 됩니다. 조선곡을 하지 않으면 서양악기는 결국 인민들로부터 버림을 받게 됩니다.⁹
>
> †탁성: 쉰 듯한 탁한 소리
> ‡새납: 국악기 중 목관악기인 태평소를 말함

위와 같은 김일성 교시를 기점으로 주체음악이라는 목적의식하에 국가적인 차원에서의 전통음악의 변용이 진행되었다. 이때부터 전통음악 고유의 음색인 탁성을 없애고 맑고 높은 음색을 내는 발성법을 도입했으며, 전통 국악기를 개량하여 현대화하기 시작했다. 특히 김정일 주도하에 본격적으로 시행된 '악기개량사업'은 서양악기들의 조율법과 음량, 음색들을 전통악기에 적용시켜 전통악기들의 음색과 표현역량을 대대적으로 바꾼 것으로, 이 시기 북한 음악의 역사에서 가장 눈에 띄는 일대 사업으로 꼽을 수 있다. 이 사업을 통해 개조된 북한의 국악기들은 우리 국악기 특유의 음색과 전통의 5음음조를 잃은 대신 악기 개개의 음역이 확대되었으며, 더욱 큰 음량과 맑고 부드러운 음색을 낼 수 있고 12개의 평균율로 조율되어 반음을 자유롭게 연주할 수 있게 되었다. 예를 들면, 북한의 대피리는 오보에와 비슷한 모습으로 개조되어 입에 무는 리드(바람을 불어 넣는 진동판)만 대나무로 되어 있고, 관대(악기의 몸통)는 서양악기와 같은 흑단으로 되어 있으며, 서양악기의 키(손가락으로 눌러 악기의 구멍을 여는 장치)와 같은 누르개가 달려 있어 더욱 많은 음을 소리 낼 수 있게 되었다. 또한 바이올린, 비올라, 첼로, 더블베이스로 이루어지는 서양의 음역별 현악기 구성을 모델로 삼아 해금을 소해금, 중해금, 대해금, 저해금으로 구성해 음역별로 크기가 다른 해금속 악기들을 갖추었다. 그뿐만 아니라 새로운 국악기들도 등장했는데, 그중 대표적으로 김정일이 명명했다고 하는 옥류금은 공후, 가야금, 하프, 그리고 쳄발로의 주법과 기능 및 음색을 배합하여 창작된 악기로 독주뿐 아니라 합주에서도 다른 악기와 함께 빈번히 쓰일 정도로 성공한 악기가 되었다. 이러한 개량 국악기들은 서양악기와도 잘 어울려 국악기와 서양악기를 배합하는 '주체음악' 특유의 배합 관현악 편성이 보편화되는 데 일조했다. 이와 함께 음악 교육에서도 주체를 철저히 세우기 위해 북한 창작 음악 위주의 음악교재와 악곡집, 그리고 개량된 악기를 위한 교측본들을 새로이

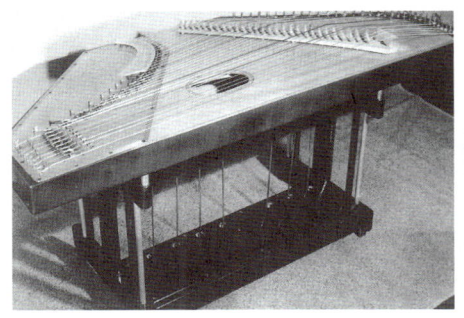

▲ 옥류금(좌)과 새로 창작된 옥류금을 감상하는 김정일(우).

발간하였으며, 1969년 10월 평양음악대학과 평양예술대학을 통합하여 '평양음악무용대학'으로 개편하고, 주체사상에 입각한 혁명 예술가를 양산하는 산실로 키워나갔다.

또한 민요의 전승에서도 '주체적 문예방침'에 따른 당 차원의 인위적인 전승이 크게 장려되었다. 이는 민요를 위주로 한 민족문화유산을 사회주의 건설에 이용하기 위해 "인민의 현대적 생활감정과 민족정서에 맞게 비판적으로 계승 발전시켜나가"[10]려는 것을 의미했다. 후에 김정일은 『음악예술론』에서 이러한 민요 전승의 원칙을 정리하여 "지난날의 민요에는 가사에 어려운 한문 투가 섞여 있는 것도 있고 표현에서 고(古)티가 나는 것도 있다. 이러한 민요는 알기 쉬운 우리말로 풀어주기도 하고 새로운 표현으로 바꾸기도 하면서 시대적 미감에 맞게 재창조, 재형상하여 부르도록 하여야 한다"[11]라고 언급했다. 이 원칙을 통해 전승된 민요들은 가사와 선율의 일부를 개작하여 '재형상한' 형태로 나타났으며 당의 목적에 부합하는 창작 민요의 탄생을 유도했는데, 사실 이러한 **재형상 민요와 창작 민요의 내용은 대부분 김일성 혁명과업의 찬양과 우상화를 목적으로 하는 경우가 많았다.**

재형상 민요의 대표적인 예가 「맑은 아침의 나라」이다. 이 민요는 원래 경기도 지방에서 남녀 간의 사랑을 그린 「오동동추야」인데, 원곡에 새로운 가사를 써서 아래와 같이 재형상되었다. 「오동동추야」는 근대에 이르러 청년들이 학업에 힘쓰자는 내용의 「이팔청춘가」로 개작되었고 일제 강점기에는 불합리한 현실 속에서 꽃피지 못한 청춘시절의 사랑을 개탄한 내용으로 개작되어 향락적이며 염세적인 노래로 전락했던 역사를 가진 민요로, 1958년 북한의 민요 재형상 원칙에 따라 「맑은 아침의 나라」로 다시 개작되며 사회주의 국가 건설과 김일성 수령을 찬양하는 내용의 가사를 갖게 되었다.

맑은 아침의 나라

동녘이 밝아서 붉은 해빛 넘치니
아름다운 아침에 산과 물이 곱구나
강산이 변했다고 놀라지 말아라
사회주의락원이 이 땅우에 솟았다

가난과 어둠이 영원히 사라진 땅에
인민들의 로동은 즐겁기만 하구나
이 강산 그 어디나 오곡백과 넘치고
꽃피는 거리마다 노래소리 넘친다

수령님 모시어 행복한 내 나라
인민들은 그 품에 화목하게 산다네
삼천리 우리 겨레 피줄은 하나요
제주도 끝까지 이 행복을 누리자[12]

이와 함께 민요를 바탕으로 사회주의 리얼리즘에 입각해 북한의 현실을 반영하는 새로운 민족가극 양식이 나타나게 되었는데, 대표적인 작품으로는 <춘향전>, <붉게 피는 꽃>, <무궁화 꽃수건> 등이 있다. 이 중에서 특히 <춘향전>은 기존의 판소리나 창극으로 전해져 내려오던 형태에서와 달리 탁성을 모두 배제했으며, 한문으로 표현된 것을 북한 언어로 고쳐 음색과 내용에서 완전히 새로운 북한식 민족가극으로 변용되었다. 이는 김일성이 강조한 전통음악 계승의 원칙을 대대적으로 수용한 것으로, 김일성은 민족가극 <춘향전>이 미학적인 면에서 훌륭할 뿐만 아니라 전통 극작품을 현대적으로 재창작하는 데도 중요한 모범이 된다고 평가했다. 이 작품은 북한 내에서만이 아니라 해외에서도 수차례 공연되어 1970년대 탄생한 혁명가극들과 함께 북한을 대표하는 공연물로 확고하게 입지를 굳혔다.

하지만 이 시기에도 역시 가장 주류를 이루며 대대적으로 창작된 장르는 "위대한 수령님에 대한 인민의 절대적인 신뢰와 열렬한 흠모의 마음을 담은" 송가와 당의 노선 및 정책 등을 합리화하는 당정책 가요였다. 대표적인 작품들로는 「인민들은 수령을 노래합니다」, 「김일성 원수님의 만수무강을 축하합니다」, 「김일성 원수님은 우리의 최고 사령관」, 「김일성 장군님은 우리의 태양」 등의 송가와 「10대정강의 노래」, 「대안체계의 노래」, 「주체철학 빛내이자」, 「천리마 작업반의 노래」 등의 당 정책 가요를 들 수 있다. 송가는 감화력을 돋우기 위한 격정적인 서정성을 띠며, 당정책 가요는 또박또박 알기 쉬운 가사 전달과 간결하고 낙천적인 정서로 일관되는 특징이 나타났다. 특히 이때부터 김일성 송가와 더불어 김일성의 부모 김형직과 강반석에 대한 송가도 양산되어 「혁명투사 김형직 선생」, 「조선의 어머니」 등이 등장하였으며, 피아노 독주곡 「김일성 원수께 드리는 노래」, 관악중주곡 「인민들은 수령을 노래합니다」, 민족관현악곡

「맑은 아침의 나라」 등 기존의 송가를 편곡하여 연주하는 기악곡들도 대거 발표되었다.

한편 1960년대 말은 20대의 김정일이 문화 예술계의 중요 인물로 대두되기 시작한 시기였다. 주체사상과 혁명 전통을 이어나갈 후계자로서 권력의 표면에 등장하기 전에 김정일은 '주체음악의 대가'이자 '불후의 로작'을 길이 남긴 인물로 평가되기 시작한 것이다. 다음의 예는 1969년 11월 김정일이 김일성의 혁명과업을 기리며 지은 시에 여러 작곡가들의 집체창작으로 곡을 붙인 송가 「충성의 노래」이다. 김일성 탄생 60주년 기념 공연 무대에서 초연된 이 송가는 김정일이 창작한 '불후의 고전적 명작'의 대표로 꼽힌다.

충성의 노래

장백의 험한 산발 눈보라 헤치시고
혁명의 수만리길 걸어오셨네
내 조국 찾아주신 위대한 수령님께
인민들은 일편단심 충성을 맹세하네
찬이슬 맞으시며 농장을 찾으시고
눈오는 이른새벽 공장을 찾으시네
크나큰 그 은덕은 만대에 길이 빛나리
인민들은 심장으로 충성을 노래하네
3천리 내 조국에 해빛은 찬란하고
행복의 노래소리 넘쳐흐르네
통일된 강산에서 인민들은 대를 이어
위대하신 수령님 모시고 천만년 살아가리

'주체예술의 꽃' 혁명가극

1970년대는 북한에서 '주체음악의 전성기'라고 스스로 칭하는 시기이다. 이 시기 북한 음악사에서 가장 주요한 일대 사건은 주체예술의 완성이라고 평가되는 혁명가극의 탄생이었다. 혁명가극이란 항일무장투쟁과 공산주의 혁명의 역사를 내용으로 하며 음악과 무용, 연극이 종합된 북한의 극음악이다. 혁명가극의 시초는 1936년에 항일무장투쟁 중 김일성이 집필하여 공연했다고 전해지는 연극 <혈해>를 바탕으로 김정일 주도하에 1971년 음악극과 비슷한 새로운 형식으로 각색된 <피바다>이다. 때문에 이들을 일컬어 '피바다식 혁명 가극'이라 부른다. 피바다식 혁명가극은 기존의 가극에서 탈피해 인민성과 혁명성에 맞게 현대적으로 재창조된 가극혁명의 결과물이자 독창적이고 민족적인 주체예술로 높이 평가된다. 『조선대백과사전』 10권 「민족음악」 편에서는 "가극분야에서도 위대한 령도자 김정일 동지의 현명한 령도와 정력적인 지도에 의하여 력사적인 가극혁명이 빛나게 수행됨으로써 인류 가극사에서 처음으로 듣게 되는 가장 인민적이고 혁명적이며 현대적인 민족가극, <피바다>식 가극이 새롭게 발전하고 있다"[13]고 설명하며 북한 음악에서 혁명가극의 중요성을 피력하였다.

혁명가극은 국가 차원에서 탄생되고 장려된 공연물이기에 대부분 대형무대에서 많은 배우들이 등장하도록 구성되며 그 규모가 웅장하다. 음악적인 특징으로는 반복되어 불리며 강렬한 호소성을 갖는 노래인 절가, 그리고 주인공의 내면세계 및 그의 진행 등을 무대 옆에서 보충 설명하는 노래인 방창이 포함되며, 종합 예술답게 무용과 무대 미술도 매우 중요한 비중을 차지한다. 또한 혁명 전통과 사상의 교육이라는 목적의식을 철저히 하는 정치적인 예술 장르인 만큼 계급성과 혁명성, 이념성이 절대적으로 부각된다. 따라서 피바다식 혁명가극의 표면적 창작 방향은 평범

▲ 혁명가극 〈피바다〉 공연장면.

한 피착취계급의 인민 대중이 주인공으로 등장하여 착취계급과 일제의 만행에 핍박받다가 수령님의 지도로 혁명투사로 거듭나게 된다는 내용으로 전개되며, 작품 내면적으로는 "수령님 영도의 현명성과 고매한 덕성을 보여주는 장면을 진실하고 깊이 있게 형상화하는 것"이 창작의 핵심이 된다.

피바다식 혁명가극 가운데 완성도가 가장 높은 5개 작품을 5대 혁명가극으로 부른다. 이 중 피바다식 혁명가극의 시초인 <피바다>(1971)와 가장 히트작으로 꼽히는 <꽃 파는 처녀>(1972)는 김일성이 항일 활동 중 창작하여 공연했던 혁명연극작품을 각색한 것으로 알려져 있다. <밀림아 이야기하라>(1972)도 일제 강점기의 항일혁명을 배경으로 하고 있으며, <당의 참된 딸>(1971)은 한국전쟁 시기 공산주의 혁명투사의 이야기이다. 마지막으로 배경이 사회주의 북한인 <금강산의 노래>(1973)는 '사회주의 하에서의 새 생활을 반영'한 작품으로 평가된다. 이처럼 5대 혁명가극들이 공통적으로 보여주는 특징은 항일투쟁이나 공산주의 혁명, 그리고 노동에 대한 찬양을 담고 있으며 김일성으로 대표되는 항일혁명과 공산주의 혁명의 전통과 위대성을 2~3시간에 걸쳐 감정적으로 학습시킨다는 것이다. 이 과정을 통해 김일성의 혁명전통은 신화화되고 인민들은 일원화되어 충성을 다짐하게 되므로 혁명가극은 김일성 유일사상과 우상화의 완성에 매우 효과적인 대중교육매체로 자리 잡았다.

피바다식 혁명가극은 또한 김정일이 조선노동당 내에서 후계자로서의 적통성을 인정받는 데 비공식적으로 큰 역할을 한 것으로 유추된다. 조선노동당 혁명원로들은 자신들의 실제 혁명 역사를 신화화한 혁명가극에 감격했고, 이는 김정일이 그들의 환심을 사 세력을 넓히는 데 큰 발판을 마련한 것이다. 실제로 김정일은 1972년의 혁명가극총화 직후인 1973년 당조직 및 선전선동 비서라는 중책을 맡는다. 권력 승계자로서의 포문을 연 것이었다. 이후 김정일이 후계자로 표면에 나서며 '당중앙'이라는 칭호로 불리게 된 것은 1974년 2월에 있었던 조선노동당 중앙위원회 제8차 전원회의였으며, 이듬해인 1975년 2월 제10차 전원회의를 통해 공식적인 후계자로 확정되었다.

독재의 광시곡 '불멸의 수령님'

권력 세습과 '영원한 태양'에의 찬미

김일성의 후계자로서 김정일이 1975년에 이미 당 내부에서 공식적인 지명을 받은 것은 사실이나, 실제적으로 북한 인민 대중 앞에서 공식적인 후계자로서 공표된 것은 1980년 10월 10일에 있었던 조선노동당 제6차대회를 통해서였다. "주체혁명 위업의 완성을 위한 대를 잇는 과업"이 국가의 중요과업으로 제기되어 "위대한 수령님의 혁명전통을 계승발전"시킬 것을 공식화했던 것이다. 이때부터 김일성에서 김정일로의 권력 승계에 대한 논리를 확보하기 위한 행보가 진행되었다. 김정일은 주체사상을 체계화하고 구체화하는 '주체사상의 대가', '주체사상의 구현자'로 부상하게 되었는데, 1982년 김일성의 70회 생일을 기해 열린 주체사상토론회에서 「주체사상에 대하여」라는 논문을 발표하여 "주체사상을 집대성하고 체계화한 불멸의 고전적 문헌이며 기념비적 로작"을 남긴 것으로 평가받기도 했다. 이는 "백두산의 정기를 받은 혁명 혈통의 계승자"라는 논리만으로는 인민 대중에게 권력 세습의 정당성을 역설하기에 약하다고 계산되었기 때문에 김일성이 창시한 주체사상의 혁명위업을 끝까지 완성해나갈 수 있는 후계자로서의 역량을 보여줌으로써 후계 논리의 당위성을 선전하기 위한 것이었다.

김정일이 권력의 표면에 등장한 이후에도 김일성 우상화 작업은 멈추지 않았다. 이는 김정일의 지배 체제 구축은 김일성의 주체사상을 기반으로 하는 것이었으며 김일성의 혁명 전통을 승계해나가는 것을 전제로 하기 때문이었다. 김일성에서 김정일로 세습되는 권력 구도에 충성심을 고취시키는 것이 쟁점으로 부각되면서 김일성 우상화는 더욱 가속화되었고, 이를 위한 사업이 본격적으로 진행되기 시작했다. 김일성의 사상과 업적은 세월을 초월해 전승해나가야 할 불멸의 전통으로 비약되었으며, 김정일은 이러한 사상과 전통을 계승할 유일한 인물로 추앙되기 시작한 것이다. 그뿐만 아니라 김정일은 '문화 예술의 거장', '음악의 원로' 등으로 선전되며, 특히 문화예술 분야에서의 우상화를 형성해나갔다. 이는 실제 알려진 바대로 김정일이 아버지 김일성보다 문화예술 방면에 조예가 깊었음을 십분 이용한 것이며, 예술 장르의 '사상 감화력'을 빌려 북한 인민의 내면 의식에 "대대로 노래를 사랑한 위대한 가문" 출신의 차세대 지도자로서의 정통성을 각인하려는 시도이기도 했을 것이다.

　권력 세습을 공식화하기 위한 당의 정책은 당시의 음악작품들에 그대로 표면화되어 나타났다. 『조선대백과사전』에 따르면, 이때부터 "위대한 수령님의 불멸의 업적을 칭송하고 그이를 영원히 높이 모시고 살려는 우리 인민의 한결같은 지향과 념원을 반영한 가요 「김일성 원수님 만세」, 「수령님의 만수무강 축원합니다」와 같은 송가들"[14]이 양산되었으며 "음악사상 처음으로 경애하는 김정일 동지에 대한 우리 인민의 열렬한 흠모의 마음을 담은 「친애하는 김정일 동지의 노래」, 「친애하는 지도자동지께 영광을 드립니다」 등을 비롯한 충성의 송가들이 품위 있게 창작"[15]되기 시작하였던 것이다. 다음의 「우리는 장군님을 닮으렵니다」는 이 시기에 창작된 김정일에 대한 송가이다. 이 노래의 가사를 살펴보면 당시 북한의 음악에 노골적으로 드러난 세습 합리화의 의도를 확인할 수 있다.

우리는 장군님을 닮으렵니다

자애로운 어버이의 품속에 안기어
사랑과 믿음만을 받으며 자라납니다
장군님을 닮으렵니다. 우리들은 닮으렵니다
장군님이 지니고 계신 사랑과 의리를
아, 대를 이어 영원히 장군님을 닮으렵니다
그대로 닮으렵니다

그 인품에 매혹되고 그 언덕에 반하여
따르고 싶은 마음 저절로 생겨납니다

아, 대를 이어 영원히 장군님을 닮으렵니다
그대로 닮으렵니다

한편 1980년대에는 북한에서도 경음악이 크게 발전하기 시작하여 현재까지도 북한의 가장 대표적인 경음악단으로 유명세를 떨치는 왕재산경음악단과 보천보전자악단의 창단이라는 결실을 보게 되었다. 북한 최초의 경음악단인 왕재산경음악단은 김일성이 항일투쟁 시기에 국내 무장투쟁 방향을 결정하기 위해 공작원 회의를 열었다고 하는 왕재산의 지명을 따 1983년 조직된 음악 단체였다. 보천보전자악단은 김정일의 지시로 1985년에 결성되었다 전해지는데, 역시 항일무장투쟁기에 김일성의 이름을 세상에 알리게 했던 보천보전투의 명칭을 따랐다. 이들 두 악단은 이미 인민들에게 노래로써 잘 알려져 있던 송가류의 성악곡들을 기악곡으로 편곡해 연주했는데, 이들 작품에 각인된 내용은 김일성 찬양과 사회주의 체제의 선전이었다.

1994년 7월 8일을 일기로 김일성이 사망하자 북한의 권력은 큰 혼란 없이 김정일에게로 세습되었다. 소련의 스탈린과 중국의 마오쩌둥 사후 우방국들이 겪었던 사회적 혼란을 답습하지 않으려 했던 김일성이 오랜 기간에 걸쳐 김정일로의 세습을 철저히 준비해온 덕분이었다. 이미 김일성 말년인 1991년 12월 김정일을 조선인민군 최고 사령관으로 취임하도록 하여 사실상 군부의 통치권을 넘겼으며, 1992년 4월 최고인민회의에서의 제7차 헌법 개정을 통해 김정일로의 권력 승계를 법적으로도 마무리했다. 김정일로의 권력 세습은 김일성에게 자신의 주체사상과 혁명 전통의 변함없는 계승, 다시 말해 '불멸의 김일성 유일사상 확립'을 위해 매우 중요한 문제였던 것이다.

김일성 사망 직후 김정일은 체제의 안정을 위해 '유훈통치'를 선포했

▲ 김일성 사망을 추모하기 위해 만수대 앞 김일성 동상에 몰려든 북한 인민들.

고, 3년 탈상을 마치며 '유훈통치'를 끝내자마자 공식적인 북한의 최고 지도자로 추대되었다. 김정일 정권하에서도 김일성 개인의 우상화는 끝나지 않았다. 김일성의 시신은 미라화하여 금수산기념궁전에 안치되었으며 김일성 영생탑이 곳곳에 건설되었다. 당시 북한이 자연재해로 인한 최악의 식량난으로 수백만의 인민이 굶어 죽는 '고난의 행군' 시기였음을 감안하면, 김일성의 우상화에 북한 정권이 얼마나 절실히 공을 들였던가를 알 수 있다. 또한 김일성이 출생한 1912년을 원년으로 삼는 '주체연호'를 공포했으며, 김일성의 생일인 4월 15일을 태양절로 제정하여 북한 최대의 명절로 삼았다.

북한 음악의 창작 방향 역시 김일성의 유일사상 아래 인민을 단합하고 고인이 된 김일성을 시대의 영웅으로 신화화하는 것으로 귀착되었다.

이는 **김일성이라는 지도자를 잃은 북한 인민들의 슬픔을 노래로 달래고 그의 업적을 칭송함과 동시에 김정일에 의해 계승되어야 하는 주체사상과 독재 체제의 정당성을 각인시키기 위한 음악 정책의 표출**이었다. 따라서 음악적으로 호전성을 띠는 멜로디보다는 삶에 대한 긍정적인 태도를 고취할 수 있는 밝고 서정적인 멜로디가 더 선호되었다. "어버이수령님을 주체의 태양으로 영원히 모시려는 우리 인민의 신념과 의지를 담은"[16]이라고 표현되는 「수령님은 영원히 우리와 함께 계시네」, 「해빛같은 미소 그립습니다」, 「수령님은 영원한 인민의 태양」 등의 송가가 여전히 북한 음악의 중심을 차지했으며, "위대한 수령님께서 개척하신 주체혁명위업을 빛나게 계승하시여 우리 조국을 주체의 사회주의 강성대국으로 일떠 세워 주실"[17] 김정일에 대한 송가들도 활발히 창작되었다.

한편 민족적이며, 주체적이고, 혁명적인 음악을 발전시킨다는 원칙은 변함없이 북한 음악 활동의 기반으로 확고부동한 자리를 유지했다. 이는 김일성의 주체사상에 따라 형성된 주체음악의 원칙과 김일성은 고인이 되었지만 '북한 음악의 아버지'로서 그의 영향력이 끝나지 않았음을 보여주는 증거인 것이다.

북한의 음악은 혁명성과 인민성, 정치성을 추구함을 목적으로 한다. 이는 20세기 사회주의 국가에서 공통적으로 나타나는 공산주의 음악 예술의 원칙과 크게 다르지 않다. 하지만 북한 음악의 실체를 들여다보면, 북한에서 음악은 순수하게 사회주의 사상의 교양을 목적으로 한다기보다는 김일성 개인의 우상화 교육을 위한 대중 매체로 변질되었음을 알 수 있다. 이는 연주와 창작을 포함한 모든 음악활동이 철저히 당의 수령이자 혁명의 지도자인 김일성 1인의 교시에 의한 주체예술 사상을 따르기 때문일 뿐만 아니라, 여타 사회주의 국가들과 달리 북한에서만 나타났던 전대미문의 부자간 정권 세습을 역사적으로 합리화하기 위해 음악을 적극적으로 이용했던 때문이기도 하다.

최근 북한 현대 음악사에는 커다란 지각변동이 예고되고 있다. 2011년 12월 17일 김정일이 사망하며 아들 김정은이 그의 공식적인 후계자로 대두되었기 때문이다. 김일성종합대학을 졸업한 국내파이며 김일성의 곁에서 그의 사상과 혁명전통을 학습하며 후계지도를 받았던 김정일과는 달리, 김정은은 김일성으로부터 한 세대 건너뛴 신세대이자 서방국가인 스위스 유학파이다. 서양문화와 서양음악을 충분히 접했을 지도자가 들어선다면 향후 '주체음악'의 실천이나 음악의 개방, 서양음악의 수용에 얼마만큼의 변화가 나타날지 참으로 궁금하다. 더불어 김일성과 김정일, 그리고 김정은으로 이어지는 3대에 걸친 권력 세습이 어떤 형태의 우상화 음악정책으로 풀이될지 귀추가 주목된다.

▲ 평양의 공공건축물에 내걸린 김일성의 사진과 찬사 "위대한 수령 김일성 동지는 영원히 우리와 함께 계신다".

박정희,
국가 근대화
프로젝트와 음악

송화숙

박정희 (朴正熙, 1917~1979)

1917.11.14.	경북 선산군 구미면 상모리 출생
1961.05.16.	군사 쿠데타
1961.07.03.	국가재건최고회의 의장 취임
1963.10.15.	5대 대통령 당선
1964.06.03.	6·3 한일회담 반대 시위, 비상 계엄령 선포
1965.01.08.	베트남 파병 결정
1967.05.03.	6대 대통령 당선
1970.04.22.	새마을 운동 제창
1971.04.27.	7대 대통령 당선
1971.12.06.	국가비상사태 선포
1972.10.17.	유신체제 선포, 비상 계엄령 선포
1972.12.23.	8대 대통령 당선
1974.01.08.	긴급조치 1호 선포
1975.05.13.	'국가안전과 공공질서의 수호를 위한 대통령 긴급조치' (긴급조치 9호) 선포
1978.07.06.	9대 대통령 당선
1979.10.26.	궁정동에서 중앙정보부장 김재규가 쏜 총을 맞고 사망

슬픈 '근대'의 자화상

'근대'라는 단어는 일종의 강박이었다. 서구의 신문물들이 밀려들기 시작했던 개화기부터 일제라는 식민지 억압의 시기를 지나 해방과 전쟁이라는 혼란 정국을 거쳐 국가 재건이라는 슬로건이 강력한 사회적·정치적 의제로 전면에 부각되기 시작했던 1950년대 후반에 이르기까지 근대는 끊임없이 환기되고 끊임없이 재생되어왔다. 박정희 군사 독재 정권 시기인 1960년대와 1970년대에 이르러 근대란 국가가 나아가야 할 일종의 이상적 모델로 상정되었으며, 이에 따라 전체 국민 모두가 이 원대한 목표를 향해 동원되어야만 했다.

　서구의 경우 수세기에 걸쳐 진행되어왔던 근대화라는 역사적 과정은 어떠한 단편적 시각과 관점에서 해석될 수 있는 것이 아니다. 경제적인 차원에서 근대는 노동력이 상품화되는 자본주의적 경제 질서의 확립을 의미하고, 정치적인 차원에서 의회민주주의의 성립으로 대표되는 근대적 정치 제도의 확립이라는 특징을 지니며, 철학적인 측면에서 진보·이성·합리성·과학적 정신으로 대변되는 새로운 인식론적 차원을 의미하기도 하고, 사회학적 측면에서 전통적인 주술과 마술의 세계를 벗어나 합리적인 판단을 근거로 하는 생활 및 사회양식의 구현과 근대적 주체의 형성을 뜻할 수 있다. 따라서 근대란 다양한 차원의 의미들이 서로 결합하고 교차하고 엇갈리는 총체적인 과정으로서 이해되어야 하며, 이들이 맺게 되는 관계와 지평에 따라 근대화라는 상(像)에 대한 평가 역시 다양하게 산출될 수 있을 것이다.

특히 근대화 경험과 식민지 피지배 경험이 긴밀한 역학 관계를 이루며 형성되어갔던 한국의 경우를 고려해본다면 근대화에 대한 보다 다층적이며 다각적인 접근이 요구됨을 확인할 수 있다. 소위 압축적이라 불리는 한국의 근대화 과정은 전통적인 사회구조의 붕괴, 급격한 서구화, 산업화, 도시화 등을 수반하고 있으며 이들에 대한 가치 평가는 단순한 이분법적 구도를 비껴가고 있다. 김진송이 지적한 바처럼, 근대성을 둘러싼 한 축의 표상 체계에서는 '서양=산업화=도시화=발전된=훌륭한 것'의 반대편에 '동양=비산업적=농촌=저개발=나쁜 것'이 위치하지만, 다른 한 축에서 '민족적=전통적=주체적=소중한=좋은 것'과 '서양적=현대적=비주체적=천박한 것=나쁜 것'이라는 대립적 표상 체계 역시 동시적으로 작동하고 있기 때문이다.

이러한 상반되고 모순된 가치 축들이 가장 첨예하게 부딪히고 상충할 수밖에 없었던 것이 바로 1960년대에서 1970년대에 이르는 박정희 시대다. 1961년 5·16 군사 쿠데타를 통한 권력 장악 이후 박정희 정권이 보인 정치적 행보는 경찰과 군대를 통한 폭력과 억압이라는 일관성을 가진다. 비상계엄령, 위수령, 휴교령, 비상사태, 긴급령 등 5대에서 9대에 이르는 대통령 재임[1] 18년 동안 평균 1년에 한 번 이상 비정상적 조치들이 이어졌다

(표 1 참조). 자신의 정치적 권한이 위협받는다고 판단될 때, 정권이 표방하는 정치적 목표에 반대하는 의견이 일정 선을 넘는다고 판단될 때, 정권의 장기화 같은 무리한 정치적 사안에 대한 사전안전조치가 필요하다고 판단될 때, 예외 없이 국가 전체에 '비상 알람'을 울려댔다. 이 굉음에 대한 정당성을 보장한 것은 군사적 물리력만이 아니었다. 그보다 더 강력한 효과(최소한의 국민적 동의와 합의를 끌어냈다는 점에서)를 발휘했던 것은 '반공주의', '발전주의', '개발주의', '국가·민족주의' 등의 이데올로기적 장치들이었으며, 이들 모두를 아우르는 상위담론으로서 전면에 부각되고 강조되었던 것이 '근대화'라는 구호였다. 문제는 GNP 성장률로 대변되는 경제적 성장만이 근대성을 담보하는 유일의 가치로 부각되면서 여타 근대성을 구성하는 다양한 특질들은 삭제되거나, 배제되거나, 억압되거나, 변형되거나, 선택적으로 활용되었다는 점이다. 무리한 외자 도입, 선 성장 후 분배형 자본주의, 수출 의존형 경제모델, 재벌 특혜나 정경 유착에 의한 불균형적 경제구조, 저열한 노동조건, 하층계급의 정치적·경제적 착취와 소외, 정치 체제의 비민주성, 지역주의, 권위주의 등 오늘날에까지도 주요한 사회문제로 지적되고 있는 수많은 한계점들 위로 '한강의 기적'이라는 화려한 수사와 더불어 '전 세계에서 유래를 찾기 힘들다'는 경제 성장 신화가 놓여 있다. 그리고 '누구든 무조건 빨리 숨도 쉬지 않고 달려가야 할 곳'의 끝에는 근대화라는 이름이 서 있다.

박정희 시대가 끝난 지 30여 년이 지난 지금도 이 근대화의 신화는 계속되고 있다. '금세기 최고의 인물', '정부 수립 이후 최고 지도자', '한국 역사상 가장 존경받는 인물', '가장 좋아하는 국가 지도자', '가장 좋아하는 역대 대통령', '역대 대통령 중 국가 발전에 가장 기여한 인물' 등 IMF 경제위기 이후 10여 년간 각종 여론조사에서 박정희에 대한 평가는 압도적인

〈표 1〉 박정희 시대의 비상조치들[2]

1961. 5.	군사 쿠데타
1961. 5. – 1962. 12.	비상계엄령
1963. 10.	전국 비상계엄령
1964. 6.	비상계엄령(6·3 사태)
1965. 4.	휴교령
1965. 8.	서울 위수령, 고려대 등에 무기 휴교령
1967. 6.	대학 휴교령(총선 이후)
1971. 5.	교련반대시위 및 대학 휴업령
1971. 10.	서울 위수령, 10개 대학에 무장군인 진주
1971. 12.	국가비상사태 선포
1972. 10. 10.	10월 유신 선포와 전국 비상계엄
1974. 4.	긴급조치 4호 선포
1975. 2.	비상계엄령
1975 – 1979.	긴급조치 1~9호
1979. 10.	부산 비상계엄령 및 마산, 창원 위수령

우위를 차지하고 있다. 그러나 '왜'라는 관점에서 이 수치들에 대한 좀 더 면밀한 관찰이 필요하다. '정부 수립 이후 전직 대통령 가운데 한국 경제에 공헌도가 가장 높은 사람'으로 정주영, 이건희를 제치고 박정희가 1위를 차지하고 '대한민국 건국 이후 국부 형성에 가장 많은 기여를 한 사람' 도 역시 박정희가 꼽히고 있다. '민족의 가장 큰 업적'으로는 새마을 운동 (40.2%), 서울올림픽 유치(30.1%), 경제개발 5개년계획(29.9%), 경부고속도로

건설(18.8%) 등 박정희 시대의 대표적 치적들이 높은 순위를 차지하고 있다. 이와 더불어 박정희 전 대통령에 대한 상세 여론 조사에서 밝혀진 흥미로운 사실은 "경제 성장 등 잘한 점이 더 많다: 81.8%, 독재 및 인권탄압 등 잘못한 점이 더 많다: 15.6%[3]"이란 압축적인 결과다. 말하자면 잘한 것과 잘못한 것을 하나씩 서로 '퉁치다 보니' 잘한 것이 더 많고, 그래서 '잘못한 것보다 잘한 것이 더 많은 대통령'이란 결론에 이르게 된다. 언론 탄압에 대해서 고속도로 건설은 비교우위를 점한다. 인권 탄압에 대해서 수출 백만 달러 달성이 비교우위를 점한다. 노동자의 노동력 착취에 대해서 제철 공장 설립이 비교우위를 점한다. 수차례의 공약 번복과 장기 독재에 대해서 GNP 성장률은 비교우위를 점한다. 이는 몇몇 보수 언론과 단체에 의해 조장된 단순한 영웅 신화도, 잠깐 스쳐 지나갈 신드롬도 아니다. 그 이면에는 개발, 성장, 경제지표 등의 단어들을 최상의 가치와 최종의 목표로 설정해야만 했던 근대라는 상상체가 있으며, 수십 년간에 걸쳐 철저하게 습득되고 체득된 근대라는 경험이 있다. 과거를 바라보는 지금 현재의 눈 속에 비춰진 것은 그 안에 깊게 각인된 슬픈 근대의 자화상이다.

음악을 통한 일상과 육체의 규율화

나치즘으로부터 멀리 벗어나 있던 나는 뜻하지 않은 길목에서 그것과 마주쳤다. 그것은 바로 나치 국가의 이데올로기적 요구가 자연스럽게 침투해 들어간 체조와 체육 과목이었다. 히틀러는 '남성적인 힘을 강고하게 구현하는 것'을 새로운 이상적 인간형으로 선언했고, 체조선생은 그 덕을 보았다. …… 갑자기 체육관과 육상 트랙이 사회적 욕구를 발산하는 장소가 되었다. …… 육체를 움직임으로써 성욕을 억제하려는 젊은이들의 욕구, 기꺼이 신체적 경쟁에 뛰어드는 그들의 성향이 나치 국가의 이데올로기와 함께 '제3제국'의 운동장에서 자연스럽게 어우러지고 있었다.[4]

박정희 시대 당시 첨예한 정치 문제나 사회 문제에 적극적인 개입을 유보하고 있던 대다수의 사람들 역시 '뜻하지 않은 길목'에서 독재와 마주쳐야만 했다. 그것은 일상생활 바로 그 자체였다. 5·16 쿠데타 이후 최고의 권력기관으로 자리 잡았던 국가재건기구는 혼란스러운 정국을 수습하며 사회 정화라는 기치 아래 직속기관으로 재건국민운동본부를 설치하고 1961년 6월부터 국가재건범국민운동, 이른바 '신생활운동'을 전개하기 시작한다. "전 국민의 청신한 기풍을 진작시키고 반공이념을 확고히 하는 데 그 목표를 두고 있는" 이 운동은 "용공중립사상의 배격"과 더불어 "근면정신의 고취", "생산 및 건설 의식의 증진" 그리고 생활 영역 곳곳에 대한 실천 요강을 제시하고 있다. "내핍생활의 이행"이라는 항목에는 절미, 절전, 절수, 외래사치품의 배격, 유흥의 자제, 간소복의 착용 등 도시민의 절제 생활과 관혼상제 및 기타 일반 의식의 간소화를 권장하고 있으며, 건전한 예술적 취미를 갖게 하기 위해 국민가요의 보급운동과 국민개창운동을 전개했다. 그리고 국민들의 체위 향상을 위해 재건국민체조를 제정 보급하며 개인위생보건의 증진과 각종 운동경기를 적극 장려함을 공시한다. 이 시책에 따라 재건체조, 국민가요, 남녀신생활복이 제정 보급되기 시작하고, 이어 1962년 단기연호는 서력으로 전환되었다. 같은 해 5월에는 주민등록제도가 실시된다. 1962년 처음 제정된 산아제한정책의 "덮어놓고 낳다 보면 거지꼴을 못 면한다"라는 표어는 1970년대 들

▲ 상단 왼쪽으로부터 시계 방향으로 국민교육헌장선포, 건전사회를 위한 부녀자 궐기대회, 교련수업, 가족계획 계몽 포스터.

어 "아들 딸 구별 말고 둘만 낳아 잘 기르자"로 이어지고, 1965년부터는 혼분식 장려정책이 실시되었다. 한편 김신조 간첩사건(1968년 1월 21일) 이후인 1969년에 향토예비군이 창설되었으며, 같은 해 고등학교와 대학교에서 교련수업이 의무화되었다. 1971년부터 각 극장에서는 영화 상연 전 애국가가 울려 퍼졌으며 이어 국기에 대한 맹세가 보급되었다. 1973년 경범조치법 개정으로 남성의 경우 장발 단속, 여성의 경우 미니스커트 단속이 시작되었다. 1976년부터 전국에 반상회가 실시되었으며, 1978년부터는 오후 6시 국기 하강식 때 전 국민이 부동의 자세로 국기에 대한 경례를 해야 했다.

즉, 국가라는 거대한 권력기제가 한 공동체 개별 구성원들의 기본적인 의식주 및 교육뿐 아니라 사적 영역에서의 취미, 취향, 성생활까지도 개입하기 시작했다는 것이다.

푸코는 "어떤 사회에서나 신체는 매우 치밀한 권력의 그물 안에 포착"되고 "권력은 신체에 대한 구속이나 금기, 혹은 의무를 부과해왔다"고 지적한다. 그에 따르면 근대화의 과정에서 "신체란 권력의 대상이자 표적이란 측면에서 새로이 발견된 것"으로, 권력에 의해 만들어지고 교정되며 복종하거나 순응하도록 재구성되는 어떤 것이다. 푸코가 들고 있는 흥미로운 예는 근대화 과정을 거치면서 어떻게 '농민적 신체'가 '군인적 신체'로 재구성되었는가를 보여주는 것이다.

> 18세기 후반이 되자 군인은 만들어지는 그 어떤 것이 되었다. 사람들은 틀이 덜 잡힌 체격, 부적격한 신체를 필요한 기계로 만들면서 조금씩 자세를 교정시켜 나갔다. 계획에 의거한 구속이 서서히 신체의 각 부분에 두루 퍼져나가 각 부분을 마음대로 지배하여 신체 전체를 복종시키고, 신체를 언제든지 마음대로 사용할 수 있게 한 것이다. 이러한 구속은 습관이라는 무의식적인 동작을 통하여 암암리에 그 작용을 계속하게 된다. 요컨대 '농민의 몸가짐을 추방해' 버리고, 대신에 '군인의 몸가짐'을 심어준 것이다.[5]

　그의 논의에서 주목해야 할 것은 권력이 신체에 개입하는 방식이 더 이상 고문이나 폭력 등의 가시적인 억압기제에만 한정되는 것이 아니라는 점이다. 그가 정의하는바 "권력행사의 한 양식"이자 "권력이 신체에 가하는 구체적인 기술" 또는 "권력의 물리학이자 해부학"은 '규율'이다. 즉, 규율을 통해 인간의 신체는 권력에 적합한 신체, 혹은 권력이 요구하는 효율적인 신체로 재구성되며, 이를 통해 권력은 스스로의 폭력성을 드러내지 않으면서도 자신의 기능을 효과적으로 수행할 수 있다는 것이다. 요컨대 규율화된 신체는 이미 권력이 작동되는 방식 그 자체다.

푸코의 논의를 바탕으로 한다면, 박정희 시대는 국가권력이 규율화를 통해 전 국민을 근대적 신체로 개조시키는 시기였다. 개화기와 일제 강점기를 거치면서 진행되어온 근대적 규율은 바로 이 시기를 통해 일상생활의 깊숙한 곳까지 침투했으며, 이러한 과정을 보다 효율적이고 강력하게 추동시켰던 것이 '음악'이다. 세상은 온통 무언가를 지시하는 '음악'으로 가득 차 있었다. 군대의 나팔 소리처럼 라디오와 텔레비전에서는 애국가로 하루의 시작과 끝을 알렸으며 "국민체조 시~~작, 헛, 둘, 셋, 넷"이라는 소리인지 음악인지 모를 무언가에 맞춰 '건강한 육체'가 깨어나야 했다. 쓰러지는 아이들이 적어도 한 명은 있었던 애국조회에서는 사이렌 소리에 맞춰 국기에 대한 맹세를 다짐해야 했고, 군복 차림의 교련 교사가 부는 호루라기에 맞춰 구령 소리, 기합 소리가 울려 나왔다. 매일 아침 교실에서는 입을 모아 국민교육헌장을 외우는 아이들의 목소리가 울려 나왔고, 점심시간에는 '혼분식의 노래' 소리가 흘러나왔다. 온 국민이 일시 정지해야만 했던 국기 하강식에도 어디선가 예의 그 '음악'이 흘러나왔고, 자정 통행금지를 알리는 사이렌 소리나 한 달에 한 번 민방위 훈련을 알리는 사이렌 소리가 울리면 북적거리던 거리는 갑작스레 휑해졌다.

공제욱이 지적하듯, 당시 국가가 필요로 했던 조국 근대화의 논리는 일사불란한 동원, 효율적 생활, 근검/절약, 강도 높은 노동, 발전된 미래를 위한 희생 감수 등이었다. 이러한 원칙에 입각하여 어떠한 비효율성도 적극적으로 배제시켜야 했고, 전 국민은 군대와 같은 조직으로 거듭나야 했다. 푸코식으로 표현하자면, 전근대적인 '농민적 신체'는 근대적으로 규율화된 '군인의 신체'로 재구성되어야만 했으며, 보이지 않는 권력을 통한 규율화의 작동을 알리는 가장 효과적인 수단이 '음악'이었다. 효율성이라는 측면에서 전국 각 지역 군소 단위마다 감시자를 하나씩 투입하는 것보다 스피커를 통해 사이렌 소리를 울리는 것이 훨씬 월등하기 때문이다. 이 같은 사실은 박정희 정권이 집권 초기부터 '앰프촌 사업'을 이어받아 '농어촌 라디오 보내기 운동'을 적극적으로 시행했다는 점에서 확인된다. 라디오가 본격적으로 보급되기 이전인 1950년대의 방송수신기 보급은 상당 부분 유선방송, 흔히 '앰프 방송' 또는 '스피커 방송'이라고도 불렸던 것에 의존하고 있었다. 앰프 장치에 의해 수신된 방송을 유선스피커에 전달하여 방송을 듣게 하는 방송 보급 방식이었다. 1957년 7월 '방송 보급의 확대'를 위한 방안으로 경기도 광주군 역리에 시험적으로 앰프 시설과 스피커를 가설하였고, 이후 앰프촌 사업은 1957년부터 1961년까지 전국 400여 곳의 농어촌 마을에 앰프 시설을 무상으로 설치함으로써 더욱 확대된다. 1950년대 말 당시 라디오 수신기의 생산은 30만 대를 넘어섰고, 1960년에 42만여 대였다가 5·16 군사 쿠데타 이후 '외제 라디오 수입 규제'와 '농어촌 라디오 보내기 운동'을 통해 급격한 생산 증대를 보여, 1961년에 이르러서는 100만 대 이상을 생산하게 된다. 이에 라디오는 점차 기존의 앰프 시설을 대체하거나 흡수해나가기 시작했고, 텔레비전이 본격적으로 보급되기 시작하는 1970년대 중반까지 가장 주도적인 매체이자 가장 영향력 있는 매체로 자리 잡게 된다.

당시 앰프나 라디오가 가진 '음악' 전달체로서의 위력은 '국가시책의 앵무새' 역할을 넘어서고 있다. 1977년 한 신문기사는 그 영향력을 "생활에서 의식까지를 변화시키는 전령"으로 다음과 같이 상세히 기술한다.

> 깊은 산골, 닭의 홰치는 소리나 '음메'하는 송아지의 울음소리, 마을 한복판의 정자나무 꼭대기에서 목이 쉬도록 울어대는 매미 소리가 한가롭기만 하다. 우리네 농촌. 이제는 빨강, 초록, 파란 색깔 등으로 울긋불긋 도색된 마을의 기와지붕 사이를 뚫고 서 있는 스피커를

통해 울려나오는 쩌렁쩌렁한 마을지도자의 목소리에 그 한가로운 풍경이 사라져가고 있다.

입을 쩍 벌린 채 마을 지도자의 목소리를 토해내는 위세가 당당하기만 하다. 이것이 농촌 근대화에 일익을 맡아왔다는 앰프 시설. 매일 상오 6시 우렁찬 애국가가 잠든 마을을 깨운 데 이어 '안녕하십니까 이장 ○○○입니다. 오늘은 대청소일이오니 모두 비를 들고 나와 마을을 깨끗이 청소합시다'란 방송이 계속된다. 이어 「새마을 노래」, 「잘살아보세」, 「나의 조국」, 「조국찬가」 등이 한 시간 동안 마을에 울려 퍼진다. 마을 사정에 따라 첫 방송시간은 다르다. 어떤 곳은 상오 5시, ㅎ또 다른 곳은 상오 6시 30분 등 일정치는 않다. 이렇게 해서 농촌의 하루는 시작되는 것. 방송은 한 시간이 멀다 하고 이어진다. …… 방송 내용은 이것뿐만이 아니다. 마을의 청소 방법부터 쥐잡기 요령, 예비군 민방위대 소집통고, 정부시책 피아르는 물론 도·군·면의 주요사업 실적보고, 시비 방법, 세금납부일자 통고, 각종 농수산물 수매값 및 수매일자 통고, 새마음 갖기 운동, 송아지출산장려금 지급요령 등 각종 공지사항과 업적 피아르가 홍수처럼 쏟아져 나온다. 이들이 하루 평균 적게는 5차례, 많을 때는 20여 차례까지 각종 업적 피아르나 공지사항을 쏟아놓는 것이다. …… 농가의 생활 구석구석까지 이 방송은 건드려 나가며 오늘의 농촌질서를 잡았고 어쩌면 규격화시켜왔다고 해도 지나친 표현은 아닐 것 같다. 이렇게 해서 농촌의 찌든 구습을 벗겨내고 새 시대의 새 생활을 익히게 됐다는 것이 이 농촌지도자의 말이다. 어쨌든 앰프시설 및 확성기를 통한 주입식 농촌계도는 또 하나의 새 모습을 형성해가고 있다. 종전 마을의 잔치 때마다 할아버지 할머니들이 흥겨워 부르던 우리 고유의 창이나 타령, 노랫가락들이 뜸해지고 대신 「새벽종이 울렸네」, 「어제의 용사들이」 등 새마을 노래나 예비군 노래가 마을 잔치 분위기를 휘잡는다.

이들 노래는 대부분의 농촌에서 확성기를 통해 날마다 들어와 무의식중에 익힌 터라 전체 마을주민이 모두 알고 있는 인기 1위의 합창곡이기 때문. 그래서 온 주민이 함께 부르는 애창곡이 돼버렸다. …… 농촌의 앰프방송은 항상 애국가로 시작돼 애국가로 끝나는데…….[6]

혁명정부 초기의 국가재건국민운동은 1970년대에 들어 새마을 운동이라는 새로운 양상으로 이어지며 확대 재생산된다. 1960년대의 '조국 근대화' 이념은 새마을 운동을 통해 '농촌 근대화'까지 포괄하며 확장되었고, 이는 점차 '정신적 근대화' 형태를 띠면서 생활과 정신에서의 쇄신이라는 측면을 강조하게 된다. 특히 1970년대 초반부터 불거진 정치·경제적 불안정이 '유신체제'라는 폭압적 상황으로 이어지게 되면서 새마을 운동은 "유신의 이념과 한국적 민주주의의 구현"으로까지 표방된다. 이러한 과정에서 '농촌'으로 상징되는 '전근대적 공간'은 '근대화'로 거듭날 필요가 있었고, 농민이라는 '전근대적 주체와 신체'는 국가의 정치적·경제적 목표에 부합하는 '생산적이고 효율적인 근대적 주체'로 개조되어야 했다. 위의 인용문은 바로 이러한 지점에서 음악이 어떠한 규율의 역할을 담당했는지 정확히 드러내준다. 앰프에서 흘러나오는 규율의 소리들은 "농촌의 찌든 구습을 벗겨내고 새 시대의 새 생활을 익히도록 했으며" 전통의 "창이나 타령, 노랫가락들은 무의식중에 익힌 새마을 노래나 예비군 노래"로 대체되었다.

1970년대 내내 하루에 적어도 두세 번은 듣고 따라 불러야 했던 「새마을 노래」와 「나의 조국」의 작사·작곡자가 박정희라는 사실은 익히 잘 알려져 있다. 물론 두 곡에 대한 저작권이 본인에게 있다는 사실은 "스스로 밝힌 것이 아니라, 굳이 밝히려고 한 것은 아니지만, 어쩌다보니 알려지게 된 것"이다.「새마을 노래」와「나의 조국」이 각각 일본 요나누키 장음계(도-레-미-솔-라)와 요나누키 단음계(라-시-도-미-파)를 바탕으로 한 군가풍 2박 계통의 리듬이라는 점에서, 박정희 시대 강력하게 근절하고자 했던 '왜색성'이 되려 '애국가요'라는 이름으로 되살아나 전 국민에게 밤낮으로 불렸다는 것은 아이러니다.

그러나 엄격한 음악적인 시각에서 장르나 음계를 밝히는 것보다 이 노래들이 상징적 차원에서 철저한 규율의 역할을 담당했던 것임을 고려할 필요가 있고, 이러한 연장선상에서 고찰했을 때 이 시기에 노래 부르기의 중요성이 왜 그토록 부각되었던가를 이해할 수 있게 된다.

"명랑하고 씩씩하게" 노래 부르기

한 나라의 음악을 들으면 그 나라의 정치를 알 수 있다. 명랑하고 씩씩한 노래가 불릴 때 나라의 정치가 올바로 되어가는 것을 짐작할 수 있으며 어둡고 슬픈 노래가 불릴 때 나라의 정치가 점점 썩어 들어가는 것을 직감할 수 있다. 이렇게 생각하면 노래야말로 한국의 '얼'을 되찾는 데 있어서 다른 어떤 예술보다도 가장 큰 비중을 차지하고 있다고 말할 수 있다.[7]

국가를 구성하는 개개인을 기계화된 근대적 신체로 재구성한다는 박정희 시대의 거대 프로젝트는 앞서 지적했듯 정신 개조라는 측면까지도 포괄하고 있었고, 여기에는 이 체제가 어떠한 정서와 감정을 지향해야 하는가에 대한 방향성 역시 포함되어 있다. 박정희 시대에서 가장 권장되어야 할 최선의 감정과 정서는 무엇보다 '명랑성'이었다. 유선영에 따르면, 이전까지 존중되는 감정이 아니었던 명랑성은 20세기에 들어 자본주의가 확산되고 노동의 가치가 중시되면서 장려되어야 할 정서가 되기 시작한다. 적극적이고 유능한 노동력의 표상이자 중산층의 행복을 재는 척도로서의 명랑성은 1930년대에 이르면 건강성, 감정통제력, 기쁨, 신중성의 감정과 함께 노동력의 표준이자 지배적인 감정이 되었다는 것이다.[8] 이러한 명랑성이 가장 강조되었던 시기가 1930년대 파시스트 체제하였다고 보고되는데, 나치의 오락영화 장르 중 '명랑영화'로 지칭된 코미디와 뮤지컬이 나치 체제하에 제작된 총 영화 중 절반에 이른다는 것과 1939년 독일군이 폴란드를 침공하면서 전쟁이 발발하게 되자 라디오 방송에서 정책적으로 '명랑한 음악'을 틀었던 것이 그 대표적 예이다.

 박정희 시대 국민개창 운동은 1960년대 초 국가재건 운동의 '국민개창 운동'에서 출발하여 '노래의 메아리'(1962), '다함께 노래 부르기'(1967) 등 다양한 명칭을 가지고 끊임없이 이어진다. 이 '국가주도형 노래 부르기 운동'의 연원은 일제 강점기 시대 식민지 문화전략의 일환이었던 국민가요 및 건전가요 개창운동으로 거슬러 올라가는데, 해방 이후 그 성격을 달리하면서 이어져 나갔다. 국민개창 운동은 박정희 정권, 특히 1960년대 중반 이후 공보부 및 정부 각 기관에 의해 확대 추진되면서 국가시책 및 정세와 밀접한 관계에 놓이게 되는데, 예컨대 6대 대통령 당선과 제2차 경제개발 5개년 계획의 실시 이후에는 "제2차 경제개발 5개년 계획 사업추진에 이바지한다"는 목표가, 1970년대 새마을 운동과 유신체제 이후에는 각기 "10월 유신과 새마을 운동의 정신 구현"이라는 과제가 추가된다.

노래를 통해 국가에 유용한 인간형, 말하자면 순

종적이고 복종적이며 근면하고 성실한 노동력을 제조한다는 목표하에 도대체 어떤 노래를 듣고 불러야 하는가. "명랑하고 씩씩함"을 기조로 관제 주도하에 만들어진 이 노래들은 때로 '국민가요'라고 불리기도 했고, 때로 '애국가요'라고 불리기도 했으며, 때로는 '건전가요'라고 불리기도 했다. '가정가요'나 '생활가요'라고 불리는 경우도 있었다. 이들은 "순수 예술가곡과 달리 국민들의 정신 도

▲ "씩씩하면서도 명랑하게" 불러야 했던 박정희 작사·작곡의 「새마을 노래」 악보

야와 계몽을 위한 가곡이다. 정부와 관계자들에 의하여 만들어지는 경우도 있지만 대부분 그 나라의 우수한 시인과 작곡가에 의하여 창작되는데, 진취적이고 명랑하며 힘찬 내용"[9]을 담아내야 했다.

"명랑하고, 씩씩하고, 진취적이고, 힘차다"는 기준은 명확했으나 어떤 노래가 이들 기준에 적합한 것인지 실제 모델이 있었던 것이 아니었으므로, 집권 초창기 국민개창 운동을 시행하는 데 골칫거리였던 것은 국민가요 제정에 관한 문제였다. "저속한 대중가요에서 탈피하여 새롭고 현대감각에 맞는 가요와 민요를 제정 보급함으로써 국민정서를 함양하고 명랑하며 건전한 국민생활을 이룩한다"는 목표하에 1960년대 초반 국민개창 운동에 의해 선정된 곡들은 대개 기존의 동요나 민요, 혹은 이미 해방 후의 건전가요 목록에 포함되어 있던 곡들이 주조를 이루고 있었다. 이러한 레퍼토리의 빈곤 문제는 이후 지속적인 '방송사 주최 신작 공모전'이나 '정부 주최 건전가요 공모전' 그리고 '기존 음악가들에게 위탁' 등을

통해 점차 해소되어 나갔고, 1960년대의 대표적인 애창가요 선정곡으로는
「잘살아보세」, 「올해는 일하는 해」, 「살기좋은 내고장」, 「웃음진 하루」
등이 꼽힌다.

잘살아보세

(한운사 작사, 김희조 작곡)

1. 잘 살아 보세 잘 살아 보세 우리도 한번 잘 살아 보세
   금수나강산 어여쁜 나라 한마음으로 가꿔가며
   알뜰한 살림 재미도 절로 부귀영화 우리 것이다
   잘 살아 보세 잘 살아 보세 우리도 한번 잘 살아 보세

2. 일을 해 보세 일을 해 보세 우리도 한번 일을 해 보세
   태양너머에 잘 사는 나라 하루아침에 이루어졌나
   티끌도 모아 태산이라면 우리의 피땀 아낄까보냐
   일을 해 보세 일을 해 보세 우리도 한번 일을 해 보세

3. 뛰어가 보세 뛰어가 보세 우리도 한번 뛰어가 보세
   굳게 닫혔던 나라의 창문 세계를 향해 활짝 열어
   좋은 일일랑 모조리 배워 뒤질까보냐 뛰어가 보세
   뛰어가 보세 뛰어가 보세 우리도 한번 뛰어가 보세

'잘살아보자 부귀영화 누리며(경제개발), 일하자 피땀 아끼지 말고(근면
노동), 뛰어가자 세계 어디에도 뒤지지 않게(조국 근대화)'. 아마도 이 시대의
정신이 가장 압축적으로 드러났다고 해도 과언이 아닐 이 노래를 표본

삼아 "명랑하고 씩씩한" 국민정신 구현을 위한 국민개창 운동은 새마을 운동 시대인 1970년대 들어 더욱더 계획적이고 세부적으로 실행된다. 특히 '애국/건전/국민가요' 레퍼토리가 확보되어감에 따라 이를 더욱 효율적으로 '보급'하는 것이 주요한 과제로 부각되면서 국민개창 운동의 방향은 '음반 제작사업'과 '합창운동', 즉 '듣게 하기'와 '부르게 하기'라는 두 가지 측면에 집중된다.

1960년대에는 거의 흔적을 찾아보기 힘든 '건전/애국/국민가요 음반'이 본격적으로 등장하기 시작한 것은 1970년대에 들어서면서부터였다. 이는 1969년 3선 개헌, 1970년 전태일 분신자살, 야당 김대중 후보를 힘겹게 누르고 당선된 1971년 7대 대통령 선거, 1972년 유신체제 선포, 1974년부터 1975년 사이의 긴급조치로 이어지는 일련의 정치적 불안상황과 맞물리면서 불어닥치기 시작했던 '퇴폐풍조 단속' 및 '퇴폐가요 정화' 작업, 그리고 그 연장선상에서 이루어진 대대적인 '대중가요 금지곡 선정'과 무관하지 않다. 1972년 《국민가요 일하는 즐거움 새나라 노래집 제1집》으로부터 시작하여,

- 《국민가요 일하는 즐거움 새나라 노래집》(제1집, 1972년 1월 6일)
- 《애국가요모음1집》(광복 30년의 노래/새마을 아가씨, 1975년 9월 25일)
- 《애국가요모음2집》(전우/어머님의 은혜, 1976년 5월)
- 《애국가요모음3집》(이기자 대한건아/즐거운 아리랑, 1976년 5월 12일)
- 《다함께 부르는 건전국민가요 1집, 새마을의 노래/일하는 해의 노래/신세기체조》(1975년 7월 25일)
- 《다함께 부르는 건전국민가요 2집, 나의 조국/민방위의 노래/조국찬가》(1975년 12월 1일)
- 《국민건전가요20곡 1집 싸우면서 건설하자》(1972년)

- 《국민건전가요20곡 2집 나의 조국》(1976년)
- 《국민가요20곡집》(문화공보부, 국방부, 내무부 제정, 1976년 6월 1일)
- 《새국민건전가요21 애국가/나의 조국》(1977년 2월 5일)
- 《새마을의 대합창, 국기에 대한 경례/민방위의 노래》(1977년)
- 《건전가요합창모음 제1집 나의 조국/새날은 왔네》(1978년 4월 10일)

등 당시 쏟아져 나온 음반들을 한마디로 표현하자면 '대동소이', 다시 말해 세부 곡목에서 국가시책에 따르는 신곡들이 추가되는 등 약간씩의 차이는 있으나 크게 보면 그다지 다르지 않았다. '국민'은 곧 '애국'이고 '애국'은 곧 '건전'이며, 그러므로 **국민들이 응당 즐겁고 명랑하게 불러야 할 노래들은 국가적 요구에 부응하는 노래여야 함**을 일관되게 주장한다는 점에서 그렇다.

이렇게 음반화된 '국가지정 공식가요'들은 라디오와 텔레비전 등 각종 미디어를 통해 전국 방방곡곡, 각급 단위 학교 및 직장에 전파되도록 했다. 심지어 교통부는 각 시도(市道)에 "고속버스, 시외버스, 전세버스, 택시 등 대중교통수단 차량에서도 새마을 노래 등 건전한 음악방송만 틀 것"을 지시, "일정 계몽 기간을 거쳐 철저히 단속해서 행정처분하도록 했는데, 교통부도 자체 조사반을 구성해 암행조사를 한다는 소식"까지 전하는 등 이 노래들이 미치는 범위는 요컨대 '국가 전체, 일상 전체'였다.

음악을 통한 신체의 규율화란 측면에서 박정희 시대에 철저하고 집요하게 추진되어온 것은 무엇보다 '합창운동'이었다. "합창은 새삼스러운 것은 아니지만 직장근로인이나 대중으로 하여금 근로의욕과 탄력 있는 활기를 배양해주며 밝은 분위기를 만들고 단합을 꾀하는 데 더할 나위 없는 효과가 있는 것"[10]으로 "여럿이 합창하기 위해서는 협동해야 하기 때문에 애국심, 단결심, 민족의 얼을 가장 잘 심어줄 수 있어 건전가요

운동에 앞장이 된다."[11] 이것이 당시 합창에 대한 기본적인 인식이었다. 학교 운동장이나 극장, 광장 등에서 누구나 10곡 이상의 노래를 부르도록 하자는 목표를 가지고 추진되기 시작했던 '노래의 메아리' 운동을 비롯한 국민개창 운동은 각급 학교나 직장, 취미생활에서 합창단의 조직(어머니 합창단, 주부 합창단, 어린이 합창단, 중고등부 합창단, 직장 합창단 등)과 이들의 활성화 방안을 논하고 있다. 중고교 음악교사들은 "대대적인 합창운동을 통해 명랑하고 화기에 넘치는 학원 건설"을 다짐했고, 덕수궁에서는 매주 10개 정도의 합창단이 출연하는 노래의 밤을 만들어갔으며, 합창운동의 활성화를 위해 '학생합창대회', '합창음악회' 등 방송국, 신문사, 학교 주최의 각종 합창대회나 전문가 또는 아마추어의 합창음악회가 열렸다. 1966년 평론가, 작곡가, 지휘자, 성악가 등이 모였던 한 좌담회[12]는 당시 합창운동의 일면을 보여주고 있다.

> **이성삼** 합창은 보편성과 대중성이 그 바탕입니다. 악기 필요 없이 누구나 목소리를 가지고 자유로이 함께 부를 수 있으며 그 성과는 생을 건전하게 엔조이할 수 있다는 점이죠. 또 교가를 불러 정신을 통일시켰다는 이야기는 합창만이 갖는 효과죠.
> **이성삼** 외국에서는 다섯 명이나 열 명만 모여도 합창을 한다더군요. 요즘 아마추어 합창이 나오는 경향이 있는데 반가운 일입니다.
> **김금환** 국민개창 운동이 일어나 집안끼리 야외로 놀러가서도 합창을 하며 즐길 수 있어야죠. 요즈음 서울 시내 학교에 교사 단위, 학교 단위의 합창단을 만들고 주 1회씩 부르자는 공문이 내려지고 있습니다. 합창이 갖는 성격적인 중요성을 인식했나 봐요.
> **김규환** 직장 중심으로 되어야 발전합니다.

이 같은 합창운동은 1970년대 들어 새마을 운동과 연계하여 보다 체계적이고 세부적으로 확대 시행되기 시작한다. "합창운동을 통한 인간관계의 융합과 국민에게 신념과 희망을 주는 새로운 노래 보급"이란 기치 아래 합창은 곧 새마을 노래 운동의 기본 주축으로 자리 잡게 된다. 말하자면 '건전'과 '애국'과 '국민'의 대열에 '새마을'이 동참하게 되면서 새마을 노래는 건전가요, 애국가요, 국민가요의 동의어가 된다. 1972년 문공부는 '건전가요 제정 및 선전보급을 위한 개창운동' 사업내용을 발표하고 '건전가요 육성과 보급'에 주력할 단체로 '새노래부르기회'를 창립한다. 이 운동의 주요 시책은 다음과 같다. 첫째, 건전가요 기본 제정 편수는 1년간 1백 22편수로, 각 방송사와 음악 관련 단체(협회)가 월 1편씩을 창작한다. 둘째, 각종 매스컴을 활용한다. 셋째, 학교·단체·기업체·새마을 부락단위별 합창단을 만들어 월 1회의 자율적 연주회를 개최한다. 넷째, 가요 지도자를 육성하여 순회 지도를 한다. 다섯째, 건전가요경연대회를 개최한다.

　이 같은 시책에 따라 서울시는 200명 이상 직원을 가진 관공서나 기업체 등에 직장 합창단 조직과 어머니 합창단이나 어린이 합창단의 조직을 지시하고 이와 더불어 「잘살아보세」나 「일터로 가자」 등이 수록된 건전 애국가요 레코드를 배포했다. 이에 각급 구청단위에서 새마을 합창단이 조직되었고, 1972년 3월 한 달 동안 서울시가 구청별로 벌인 15개 항목의 새마을 사업 중 가장 많은 실적을 올린 사업으로 합창운동[13]이 꼽히기도 했다. 한편 1974년 문공부는 4,000만 원 이상의 예산을 투입하여 국민대합창운동을 벌이면서 "건전가요 보급과 합창활동을 범국민운동으로 전개"하여 "건전하고 생산적인 국민기풍을 조성"하고자 했는데 (1) 합창곡의 집중적 보급과 생활가요제정, (2) 방송음악의 정화, (3) 전국 각 마을 직장 등에 조직된 1,400여 개의 합창단을 2,200여 개로 확대, (4) 가창

▲ 1971년의 전국 건전가요 경연대회(좌)와 1972년 혼분식 실천시민대회에서 혼분식 노래를 부르는 합창단의 모습(우).

지도 강습 실시, (5) 전국적인 합창경연대회 개최 등을 주요 실천 사업으로 하고 있다. '어머니 합창대회', '전국합창대회', '건전가요 합창경연대회', '새마을합창경연대회', '국민대합창대회' 등 합창대회가 끊이지 않았으며, 가창지도나 강습 실시에는 가수들이 대거 동원되기도 했다. 이 총화단결의 대열에서 "우리는 손자손녀들과 가까이 지내기 위해 밝고 명랑한 노래 부르기 운동 '할머니메아리'를 전국에 보급한다"고 결의를 다지는 할머니 할아버지도 예외가 아니었다.

이렇게 박정희 시대의 애국/국민/건전가요는 철저한 국가적 차원의 관리에 의해 창작, 제정되었고 각종 대회나 '노래 부르기 운동' 이외에 음반회사나 방송매체를 통해 대대적으로 선전, 생산, 보급되어왔지만 경쾌한 행진곡풍으로 통일되다시피 한 "명랑하고 씩씩한"이 노래들은 "일본 군가나 대중가요와 그다지 차이가 없다"는 점에서 논란의 대상이 되기도 했다. 주로 예술음악계에 의한 이 같은 문제 제기는 "국민가요 작곡이 대다수 대중가요 작곡가에게 위촉된 점"을 지적하고, "'음악을 통한 국민정서의 순화'에 진정 열의가 있었다면 당국이 '국민가요'를 제정하는 단계에서 순수음악인들이 적극 참여"할 것을 주장함과 동시에 "일반대중을 대상으로 한 이른바 '국민가요'를 각급 학교 학생들에게까지 보급하려 한 당국의 무지와 과잉열의"를 비판하는 데까지 이어졌다.

그러나 무엇보다 문제였던 것은 이러한 관 주도형 노래운동 정책들이 실제로 그다지 성과를 보이지 못했다는 점이다. 나운영은 이러한 실패의 원인을 "국민가요가 대중을 이끌 만한 매력과 힘을 가지고 있지 못하다"는 데서 찾고 있는데 "스타일이 낡아빠졌고, 가사가 딱딱하고, 작품 자체가 무미건조한"[14] 이 노래들은 한마디로 재미없어서 잘 안 불렸다. 억지로 듣게 하고 부르게 하니 억지로 듣고 부르기야 하겠지만 결코 좋아할 수는 없었던 노래들. 대개 관(官)의 입장에서, 온갖 수단과 방법을 동원해도 들으라는 걸 안 듣고 다른 노래들을 불러대는 현상에 대처하는 방식은 '다른 노래들을 모두 없애버리면 들으라는 노래를 듣게 될 것'이라는 단순한 도식에 기대어 산출된다. 특히 전체성을 요구하는 강도가 높을수록 '나머지 것들'을 근절하고 일소하려는 강도 역시 높아지게 된다. 국민/애국/건전가요들의 반대편에는 반국가적이며 불순한 노래들이 놓여 있었고, 한쪽 편이 끊임없이 권장되었던 만큼이나 다른 한편은 끊임없이 금기시되어 왔다. 허용과 금기는 동전의 양면과 다름없으며, 국민/애국/건전가요의 반대편을 구성하고 있었던 것은 바로 대중음악이었다.

대중음악 잔혹사

언제 대중음악이, 또는 대중문화가 억압되지 않았던 적이 있었던가. 근대란 이름하의 역사에서 '대중'이란 레테르는 항상 사회적 규준과 가치가 그어놓은 금 위를 아슬아슬하게 오갔으며, 언제나 규제와 단속과 계도의 대상이 되어왔다. 엄밀한 의미에서 대중음악이라는 범주의 성립은 음악의 근대화 과정과 밀접한 관련이 있다.

18세기 후반 유럽은 계층·계급적으로 엄격히 구분되는 봉건적 사회구조가 몰락하고 국가체계라는 새로운 정치·경제·사회 질서가 성립되는 시기였으며, 이와 더불어 산업화·도시화·기계화가 본격적으로 추진되어가는 과도기적 시기, 즉 근대화의 시기를 거쳐가고 있었다. 이 과정에서 '부르주아'는 자본의 힘을 바탕으로 새로운 시대의 주역으로 등장하게 되고, 이후 19세기까지의 경과 과정에서 더욱 확고한 주도권을 장악하며 '국가'라는 새로운 토대 위에 '국가를 구성하는 국민 혹은 시민'으로서 가장 강력한 권력층으로 성장하게 된다. 이러한 변화과정과 맞물려 음악 역시 새로운 근대적 구조로 재편되는데, 음악에서의 생산과 재생산 방식, 수용 형태, 음악 지식, 음악적 가치 기준 들은 이전 시기와 다른 양상으로 제도화 및 조직화되어나가기 시작한다. 여기에서 특히 주목해야 할 것은 국가적 가치, 지향, 윤리, 도덕, 문화가 사회적 척도로서 작용하면서 '국가국민(Staatsbürger)'의 이상에 부합하고 '국가적 국민'을 형성하는 데 유용한 음악과 그렇지 않은 음악이 구분되어 분화되기 시작한다는 점이다. 즉, 국민의 교양과 교육 및 정서에 도움 되는 '국가국민적 음악'과 '그렇지 않은 음악', 국가국민적 기준이나 가치 척도에 부응하는 음악과 이 기준에서 벗어나는 것들의 분화이다. 전자는 '진지한, 좋은, 고급 예술음악', 소위 '클래식 음악'이라 불리게 되고, 후자는 '가치 없는, 질적으로 떨어지는, 의미 없는, 저급 음악'으로 전혀 다른 카테고리로 분류되는데, 여기에 '원시적 형태'의 민속음악과 '상업적 논리에 의한 기형적 형태'의 대중음악이 속하게 된다. 특히 '음악은 어떠한 음악 외적 논리로부터 자유롭다'는 '자율성미학(Autonomieästhetik)은 '창작자의 독창성', '기보화된 혹은 기보화될 수 있는 음악의 전승', '그 자체로 완결된 작품' 등으로 대변되는 미학적 기제를 통해 18, 19세기 예술음악에 대한 미적 우위를 보장하게 된다. 음악이란 곧 서구 예술음악만을 지칭하게 되며, 여타의 다른 '음악들'은 '너무 원시적이어서 앞으로 개발, 개선되면 언젠가 제대로 된 음악이 될 수도 있는' 민속음악이거나 혹은 '상업적 이윤 논리에 눈이 멀어 독창적이지도 않은 곡들이 마치 공장에서 찍어내는 것처럼 생산되는 막돼먹은' 대중음악이 된다.

한국의 경우 이 같은 음악에서의 분화과정과 이에 따른 위계화는 이미 일제 강점기인 1930년대 무렵부터로 추적될 수 있다. 상대적으로 일찍 서구의 문물과 제도를 받아들였던 일본의 피지배국으로 전락한 이후 서구화에 대한 갈망은 일종의 식민지 극복전략으로서 받아들여진 측면을 포함하고 있는데, 일제 시기 서구적인 것은 일본이라는 틀을 거치면서 수용될 수밖에 없었다는 것, 다시 말해 '일본화된 서양', '일본이라는 틀을 거친 서양'이란 점에서 서구화 및 근대화에 대한 양가적(ambivalent) 표상은 더욱 복합적인 양상을 띠게 된다. 이러한 과정이 정확하게 투사된 것이 서양음악의 수용과정이었다. 서구의 음악어법은 개항 이후 선교사들의 찬송가를 출발점으로 일제 시기를 거치면서 소위 '한국적 정착과정'을 보여주었다. 통칭 '양악'이라 불린 이 음악은 도입 초기 전통적인 '우리 것'에 대한 타자, 다시 말해 '우리 것과는 다른 음악'으로 인식되었을 뿐이었지만, 1920년대와 1930년대를 거치면서 점차 세분화되어가기 시작한다. 즉, 서구화를 이상적 근대화의 모델로 상정했던 측면에서 '지향해야 할 음악', '따라가야 할 음악언어', '철저하게 습득되어야 하는 것'으로서의 음악과 전통과 민족에 대한 훼손과 침략을 감행한 '비주체적이고 몰역사적이며 천박한 것'으로서의 음악이 그것이다. 음악이라는 범주에서 '서양'에 대한 이 모순적이고 양가적인 가치 축들의 엇갈림은 '예술음악'과 '대중음악'의 구분 그리고 이들의 위계화를 통해 표상화되어갔다.

거리마다 라우드스피커를 통하여 요란한 유행가가 들려 나온다. 길 가던 사람들은 발을 멈추고 이 높은 멜로디에 도취되었다. …… 이 와 같은 대중성을 띤, 대중의 발길을 멈추게 하는 유행가는 대중 교 화적 입장에서 문제를 삼아야 할 것이라고 본다. 우리들은 조선반 (朝鮮盤) 유행가에 있어서 그 비속성을 첫째로 매도한다. 그 비속성이 란 음란한 가사와 천편일률적인 멜로디에 있는 것이다. 물론 그 가사 전부가 다 그런 것은 아니라 하더라도 소위 대중의 말초 신경을 자극하는 따위의 가사가 그 대부분을 점령하는 것이다. 그리고 곡 자체로도 포근히 그 멜로디가 가지는 맑고 부드러운 정서 속에 도취케 하는 것이 아니요, 쓸데없는 성적 흥분 혹은 소란한 광란에 신경을 피로케만 하는 것이다. 좀 더 가사에 있어서 좀 더 곡에 있어서 고상한 정서적 감흥 속에 대중을 순화시킬 수는 없을까?[15]

가령 요사이 가두의 점포에서 울려 나오는 소위 유행가라는 것을 들어보면 어찌 귀를 씻고 싶은 생각을 금할 수가 있을 것인가? 첫째 그 음조나 가사가 퇴풍패속의 극도에 이른 것은 말할 것도 없으니 '뾰로통하면 싫어요'라는 둥 '알아 달라우요' 하는 따위가 그것이다. …… 자녀를 가르치는 선량한 가정에 만약 이러한 유행가가 침입한다면 그야말로 사회적으로 볼 때 한심한 일일 것이다. 유행가의 정화! 이것이 오늘 문화영역에 있어서 어찌 경시할 문제이랴?[16]

서구 예술음악이 다른 여타의 음악들에 확고한 우위를 점하면서 예술적, 문화적, 미적 정당성과 헤게모니를 보다 구체적으로 장악해나가기 시작한 것은 해방과 전쟁이라는 단절을 겪은 이후 1960년대에 들어서면서부터였다. 문화예술진흥원 창립, 문화공보부 발족, 각종 합창단의 설립,

세종문화회관 건립, 국립극장 개관 및 국립 오페라단의 설립, 음악대학의 신설, 서구적 음악교육제도의 공고화, 국공립 관현악단의 창설, 각종 국제 음악제 및 콩쿠르 신설 등 이 시기에 드러나는 가시적 성과물들은 문화 전반에 대한 국가적 개입을 통해 본격적인 '음악적 근대화' 과정이 강력하게 추진되어왔음을 반증해주고 있으며, 동시에 이 모든 과정들이 서구 예술음악을 중심으로 이루어졌음을 드러내고 있다. 근대화를 서구화와 등치시켰던 사회문화적 흐름과 궤를 같이하면서 **서양 예술음악은 한국 전통음악이나 대중음악에 비해 우월하고 월등하고 진보된 것으로 인식**되었으며, 대다수의 신문이나 잡지, 방송, 논문, 사설 등의 당시 대중음악에 대한 비난과 질책은 앞서 인용한 1930년대의 논조와 다르지 않았다. 주목할 것은 "퇴폐, 저속, 말썽거리 대중가요"가 예술음악적 가치나 예술음악인들에 의해 계도되고 선도된다면 "고급의 음악"으로 거듭날 수 있다는 인식들이다.

> 어떻게 해야 오늘보다 나은 가요를 생산할 수 있을 것인가? 첫째로 신인들이 나와야 하겠다. 작곡 면에서 특히 그렇다. 음악대학을 나왔다고 대중가요를 경멸할 이유는 없다. 대중가요에도 지성인이 나와야 하겠다. …… 대중가요도 예술의 한 분야로 보면 귀천이 가려질 수는 없지 않은가? 해방 후 몇 분의 신진작곡가가 나와서 크게 활약하고 있지만 우리 국민이 대중가요를 즐기는 열의와 비한다면 현 작곡진의 수 배가 나와도 손이 모자랄 것이다. …… 뿐만 아니라 파리의 샹송처럼 작사가와 작곡가 그리고 가수가 삼위일체가 되어 호흡을 같이함으로써 훌륭한 노래를 세상에 내놓을 수가 있다. 불란서의 유명한 문호들이 '샹송'의 작사를 즐겨 짓고 있다는 사실은 우리가 잘 알고 있지 않은가? 무엇보다 유치하고 거칠은 가사를 시

정하는 방향으로 나아가야 할 것이다. 우리 대중가요의 낡은 껍질은 무엇인가? 그것은 일본풍의 굳은 껍질이다. 이를 탈피 못하면 남의 종이 될 것이다.[17]

또한 음악 관계자들이 모여 대중가요의 방향을 논하는 한 간담회 기사는 다음과 같이 보고한다.

> 음악 평론가들도 대중가요가 국민생활을 정화시키는 데 필요한 것이라고 말한다. 이호로(가요평론가) 씨는 "좋은 가수와 작곡가가 더 많이 나와야 한다"고 말한다. 연예협회의 창작분과에는 50명의 작곡가 회원이 있으나 이들 중 유능한 이는 10여 명에 불과하다고 어느 한 작곡가도 말했다. 이 씨는 또한 "대중과 영합해서 가요의 수준을 내리는 것과 저속한 것과는 다르다"고 전제하고 '클래식'을 하는 작곡가나 성악가들이 대중가요에도 손댄다면 훨씬 가요계가 발전할 것이라고 했다. 손목인(작곡가) 씨는 음악적인 교양 부족을 자인하면서 "가요계에도 음악대학 같은 데서 정통교육을 받은 사람들이 더 많이 나와야 한다"고 지적했다.[18]

국가는 대중음악에 퇴폐라는 혐의를 씌워 단죄했고, 클래식음악계는 이를 방조했으며, 대중음악계는 늘 그래왔듯 '스스로를 뭔가 모자라는 것'으로 치부하는 콤플렉스에 사로잡혀 있었다. 서양음악 자체가 담고 있는 예술음악 우월주의와 박정희 정권의 '구악(舊惡) 일소' 및 '조국 근대화' 이념이 만나 일차적으로 합일을 이루었던 것은 대중음악에서도 특히 '왜색가요'에 관한 문제였다.

그런데 여기서 내가 문제 삼고자 하는 것은 대중가요이다. 왜냐하면, 오늘의 대중가요를 분석해보면 그 8할이 왜색이기 때문이다. 즉 우리나라에서 작곡되는 대중가요 중 그 대부분이 일본 고유음계인 '미야꼬부시'로 작곡되고 있다는 것을 잊어서는 안 된다. 좀 더 자세히 말한다면, 이 음계를 사용하면, 가령 서양 사람이 작곡한다 하더라도 일본 냄새가 짙게 풍기기 마련인 데다가 이 음계 자체가 퇴폐적, 압세적, 망국적 감정을 강렬하게 불러일으키니 우리가 이 음계로 작곡해서 될 말인가? 게다가 '미야꼬부시'로 된 '멜로디'만이 문제가 되는 것이 아니라 창법, 편곡, 무드 등도 크게 문제를 삼아야 한다. 특히 창법에 있어서 대표적인 일본 가수의 창법을 그대로 모방하여 비음악적인 '바이브레이션'을 붙이거나 유치한 장식음을 삽입하여 부름으로써 가사에 대해 주의를 하지 않고 들었을 때에는 분명히 일본노래를 일본가수가 부르는 것으로 착각을 하게 되니 이것은 민족적 수치라 아니할 수 없다. 따라서 우리는 왜색조를 떠나 좀 더 명랑하고 건전한 노래를 만들어 불러야겠다.[19]

왜색가요. 20세기 초 일본 엔카의 영향을 받아 생성된 대한민국 최초의 대중음악 장르이자 1930년대 유성기 음반의 황금시대를 열어나갔던 주역으로, 때로는 '유행가' 때로는 '트로트' 때로는 '전통가요' 때로는 '뽕짝'이라는 이름으로 불리며 지금까지도 그 강력한 '대중성'을 바탕으로 살아남아 있는 이 음악은, 그 탄생 자체가 일본 대중음악의 영향하에서 이루어졌다는 점 때문에 해방 이후 식민지적 잔재를 일소하려는 그 어떤 움직임에서도 제1의 타깃이 되어왔다. 해방 이후 미국 대중문화와 대중음악이 새로운 시대의 새로운 문화적 코드로 등장하며 이에 따른 '팝 음악적 흐름'들이 서서히 성장하고 있었지만 「낙화유수」, 「황성옛터」, 「목포의 눈물」, 「신라의 달밤」 등으로부터 시작하여 '엘레지의 여왕'으로 불리는 이미자의 「동백 아가씨」를 정점으로 1960년대 후반까지 트로트의 영향력은 대중음악계 전반을 장악하고 있었다고 해도 과언이 아니다.

 이러한 트로트가 박정희 정권 시기 내내 철저한 퇴폐, 저속이란 이름으로 단죄의 대상이 되었던 것은 단지 일본의 음계와 이를 바탕으로 한 멜로디를 사용했기 때문만이 아니다. 만일 그랬다면 건전가요로 선정되었던 대다수의 명랑하고 씩씩한 군가풍의 노래 역시 퇴폐, 저속의 범주에서 벗어날 수 없었을 것이다. 핵심적인 것은 전체주의적 국가주의를 구축하고 전 국민이 군인처럼 기계적으로 이에 동원되어야 했던 박정희식의 독재 체제하에서 "명랑함과 씩씩함"은 정서적 통일성의 기조를 이루고 있었다는 점이고, 따라서 이에 반대되는 센티멘털리즘, 처연함, 애상적 등의 감정과 정서 들은 '수동적이고 순응적이며 무기력한 감정으로서 절멸되어야 할 것'으로 분류될 수밖에 없었다는 점이다. 한 대중음악 평론가는 당시 히트송 약 25곡에 등장하는 단어 1,260개를 검토하면서 "대부분이 비극조로, 인생을 구가하는 밝은 노래는 손가락으로 헤아릴 정도이며, 사랑을 불러도 명랑하고 건강하고 청춘을 불러도 청순하고 건전하게 다루어진 것은 25곡 중 4곡에 불과하다. 나머지는 거의 다 실연, 비련, 비극, 고독, 불행을 노래한 것들"이라고 분석하면서 "찢어진 사랑이라든지 인생의 불행 또는 이별의 슬픔을 노래"하는 대중가요의 사상은 결국 "생활의 불안이라든지 사회적인 패배의식"을 표현하는 것[20]이라고 결론짓는다. 바로 이러한 이유에서 흔히 '눈물 쥐어짜 내는 신파조'로 표현되는 트로트의 애상성은 국가적 차원에서 끊임없이 문제시되어왔다. '밝고 경쾌하며 생산 건설의욕을 고취시켜야 할' 노래가 자신의 임무를 방기한 채 오히려 우울하다거나 슬프다거나 애절하다거나 하는 감정을 자극한다는 것은 반국가적, 반사회적인 것이기 때문이다.

불건전 퇴폐 가요들에 대한 정화작업은 박정희 정권 초기부터 주요한 국가시책으로 포함되어 있었고, 이는 검열 시스템의 체계화와 제도화를 통해 공고히 되어가기 시작했다. 말하자면 대중가요에 대한 검열이 음악의 생산, 소비, 유통의 모든 단계에 개입할 수 있는 법적 근거와 기관들을 마련했다는 것이다. 1960년대에 완비된 주요 검열 담당 기구는 한국예술윤리위원회(이하 '예륜')와 한국방송윤리위원회(이하 '방윤')이다. 1962년 설립된 '방윤'의 경우, 설치 당시 자율기관이었으나 1963년 방송법 제정 이후 법정기구로 전환됨으로써 프로그램 제작 관계자에 대한 견책, 근신, 출연 정지, 집필 정지 등의 제재를 가할 수 있는 권한을 가지게 된다. 방송, 특히 1960년대 라디오 매체의 위력이 부상하자 이에 1965년 11월 '방윤'은 전문 분야에 대한 공정한 심의를 표방하며 '가요자문위원회'를 설치하고 방송가요에 대한 광범위한 심의를 실시하게 된다. '방윤'의 심의규정 중 음악방송에 관한 조항은 다음과 같다.

심의규정 중 음악방송 조항 <제5장 음악방송>

제60조 국가의 존엄과 민족의 긍지를 손상할 우려가 있는 가사와 곡(창법 포함)은 방송하지 아니한다.
제61조 건전한 국민정서의 함양과 명랑한 사회분위기 조성에 저해가 될 우려가 있는 음악은 방송하지 아니한다. 특히 퇴폐적, 허무적, 염세적 또는 자포자기적인 음악은 금한다.
제62조 음악의 선곡은 시청자의 생활시간을 감안하여 신중을 기한다.
제63조 외국가요를 우리나라 가수가 부를 때에는 그 가사를 원

어로만 부르지 않도록 한다.

제64조 가사 또는 곡이 표절인 가사는 방송하지 아니한다. 모방성이 현저한 것도 표절로 간주한다.

'방윤'이 방송을 타고 전파될 수 있는 음악의 적부적을 심의하는 기관이라면 '예륜'은 방송 이외의 음악 활동 범주, 즉 음반 제작·판매·공연 전반에 관련된 심의를 담당했다. 1966년 창립된 '예륜'은 "예술 활동의 질서를 자율적으로 규제함으로써 문화발전에 기여함"을 목적으로 결성된 민간단체의 예술심의기관으로 영화, 무대예술, 문학, 미술, 음악 등 각 분야별로 1~5명씩 추대된 27명의 위원으로 구성되었으며, 영화와 공연물 및 음반의 내용에 대한 심사와 예술문화활동의 분쟁에 대한 조정을 주요 기능으로 하고 있다. '예륜'은 심사 결과에 따라 활동 정지, 근신, 사과, 경고, 권고 등의 구분에 의한 제재를 가할 수 있는데, 특히 '예륜'(1975년 이후 한국공연윤리위원회로 대체됨)의 경우 그 심의과정은 사전 심의와 사후 심의, 즉 이중 심의를 거치도록 만들어져 있었다. 처음 음반에 관한 사전 사후 심의제가 도입된 것은 일제 강점기의 레코드취제규칙(1933년 5월 22일)에 의한 것이다. 축음기 음반의 출반이 확대되고 대중음악산업이 활성화되어가기 시작하던 1930년대 들어 일제는 이 규칙령을 공표함으로써 레코드의 제조, 수입, 이입, 판매에 관한 총체적인 검열을 시행해나갔다. 일제시대 '치안 방해'와 '풍속 괴란'이라는 검열기준이 1960년대 이후 '국가안보 및 국민총화', '건전한 국민정서와 명랑한 사회분위기'로 전환되었다는 점을 제외한다면 이 같은 일제의 음반 검열 체제는 외형 면에서 박정희 시대에까지 '계승'되었다고 해도 과언이 아니다.

'예륜'과 '방윤' 주도의 음악 검열 시스템에 따르자면, 일단 한 음반을 만들기 위해 창작된 곡과 가사를 '예륜'에 제출한다. 이 사전 검열을 통과한다면 음반 제작에 들어가게 되며, 음반이 만들어진 후 완성된 납본이 원안대로 만들어졌는지 또 한 번의 심의를 받는다. 이 심의를 통과하면 허가번호가 부여되고 이에 따라 음반 판매가 가능해지며, 이 음악의 무대 공연도 허용된다. 판매나 공연이 가능한 음악이라고 해서 모두 방송 가능한 것은 아니다. 이 음악은 '방윤' 자체의 심의규정에 따라 방송 전파를 탈 수 있는지 없는지 또다시 별도의 심의과정을 거치게 된다. 여기에서 그치는 것이 아니다. '예륜'과 '방윤'의 심의 모두를 통과했다 하더라도, 어떤 음악이 수용 과정에서 여하의 변형이 가해지거나(예컨대 노래가사 바꾸기), 혹은 유동하는 정세에 따라 '재해석'되어 국가안보 및 총화단결, 국민정서에 방해된다고 판단될 경우 다시 한 번 검열 시스템이 작동하여 금지와 허용을 가르게 된다. 이미자의 「동백 아가씨」가 이러한 경우에 속한다. 1964년 동명 영화(신성일, 엄앵란 주연)의 주제가로 당대 최고의 인기곡이었던 이 노래는 발표 후 일 년이 지난 1965년 한일 국교 정상화 조치 이후 왜색이란 이유로 '방윤'에 의해 금지곡으로 선정된다. 이에 대해서는 당시 한일 수교 이후 일어났던 강한 국민적 저항과 반일 감정을 수그러뜨리기 위한 일종의 정치적 제스처였다는 설이 지배적이다. 다시 말해 이 검열 체제는 대중음악의 창작과 생산 및 재생산, 배급, 판매, 전달, 해석 등 음악이 만들어져 청취되고 수용되는 모든 단계에 개입하는 강력한 통제권을 발휘하고 있었다는 것이다.

이러한 검열제도는 유신헌법이 선포된 1972년 이후 더욱 강화되기 시작한다. KBS, MBC, TBC 등 각 방송사는 '예륜'의 가요심의와 별도로 대중가요에 대한 자체심의를 실시, 이른바 눈물이나 한숨 등이 내포된 노래는 삭제하고 건전가요만을 방송하였으며 1975년 5월 긴급조치 9호 발표 이후 '방윤'과 '공윤'은 즉시 예술 활동과 관련한 '정화' 대책을 강구하면서 각기 방송정화실천요강(1975년 5월)과 공연활동의 정화대책(1975년 6월)

을 발표한다. 이 정화대책은 모든 공연예술의 심의를 강화하도록 하는 한편 특히 대중음악에 대해서 보다 철저한 심의를 요구하고 있었는데, 최근의 음반뿐만 아니라 이미 만들어진 음반까지 소급하여 재심을 실시함으로써 (1) 국가안보와 국민총화에 악영향을 줄 수 있는 것, (2) 외래풍조의 무분별한 도입과 모방, (3) 패배·자학 비판적인 내용, (4) 선정·퇴폐적인 것 등을 드러내는 음반은 폐기하도록 하는 강력한 방침을 내세우고 있었다. 이러한 과정에서 1975년 단행된 세 차례에 걸친 금지곡 선정은 당시 검열 체제의 극단을 보여주는 것이었다. 트로트뿐만 아니라 전혀 다른 세대적 감수성을 바탕으로 1970년대 청년 문화의 핵심적 코드로 자리 잡았던 록 음악과 포크 등 말하자면 당시 유행하던 모든 대중음악들이 단죄의 도마 위에 올라 하루아침에 금지곡이라는 딱지를 받고 방송과 무대에서 사라지게 된다.

송창식의 「왜 불러」는 반말을 한다는 이유로 금지곡이 됐다. 이장희의 「그건 너」는 남에게 책임을 전가한다는 이유에서, 조영남의 「불 꺼진 창」은 창에 불이 꺼졌다는 이유로 금지곡이 됐다. 김추자의 「거짓말이야」는 창법 저속과 불신감 조장이라는 항목으로 금지 조치되고, 한대수의 「물 좀 주소」는 노래 제목이 물고문을 연상시킨다는 이유로, 「행복의 나라로」는 '그렇다면 지금은 행복의 나라가 아니라는 뜻인가'라는 이유로, 양희은의 「이루어질 수 없는 사랑」은 '왜 사랑이 이루어질 수 없느냐, 사랑이 이루어질 수 없다고 강조하면 사회에 우울함과 허무감이 조장된다'라는 이유로, 정미조의 「불꽃」은 공산주의를 상징한다는 이유로, 이금희의 「키다리 미스터 킴」은 '단신인 대통령의 심기를 불편하게 할 수 있다'는 이유로, 배호의 「0시의 이별」은 통금이 있던 시절 '0시에 이별하면 통행금지 위반이다'라는 이유로 금지됐다. '공윤'으로 전환되기 이전 '예륜'이 10년 동안 처리한 심의처리 건수는 부문별로 영화 시나리오가

1,386편, 무대작품 2,127편(연극대본 935편, 쇼대본 1,192편), 국내가요 5만 8,091건 (가사 2만 7,410편, 악보 3만 681곡), 외국가요 복사음반 2만 1,404건, 외국 라이선스 음반 1만 2,415건 등이다. 1일 평균 30건 이상을 처리해야 하는 격무에 시달렸던 '예륜'은 10년 동안 소위 순수 예술계에 관한 심의는 단 한 건도 다루지 않았다.

'공윤'이 문제로 제시한 몇 가지 예 가운데 수정을 요하는 잘못된 어휘 사용은 "십자성 반짝이는 백령도에서(이유: 백령도에서는 십자성이 보이지 않음)", "십자성 하나둘 반짝이는 밤(이유: 십자성은 복수가 아님)", "비 오는 달밤(이유: 비 오는 날엔 달이 뜨지 않음)" 등이 포함[21]되어 있었다. 당시 '공윤' 심의위원이었던 황문평이 가사와 관련하여,

> 내 스스로가 작가이지만, 수준 이하의 작품들이 너무 범람하기 때문에 그것을 노출시키고 싶지 않아요. …… 예를 들자면 '압록강 7백 리' 이런 식의 가사입니다. 또 '봄에는 진달래 가을에는 민들레' 이것은 초등학교 3, 4학년도 아는 얘기입니다. 또 '낙화유수 계절따라 곱게 피어라' 낙화유수가 꽃입니까?[22]

라고 했던 발언으로 미루어볼 때, 검열 체제에 시적 감수성에 대한 이해를 바라는 것은 무리인 듯 보이나 놀라울 만큼 고도의 독해력을 가진 것만은 사실인 것 같다.

이미 1970년대 들어 박정희 정권은 대대적인 '퇴폐 풍조 정화'를 표방하며 전체 국민의 일상생활에 대한 국가주의적 검열을 강화하고 있었다. 특히 1971년 내무부, 법무부, 보사부, 문공부 등 4개 부처가 공동으로 마련한 강력단속시책은 "저속하고 외설적인 출판, 공연물, 각종 유흥업소의 퇴폐 성향과 장발족의 추악한 작폐 등 사회적 병폐를 일소"한다는 목표

▲ 거리에서 머리를 깎이는 청년들.

로 추진되고 있었다. 이에 따라 국민들의 일상 혹은 그와 밀접하게 맞붙어 있는 대중문화적 범주들 전반에 걸친 통제는 보다 세부적이고 엄격하게 시행되었으며, 방송 드라마나 쇼, 영화, 기타 무대 공연을 위한 각본에 대한 엄격한 검열, 그리고 지금까지 없던 영화 등 공연물 포스터나 간판, 기타 광고 선전물에 대한 사전 심사제도도 도입되었다. 심의 기준에 어긋나는 특정 장면을 삭제당했던 영화나 드라마에서부터 장발을 한 남성들이 무작위로 경찰에 의해 삭발을 당해야 하는 등 대중문화 범주 전체에 대한 이른바 '가위질'이 범람하고 있었고, 대중음악은 이 같은 '생활' 정화시책에서도 핵심적인 단속 대상에 속했다.

엄밀한 의미에서 **단속이 된 것은 음악 그 자체라기보다 음악을 통해 발현되는 '문화적 코드'**다. 비교적 높은 경제 성장과 안정성을 구가했던 1960년대와 달리 1970년대는 박정희 체제가 가진 여러 가지 모순들이 가시화되면서 끊임없는 위기와 불안에 시달렸던 시기다. 주목해야 할 것은 이러한 위기와 불안을 해소하기 위해 더욱 강한 통제와 억압 정책을 시도했음에도 1970년대 대중문화는 오히려 괄목할 만한 성장세를 보였다는 점이다. 라디오, 텔레비전, 잡지 등 확대되어가는 대중 미디어를 바탕으로 드라마, 쇼 프로그램, 코미디, 영화, 대중소설 등의 다양한 대중문화 영역들은 일상과 접목되어 긴밀한 관계망을 형성해나가고 있었다. 어떤 면에서 사소하다고 치부되어버릴 수도 있을 법한 이들 대중문화적 현상에 대해 국가검열제도나 엘리트주의가 '퇴폐', '선정', '저속', '외설'이란 규준을 들이대며 단죄의 칼을 휘두를 수밖에 없었던 이유는 무엇인가. 이와 관련해 유선영은,

> 대중문화는 억압된 시민사회에서 시민 되기를 정지당한 대중에게 부여된 전체주의적 국가에 포위된 일종의 '자치구'였다. 이 안에서 대중은 국가와 거리를 둔 사적인 개인으로서 자의식과 정체성, 욕망의 분출 같은 사사화(privatization)를 진전시킬 수 있었다. …… 대중에게 있어서 대중문화의 소비는 단순한 사적 욕망의 분출로 그치는 것이 아니라 사적 자의식과 정체성에 대한 은밀한 자아 성찰적 계기를 제공하는 문화적 실천이고 수행이다.[23]

라고 지적한다. 가수들뿐만 아니라 평범한 일상인들에게조차 헤어스타일, 옷차림, 장신구, 춤, 몸짓 등이 문제시된 것은 바로 이 같은 맥락에서다. 이들은 체제에 대한 정치적 저항이나 투쟁을 적극적으로 드러내지 않지만 가장 사적이고 은밀한 영역에서의 '일탈'을 통해 분출구를 찾고자 했던 것이고, 이는 곧 국가적·사회적 규율과 질서와 관습을 흐트러뜨리고 교란시킴으로써 "국가의 안전 수호와 공공질서의 확립에 반하고, 국력 배양과 건전한 국민경제 발전을 해치고, 사회 질서를 문란케 하고 사회기강과 윤리를 해치는"[24] 전복적인 문화코드로 해석될 수밖에 없었다. 국민 전체의 신체와 일상생활을 규율 통제하려는 전체주의적 독재체제하에서 대중문화, 그리고 대중음악 역시 예외가 아니었기 때문이다.

시대는 흘렀고 제도는 남았다. 20여 년에 걸친 독재의 기간에 대한 보다 심층적 차원에서의 검증작업이 현재까지도 미완으로 남겨질 수밖에 없는 이유는 첫째, 이 시기 동안 추진된 가시적 성과들과 음악을 비롯한 다양한 범주에서 구축된 당시의 제도들이 여전히 강력한 재생산 도구로서 오늘날의 가치관과 관습에 영향을 끼치고 있기 때문이고, 둘째, 근대화라는 이름으로 진행되어온 시간들이 일종의 습속화된 체험으로서 여전히 현재의 일상과 생활에 남아 있기 때문이다. 그러므로 이 시기에 대한 철저한 역사적 성찰은 과거에 대한 낭만적 회상이나 회귀의 차원을 넘어서야 할 것을 요구한다. 그리고 이러한 과정은 무엇보다 근대성 개념을 둘러싼 다양한 관계들을 보다 다층적인 시각으로 고려할 필요가 있음을 전제로 한다.

카스트로,
혁명에 갇힌 음악

이진경

피델 카스트로 (Fidel Castro, 1926~)

1926.08.13.   쿠바 오리엔테 주 비란 출생
1952.03.10.   바티스타 장군 군사 쿠데타
1953.07.26.   산티아고데쿠바 몬카다 병영 습격, 실패. 이후 8월 1일 수감
1955.05.15.   특사로 석방, 멕시코로 망명
1956.12.02.   요트 그란마호를 타고 쿠바 도착
1959.01.08.   아바나 입성
1959.02.16.   수상 취임
1961.04.16.   피그스 만 침공군 격퇴
1961.05.01.   사회주의 공화국 선포
1965.10.03.   공산당 제1서기로 선출
1976.02.15.   최초의 쿠바 사회주의 헌법 국민투표로 승인
1976.12.02.   국가평의회 의장 취임
1992.01.01.   '특별시기' 시작
1997.10.   쿠바 공산당 제 5회 총회 개최. 피델은 동생 라울을 후계자로 확인
2008.02.24.   국가평의회 의장 은퇴, 동생 라울 카스트로 국가평의회 의장

"**혁명**안에 모든 것이 있다. 그러나 혁명 밖에는 아무것도 없다."[1]
1961년 6월, 카스트로가 국립 도서관에서 쿠바의 예술인들과 지식인들 앞에서 한 연설의 일부이다. '지식인들에게 부치는 담화'로 유명한 이 연설은 카스트로가 쿠바의 문화정책을 공식적으로 언급한 것뿐 아니라 무엇보다 당시 '혁명' 영웅인 카스트로의 사상을 함축한 말이다.

독재자 피델 카스트로

혁명 영웅 피델

1959년 1월 1일 마침내 피델 카스트로는 '쿠바 혁명'이라는 영광을 안게 되었다. 이는 1953년 7월 26일 몬카다 병영 공격을 시작한 이후 펼쳐진 게릴라전 최고의 쾌거이다. 카스트로의 혁명이 성공할 수 있었던 배경에는 그가 집권하기 직전의 바티스타 정권에 팽배해 있던 부패와 타락에 대한 환멸과 그 아래 잠재되어 있는 쿠바의 오랜 식민 역사가 있다. 쿠바의 식민 역사는 1492년 콜럼버스에게 발견된 이후로 1511년 스페인에서 파견된 디에고 벨라스케스가 쿠바 섬에 도착하여 수탈한 때부터 1902년 미국의 루스벨트 대통령이 쿠바의 독립을 선포할 때까지 이어졌다. 그러나 미국의 개입으로 독립을 얻은 쿠바는 사실상 미국의 쿠바 경제 구조 재편이라는 또 다른 목적의 희생양이 되었을 뿐이다. 다시 말해 쿠바의 경제는 미국 자본에 장악되었으며, 친미 정권을 유지한 쿠바 대통령들은 미국을 등에 업고 권력을 휘둘렀다. 1952년 이에 대항하여 쿠데타를 기도한 폴헨시오 바티스타는 반친미 정권을 내세운 듯 보였지만, 그 역시도 미국의 전폭적인 지원 아래 권력을 휘두르며 쿠바 국민을 착취했다.

카스트로의 쿠바 혁명은 이처럼 오랜 식민의 역사와 미국의 내정 간섭, 독재에 의해 삶의 피폐를 경험한 쿠바인들에게 새로운 희망으로 여겨졌을 것이다. 무엇보다 12명으로 시작한 게릴라전이 쉽지만은 않은 여정이었겠지만, 결과적으로 한 독재 정권을 끌어내렸다는 것 그 자체로도 쿠바 역사의 신화로 자리 잡을 만하다. 이에 더해 1959년 1월 8일 혁명광장에서의 카스트로의 연설은 쿠바인들에게 영웅의 탄생을 실감하게 했을 것이다. 이날 카스트로가 대중 앞에서 연설을 하던 중 하늘 위로 흰 비둘기 떼가 날아올랐다. 그리고 비둘기 중 한 마리가 카스트로의 어깨 위에 앉았다. 비둘기 떼를 카스트로 측에서 날렸다는 설도 있지만, 그 순간에는 진실이 중요하지 않았다. 이 사건은 어느 신문에서 '신의 섭리'라고 불려 질 정도로 쿠바에 큰 반향을 일으켰다.[2] 흰 비둘기는 쿠바에서 평화의 상징이자 수호신의 상징이었는데, 그 흰 비둘기가 카스트로에게 날아왔다는 것은 쿠바인들에게 하나의 기적으로 여겨졌을 것이다. 쿠바 혁명 영웅이 탄생하는 바로 그 순간은 쿠바 국민들의 뇌리에 깊이 새겨졌다.

카스트로의 혁명 영웅 신화는 그의 정권이 세워진 이후에도 계속되

▲ 아바나에서 대중들이 미국 회사의 소유로 보이는 열차 위에서 카스트로의 승리를 축하하고 있다.

었다. 그는 독재에 지친 쿠바인들에게 복지로 다가갔다. 혁명 정부가 가장 중요하게 여긴 항목은 교육과 의료였다. 오늘날까지도 쿠바는 라틴 아메리카에서 최하 문맹율과 무상의료를 제공하는 국가로서 혁명의 위엄을 과시하기도 한다. 또한 혁명 정부는 모든 사유재산을 국유화했고, 농지개혁으로 무상계급에게 토지를 나눠줌으로써 무상계급으로부터 환영을 받았다. 혁명 정부는 문화정책에도 대폭적인 지원을 제공했다. '지식인들에게 붙이는 담화'에서도 알 수 있듯이, 카스트로는 쿠바의 작가들과 예술가들에게 표현의 자유를 보장하며, 예술 활동에 충실한 작가들에게 창작 활동에 필요한 사회적 조건을 마련해줄 것을 다짐했다. 이러한 그의 약속은 바티스타 정권 시기 억압받았던 당대 지식인들과 예술가들에게 새로운 희망으로 다가왔다.

그러나 카스트로의 혁명은 결코 쉽지 않았다. 미국은 쿠바의 설탕 수입을 축소했으며 쿠바는 적지 않은 경제적 타격을 입었다. 이는 쿠바에 들어와 있는 미국의 사기업들이 국유화가 된 것에 대한 압력이었다. 쿠바가 경제난을 해소하기 위해 소련과 연합하자 위기 의식을 느낀 미국은 무력 행사를 시작했다. 쿠바 난민들을 이용하여 쿠바 공군 기지 폭격을 시도한 '피그스 만 침공'이 대표적이다. 이처럼 쿠바에 대한 미국의 방해 공작은 무역 금수조치에서부터 카스트로 암살 기도까지 헤아릴 수 없이 많다.

소련의 원조를 받던 쿠바는 1991년 소련의 붕괴로 '특별시기'에 들어가게 된다. 이 시기는 1991년부터 5년간 이어졌으며 쿠바 경제에서 최악의 시기이다. 이 시기 쿠바 국민들은 하루 한 끼의 식량을 배식받았다고 하니 그 경제난의 심각함을 짐작해볼 수 있다. 이처럼 미국의 무역 금수조치와 소련의 붕괴 등 외부의 문제와 내부의 궁핍은 카스트로가 혁명 정책을 펴는 데 걸림돌이었다. 그러나 이러한 어려움 속에서도 꿋꿋하게 사회주의 정권을 유지하고 있음은 놀라운 일이다. 물론 많은 쿠바 국민들이 미국으로 망명한 것 또한 사실이다. 그럼에도 혁명 정권을 유지할 수 있는 것은 아마도 카스트로가 쿠바 국민들에게 여전히 영웅으로 남아 있기 때문인지도 모른다.

독재자의 탄생

2011년 10월 15일, '백의의 여인들(Damas de Blanco)'을 설립한 쿠바의 인권운동가 라우라 포얀이 별세했다. '백의의 여인들'은 반체제 인사들의 친인척들이 설립한 쿠바 인권모임 중 하나이다. 기예르모 파리냐스는 쿠바에 자유와 민주주의, 인권 보호를 성취하기 위해 끊임없이 투쟁한 쿠바의 저널리스트로 쿠바 인권을 위해 수차례에 걸쳐 단식투쟁을 하고 있다. 파

▲ 카스트로는 "조국이 아니면 죽음을(Patria o Muerte)"이라는 선동적인 문구를 자주 사용했으며, 이후 이 문구를 "사회주의가 아니면 죽음을"로 교묘하게 바꾼다.

리냐스는 2010년 12월 15일 유럽 최고의 인권상인 유럽의회 사하로프 인권상을 수상하였다. 그러나 안타깝게도 파리냐스는 쿠바 정부의 국외 출국금지로 시상식에 참여하지 못했다.

대대적인 개혁을 강행한 혁명 정부가 통치하는 쿠바 내에서 왜 인권운동이 일어날까. 파리냐스가 수상한 인권상을 담당하는 부제크 의장은 "파리냐스는 목숨까지 위태롭게 하는 단식투쟁을 23차례 벌이는 등 쿠바에 자유와 민주주의, 인권 보호를 성취하고자 투쟁해왔다"[3]고 한다. 이 말은 쿠바에 자유와 민주주의가 없으며 인권이 유린되고 있음을 의미한다. 교황 바오로 2세는 1998년 쿠바를 방문하면서 쿠바의 자유화 진행이 느리며 인권 문제가 심각하다는 점을 비판했다.

▲ **1959년 1월 아바나** 라 카바냐(La Cabaña)의 감옥에 정치범들이 수감되어 있다.

    1960~1970년대 동안 수감된 정치범들은 대략 2만 명 정도로 보고되었다. 냉전 이후 수감된 정치범들의 수는 많이 줄었지만, 여전히 많은 수가 쿠바 감옥에 갇혀 있다. 1990년대 말, 정치범의 수는 대략 200~300명으로 산출되었다. 혁명 직후, 바티스타 정권에 앞장섰거나 협력했던 자들을 처형한 것은 새로운 정권을 세우고 바티스타 정권에 핍박받았던 쿠바 국민들의 원한을 풀기 위함으로 해석할 수도 있겠지만, 혁명 정부가 들어서고 오늘날까지 이어지고 있는 반체제 인사들에 대한 강압적인 조치는 확실히 전 세계의 비난을 받고 있다. 이는 마치 혁명 영웅이 이전의 독재 정권의 모습을 답습하는 듯하다. 아마도 반체제 인사들이 카스트로에게는 위협이 되기 때문인지도 모른다. 그래서 그의 관용은 그가 주장하는 '혁명, 안에서만 허용이 되는 것이다. "혁명 안에 모든 것이 있다. 그러나 혁명 밖에는 아무것도 없다"는 말은 결국 혁명에 반하는 이들에게 용서가 없음

을 말하는 것이다. 우리는 여기서 독재자의 탄생을 목격한다.

지식인들과 예술가들에게 약속한 표현의 자유도 위와 같은 맥락에서 해석할 수 있다. 카스트로는 혁명 초기부터 교육을 중시했고, 그 교육을 이끌기 위해 지식인들과 예술가들에게 표현의 자유와 경제적 원조를 약속했다. 그러나 "예술가에 대한 많은 우대와 지원은 동시에 음악가들에게 강요하는 제약과 강압을 의미"[4]하기도 한다. 여기에 덫이 있다. 바로 예술가들에게 보장한 표현의 자유는 '혁명 안에서'만 존재하는 것이다. 일례로 쿠바의 작가 에베르토 파디야는 1968년 시집 『반칙(Fuera de juego)』을 출판하였는데, 일부 시의 내용이 반혁명적이라는 이유로 수감되었고 공개적으로 자아비판을 하였다. 이 '파디야 사건'은 쿠바 작가에게 쿠바 혁명의 한계를 알리면서 카스트로파와 반대파로 양분하는 계기를 만들었다.

카스트로는 몬카다 병영을 공격한 이후 열린 재판에서 "역사가 나를 용서할 것이다(La historia me absolverá)"라고 스스로를 변호했다. 스스로를 변호한 그 순간에 카스트로는 쿠바를 해방할 영웅이라고 생각했을지도 모른다. 그러나 오늘날 많은 이들은 그를 혁명가로 기억함과 동시에 독재자로 기억한다. 그의 '혁명'의 이중성처럼 그의 평가에 대한 이중적 해석에 대해서, 그의 말을 빌려 말하자면 "역사가 그를 평가할 것이다". 가장 긴 통치 기간을 가진 독재자, 피델 카스트로가 그 긴 세월 동안 집권할 수 있었던 것은 그의 혁명 영웅의 면모가 쿠바 국민들의 뇌리에 깊이 박혀 있기 때문인지도 모른다. 그러나 20세기 말의 급변하는 세계정세와 테크놀로지 발달에도 불구하고 그의 체제가 유지될 수 있었던 것은 어쩌면 그의 혁명에 감추어진 정교한 문화정책이 아닐까.

혁명 무기 예술

쿠바는 오랜 식민 역사를 가졌지만 여러 인종의 문화적 혼합으로 다양한 문화를 창조하였으며, 이러한 문화 역사적 배경은 아이러니하게도 쿠바의 풍부한 문화 자원의 밑바탕이 되었다. 혁명 정부는 그 무엇보다 쿠바 국민의 교육을 중요하게 생각했으며, 확실히 음악과 미술은 쿠바 정책의 중요한 요소였다. 이는 혁명 정부의 이상을 실현하는 데 중요한 자원 및 수단이 되기 때문이다. 카스트로는 **"예술은 혁명 무기이다"**[5] 라고 할 정도로 문화정책을 중요하게 생각했다. 만약 쿠바 정부가 이 풍부한 문화 자원을 관리할 수 있다면 카스트로의 정치는 아주 강력한 무기를 얻게 되는 것이다.

문화 기구의 설립

쿠바에는 수많은 문화 기구가 있다. 이는 문화를 후원하기 위한 목적도 있지만, 그보다는 쿠바 문화를 관리하겠다는 목적이 더 클 것이다. 국가 문화 의회(Consejo Nacional de Cultura)는 바로 문화를 관리하기 위한 목적으로 설립된 기구이다. 이후 문화부로 명칭을 변경했지만 그 목적에는 변함이 없다. 1959년에는 '아메리카의 집(Casa de las Americas)'을 설립했는데, 이 기관은 쿠바 문화의 중심지로서 쿠바의 작가, 음악가, 화가를 지원하는 역할을 담당했다. 이 기관은 라틴 아메리카 국가 간의 문화를 교류하고 이해하는 데 그 목적을 두었으며, 독자적으로 행사를 주최하거나 문화 부분상을 제정하는 등 다양한 활동을 통해 실제로 쿠바 문화 활동의 중심으로 자리 잡았다.

'아메리카의 집'은 음악가들에게 새로운 음악 언어를 모색할 수 있는 공간을 마련해주었다. 초기 '아메리카의 집'의 책임자였던 아이데 산타마리아는 젊은 음악인들이 활동할 수 있는 공간으로 '아메리카의 집'을 제공하였다. 1967년 '아메리카의 집'에서는 제1회 국제 저항음악 모임이 개최되었다. 이날 16개국의 음악인들이 참여했는데, 쿠바 누에바 트로바(Nueva Trova)의 대표적인 가수 실비오 로드리게스, 파블로 밀라네스, 노엘 니콜라가 이 모임의 핵심 멤버였다. '아메리카의 집'은 이후 매달 정기적으로 콘서트를 열었고, 음악가들은 더욱 많은 가수들의 음악을 감상할 수 있는 기회를 얻었다.

혁명 정부가 설립한 많은 문화 단체 및 기관 중에서 가장 영향력 있는 기관은 쿠바 작가와 예술가 연맹(Unión Nacional de Escritores y Artistas Cubanos: UNEAC)이다. 이 기관은 비정부 기관이었지만 원칙적으로 친체제적이었으며 공식적인 지위를 가지고 있었다. 이들은 음악, 문학, 교육 등 서로 다른 요소들을 통합하는 데 주력했다. 카스트로는 문화정책을 토론하는 데 이 기관을 적극 활용했다. 그는 '전통을 살리는 것'을 무엇보다 중요하게 생각했다. 이 기관의 구성원들과 함께 어떻게 문화를 살릴지에 대해 토론함으로써 쿠바의 현재와 미래를 설계하기도 했다. 이 기구는 오늘날까지도 쿠바 문화 기구로서 중요한 위치를 차지하고 있다.

쿠바에서 영화는 빼놓을 수 없는 중요한 산업이다. 라틴 아메리카는 유럽과 미국의 영화사와 밀접한 관계를 맺고 있었는데, 이 영향으로 라틴 아메리카 영화 산업도 동일한 속도로 발전할 수 있었다. 그러나 혁명 정부가 생각하기에 영화는 근대화를 추구하고 서구적 시선을 무비판적으로 수용하는 등 모호한 주체성을 가진 문화 장르였다.

이러한 배경하에 1959년 쿠바 영화예술 산업기구(Instituto Cubano del Arte e Industria Cinematográficos: ICAIC)가 설립되었다. 이 기구는 자국 영화 산업을

▲ 1959년 설립된 쿠바 영화예술 산업기구 50주년 포스터.

통해 미국에 편중되었던 영화 제작 및 보급 시스템을 보완하고 대체하는 데 주력했다. 쿠바의 영화 산업은 곧 ICAIC을 중심으로 재구축되었으며, 이 기관은 적극적으로 영화 제작과 공급 및 상영 과정에 협조함으로써 영화인들의 창작 활동을 지원했다.

ICAIC의 설립은 영화뿐 아니라 음악에도 많은 영향을 미쳤다. 영화는 그 장르 특성상 음악과 떨어질 수 없다. 1969년 ICAIC 음향 실험그룹인 헤스(GES: Grupo experimentacion sonora del ICAIC)가 설립되었다. 헤스는 ICAIC에서 만든 영화의 배경음악을 담당할 음악가 양성을 목적으로 했다. 이를 위해 음악가들을 음악이론부터 실제에 이르기까지 광범위하게 교육시켰다. 헤스를 통한 음악가들에 대한 교육적 지원은 노래가 핵심인 누에바 트로바를 기악으로 확장하는 계기를 마련하기도 했다.

이처럼 많은 문화 기구들은 모두 전문 음악인 양성을 목적으로 했다. 이는 혁명 이후 많은 음악 전문가들이 미국으로 망명한 탓에 당시 쿠바에 전문적인 음악가들이 부족했기 때문이다. 그렇다고 혁명 정부가 기구 설립에만 치중한 것은 아니다. 교육의 중요성을 알고 있었던 혁명 정부는 섬 전체에 음악학교, 지역 콘서바토리와 음악전문학교를 설립했다. 가장 먼저 설립되어 잘 알려진 학교는 에스쿠엘라 예술 국립학교(Escuela Nacional de Artes: ENA)로 1962년 아바나에 설립되었다. 학교의 설립으로 쿠바 학생들은 수준 높은 음악 교육을 제공받았다. 학생들은 화성법, 오케스트레이션을 비롯한 작곡에서부터 악기 연주법까지 폭넓은 교육을 받았다.

음악학교의 설립은 동시에 쿠바에 많은 아마추어 음악가들을 낳았다. 1960년대 쿠바 정부는 아마추어 음악가들을 위해 아마추어 운동(Movimiento de Aficionados)을 설립했다. 이 기관의 설립은 많은 사람들이 음악 활동에 참여할 수 있는 기반을 마련해주었다. 그 결과 전문적인 음악인과 아마추어 음악인의 구분이 점차적으로 사라지게 되었다. 이 운동 안에서 음악 앙상블이 형성되었고 축제가 조직되었다. 이는 소비에트 연방을 모델로 한 것이며, 모든 주요 지역과 지방자치에 설립된 문화 빌딩(Casas de las Cultura)에서 자주 개최되었다.

이처럼 혁명 정부는 문화 기구의 설립을 주축으로 한 문화정책을 통해 미국의 문화 독점으로부터 쿠바 문화를 보호하고자 했으며, 동시에 모든 국민이 문화를 향유할 수 있는 시스템을 구축했다.

사상전투와 검열

카스트로는 '지식인들에게 붙이는 담화'에서 "그가 좋아하는 어떤 주제에 대해 쓰는 것을 금지하지 않는다. 그에게 적합한 형식을 선택하게 하며, 그가 원하는 생각을 자유롭게 표현하도록 한다. 우리는, 우리의 역할은 혁명의 프리즘을 통해 그의 작품을 항상 평가할 것이다"[6]라고 말했다. 이는 카스트로가 표현의 자유를 인정한다는 것을 의미한다. 실제로 그는 히틀러의 『나의 투쟁』에서부터 성경, 자본주의와 사회주의 이론서를 읽을 것을 권장한다. 그리고 쿠바를 연구하는 학자들 역시도 이러한 표현의 자유가 있음에 동의한다.

그러나 쿠바가 완전히 출판이나 표현으로부터 자유로운 나라는 아니다. 혁명 이후, 혁명 정부는 농지를 국유화한 것처럼 사유기업과 모든 미디어를 국유화했다. 개인의 사유재산을 인정하지 않는 것, 미디어를 통제한다는 것은 개인의 자유를 인정하지 않는 것이며 동시에 독립적인 보도가 없음을 말한다. 《르몽드 디플로마티크》의 이냐시오 라모네는 카스트로와의 인터뷰에서 쿠바의 미디어 통제에 대해 질문했는데 그 내용은 다음과 같다.

> **라모네** 당신은 책임 있는 비판을 희망합니다. 그것은 많은 사람들이 요구하는 언론의 자유를 승인한다는 말입니까?
>
> **카스트로** 당신이 반혁명분자들과 쿠바의 적들이 자유롭게 말하고 사회주의와 혁명에 반대하는 글을 자유롭게 쓸 권리를 언론의 자유라고 부른다면, 나는 우리가 그런 자유를 지지하지 않는다고 말할 겁니다. 쿠바가 제국에 의해 봉쇄되는 동안, 즉 계속 공격을 받으면서 헬름스–버튼법이나 쿠바 조정법처럼 부당한 법의 희생자가 되고 미국 대통령의 위협을 받는 나라가 된다면 우리는 적의 연합군들에게 그런 '자유'를 줄 수 없습니다.[7]

이 인터뷰에서 카스트로가 언론의 자유를 완전하게 인정하는 것이 아님을 알 수 있다. 다시 카스트로의 '지식인들에게 붙이는 담화'를 떠올려보자. 카스트로는 혁명 안에서 이루어지는 모든 것을 포용하지만, 그렇지 않은 것은 포용하지 않겠다고 말했다. 이 말의 숨은 의미는 카스트로가 지향하는 혁명이라는 잣대를 통해 검열하겠다는 것이다. 그렇기에 자유를 보장받은 언론인, 지식인, 예술가라도 혁명이라는 이름의 잣대에서 벗어날 수 없다.

그렇다면 그 혁명이라는 잣대는 무엇이며 어떻게 전달되는 것일까? 카스트로의 혁명은 매우 주관적이다. 그는 바티스타 정권을 몰아내기까

▲ 혁명 직후 제복을 입고 거리를 행진하는 자원봉사자들.

지 사회주의를 고려하지 않았다. 그가 사회주의를 공식적으로 언급한 것은 소비에트 연방과 동맹을 맺은 이후이다. 어쨌든 현재로서는 사회주의 국가임을 자처하는 쿠바이며, 카스트로는 그의 이데올로기를 혁명 정신과 연결시키고 있다. 그리고 카스트로는 교육을 통해 그의 혁명 사상을 전파했다. 혁명 직후 1년 동안 시민 자원자들은 정부가 인정한 제복을 입고 새 정권과의 연대를 보여주기 위해 거리를 행진했다. 이 행진의 선두에는 카스트로가 서 있었다. 혁명에 열광하는 쿠바 국민들 앞으로 카스트로가 선두에 서서 행진하는 모습은 혁명의 여운을 쿠바 국민들에게 되새겨주는 효과가 있었을 것이다. 이는 일종의 교육적 효과를 보여주는 것이다. 현재 쿠바에서 어린 학생들은 여전히 혁명을 되새기며 거리를 걷는 훈련을 받고 있다. 검열에 오르기 전 혁명의 잣대에 걸맞는 '새사람'으로 만드는 과정인 것이다.

혁명 정부는 혁명의 성공 이후 미디어를 국유화했다. 미디어를 통제한다는 것은 국민의 눈과 귀를 막는 것과 같다. 쿠바 문화정책의 중요한 토대는 쿠바의 유일했던 음반사인 EGREM(Empresa de Grabaciones y Ediciones Musicales)이다. 이 음반사는 이윤의 극대화보다는 인간에게 가치가 되는 음악의 제작을 중요하게 생각했다. 이러한 EGREM의 제작 방침은 쿠바 정부가 지향하는 바와 맞닿아 있다. 이 기업은 1980년대 말까지 유일한 쿠바 음반사로서 독점 운영되었다. EGREM은 정치적이거나 사회적인 가사를 담고 있거나 혁명의 승리를 노래한 예술가들을 지원했다. 따라서 음악가들이 쿠바 내에서 음반 녹음을 하기 위해서는 EGREM이 지향하는, 더 나아가서는 혁명 정부의 이상에 맞는 음악을 작곡해야만 했다. 따라서 음악가들은 원하든 원하지 않든 혁명 정부의 이상에서 벗어나지 않는 음악을 작곡하기 위해 스스로를 검열해야 했다. 소비에트 연방과의 동맹 이후 쿠바는 정치적·경제적 안전기에 들어갔다. 그러면서 EGREM 이외의 음반사가 설립되기 시작하였다. 음악가들에게 음반을 녹음할 수 있는 기회가 확장되었지만 여전히 자가 검열은 존재했다.

음반 시장의 확장과 달리, 라디오와 텔레비전은 여전히 국가의 통제 하에 있었다. 이들 미디어는 대부분의 시간을 국가와 연관된 음악과 정보를 제공하는 데 할애했다. 따라서 쿠바 밖의 음악을 쿠바 방송국을 통해서 듣는 것은 어려웠다. 서구 자본 문화의 유입을 경계하는 카스트로의 정책이 여기서 잘 드러난다. 물론 카스트로는 이러한 그의 정책을 제국주의, 특히 미국으로부터 쿠바 국민을 보호하기 위함이라고 하겠지만 이것은 쿠바 국민의 자유로운 문화 접근을 차단한 것이다. 21세기에는 인터넷의 발달로 정보 차단이 수월하지만은 않다. 그러나 여전히 쿠바에서는 인터넷 접속에 많은 제약이 따른다. 쿠바의 인권운동가 파리냐스가 쿠바 내에서 인터넷에 접속할 수 있는 자유를 주장하면서 단식투쟁을 했다고 하니 정보 차단의 심각성을 알 수 있다.

노동자 음악가

문화 기구의 설립은 음악가들의 삶과 지위에 변화를 주었다. 바티스타 정권의 음악가들은 식민지 국가의 입장에서 문화를 소비하기보다 관광객들에게 서비스로서 그들의 음악을 팔았다. 자연히 음악가들의 음악적 표현은 그들 개인의 창작 욕구보다는 관광객의 취향에 맞출 수밖에 없었다. 특히 이 시기 흥행했던 다수의 음악이 맘보와 차차차 등의 댄스 음악이었다는 사실은 관광 중심의 음악 활동이 이루어졌음을 보여준다.

반면, 혁명 정부는 향락과 관련 있는 음악을 지양하였다. 혁명 이후 자연히 댄스 음악은 쇠퇴하게 되었고 댄스 음악에 종사했던 많은 음악가들은 망명을 선택했다. 셀리아 크루즈, 라 루페, 라 소노라 마탄세라 같이 잘 알려진 예술가들이 여기에 속한다. 흥미롭게도 이들 음악가들의 망명은 쿠바 라디오 방송이나 지역 언론에서 다루어지지 않았다. 실제로 혁명 초기에 카스트로는 망명자들에 대해 특별한 조치를 취하지는 않았다. 당시 그의 입장에서 떠나는 자들은 자신의 이념과 맞지 않는 자들 혹은 바티스타 정권을 등에 업고 많은 이득을 취한 자들이었다.

혁명 정부는, 미디어의 국유화에서도 알 수 있듯이, 농지부터 시작하여 많은 것을 국가 재산으로 환원했다. 농지개혁은 쿠바 국민에게, 특히 무상계급에게 환영을 받은 정책 중의 하나이다. 쿠바 국민은 모두 정부에 소속되어 일을 하고 임금을 받는 고용자가 되었다. 음악가들 역시 예외는 아니었다. 음악가들은 국가로부터 임금을 받는 '음악 노동자'가 되었다. 이는 바티스타 정권 때 음악만으로 살 수 없어 다른 일까지 병행해야 했던 음악가들에게 환영을 받았다.

그러나 국가가 음악가들을 직접 고용한다는 것은 음악가들에게 표현의 자유를 주기 위함이라는 정부의 후원 내면에 음악가들이 정부가 원하는 사회적 시스템 안에서 음악 활동을 하는 통제의 의도도 있었을 것이다. **음악은 조직, 삶의 상태와 사회주의 이념이라는 새로운 구조로 재편되었다.** 전문적인 음악가와 아마추어 음악가는 국영 기관에 의해 완전하게 통제되었다. 정부 운영의 기구들은 음악가들에게 교육과 연주 환경을 제공함과 동시에 음악가들의 연주회 방법과 횟수 또한 결정했다.

이러한 음악가들의 위치도 시대의 거대한 흐름으로 변화를 맞이했다. 쿠바의 경제적 안정은 음악가들에게 음악 활동의 폭을 확장시키는 계기가 되었다. 1970년대 시장을 독점했던 EGREM 이외의 음반사가 설립됨으로써 음악가들은 국가로부터 임금을 받는 위치에서 개인이 음반사와 계약을 할 수 있는 기회를 제공받았다. 음악가들은 계약을 통해 음반 녹음에서부터 유통, 콘서트 개최까지 그들의 활동 범위를 넓힐 수 있었다. 그리고 1990년대부터 모든 음악가들은 국가가 아닌 그들의 계약에 따라 음반사로부터 수익을 얻을 수 있게 되었다.

그렇다고 음악가들의 활동이 완전히 자유로워진 것은 아니었다. 여전히 음악가들은 활동에 제약을 받았다. 그들의 음악은 검열의 대상이었고 그들의 행동은 제약을 받았다. 이 시기 쿠바의 음악가들은 해외 공연의 기회를 얻었다. 비록 쿠바 정부의 허가가 있어야 하지만 해외로 나간다는 것은 쿠바에서 특권에 해당했다. 그 특권을 가진 쿠바의 많은 음악가들이 해외여행 중 자유를 찾아 망명을 한 것은 바로 쿠바 내에서 자유가 억압당하고 있음을 보여주는 것이다. 쿠바의 유명한 재즈 트럼펫 연주자 아르투로 산도발의 이야기를 영화화한 <리빙 아바나(For Love or Country: The Arturo Sandoval Story)>(2000)가 그 대표적인 이야기이다. 영화는 쿠바에서 재즈 음악을 자유롭게 연주할 수 없음을 느끼고 마침내 1999년 미국 시민권을 얻어 망명을 하는 산도발의 이야기를 담고 있다.

혁명의 노래

여기, 그들이 계속하리라 생각했지,
먼지를 삼키고 삼키면서,
시에라에서 새 미래가 떠오른다는
의심도 없이.
그리고 그들은 잔인한 방법으로
범죄를 계속 저질렀네.
쿠바는 도박꾼의 소굴이 되었고……이런 때 피델이 왔네!

쿠바의 인기 가수 카를로스 푸에블라는 피델의 혁명 성공을 기리는 의미에서 「이런 때 피델이 왔네(Y en eso llegó Fidel)」라는 노래를 작곡 작사해 불렀다. 푸에블라가 카스트로의 혁명을 음악으로 기록하게 된 것은 카스트로의 혁명 당시 예술계에 새로운 희망이 도래하기를 기대한 푸에블라의 소망이 담긴 것일지도 모른다.

▲ 오늘날 저항의 상징으로 시대의 문화아이콘이 된 체 게바라(좌)와 체 게바라 얼굴이 새겨진 쿠바 내무부 건물(우). 건물에는 "la victoria siempre!(승리할 때까지)"라고 새겨져 있다.

푸에블라는 「이런 때 혁명이 왔네」 이외에도 쿠바 혁명의 또 다른 혁명 영웅인 체 게바라에게 바치는 음악 「언제까지나, 우리의 장군(Hasta siempre Commandante)」을 작곡했다. 가수이기 이전에 시인이었던 그는 게바라가 볼리비아로 떠나면서 남긴 "승리할 때까지!(Hasta la victoria siempre!)"란 말을 사용하여 시를 썼다. 이후 이 시에 음악을 붙였는데, 가사와 선율의 아름다움으로 사랑받는 음악이다. 특히 오늘날까지도 국적을 불문하고 많은 음악가들에게 편곡되어 불릴 정도로 인기가 있다. 여기에는 오늘날 저항의 상징으로서 체 게바라가 사랑을 받고 있는 점도 한몫한다.

푸에블라의 이 두 노래는 1970년대 쿠바의 대중적 인기를 얻은 '누에바 트로바(Nueva Trova)'라는 음악 장르에 속한다. 누에바 트로바는 17세기 초에 스페인에서 유래한 트로바가 쿠바에 정착한 것으로, 쿠바를 대표하는 전통음악이 되었다. 누에바 트로바는 사실 1960년대 말 라틴 아메리카의 '누에바 칸시온(Nueva Canción)'과 맥을 같이한다. 1960년대 말 칠레에서 열린 제1회 누에바 칸시온은 1970년대 남미 전역에 걸쳐 일어났던 민족 운동을 의미하는 말이 되었다. 그래서 누에바 칸시온 운동은 저항 정신을 담고 있다. 누에바 트로바는 이 누에바 칸시온의 영향을 많이 받았지만, 쿠바의 경우 음악적인 면에서 다른 양상을 보인다.

누에바 칸시온 운동이 사회 저항 운동의 성격이 강한 반면, 누에바 트로바는 서정적인 측면이 강하다. 누에바 트로바의 가사에는 체제에 대한 비판보다는 사랑이나 일상의 삶을 노래하는 경향이 짙다. 칠레에서 인기 있었던 누에바 칸시온이 체제 저항적인 반면, 누에바 트로바는 쿠바 혁명을 환영했고 혁명 정부로부터 많은 지원을 받았기 때문인지도 모른다. 확실히 누에바 트로바는 혁명 정부가 환영했던 음악 장르의 하나이다. 이는 누에바 트로바가 혁명 정부가 지양했던 화려한 댄스 음악과 달리 기타 하나로 노래할 수 있는 상업적이지 않은 음악이기 때문일 것이다. 그러나 누에바 트로바가 혁명 정부의 사랑을 받게 되기까지 트로바 가수와 그들 음악에 대한 혁명 정부의 탄압과 검열은 잘 알려지지 않았다.

혁명에 맞선 상처

1959년 혁명의 기쁨도 잠시, 1969년 초에서 1970년대 사이에 쿠바 예술가들은 쿠바 혁명에서 최악의 시기를 맞이하게 된다. 표현의 자유를 보장하겠다는 혁명 정부는 저항과 비판의 목소리에 가차 없는 탄압을 시작했다. 예술가들과 지성인들의 작품은 비난을 받았고, 그들은 곧 블랙리스트에 이름을 올렸다. 심지어 '자원'을 빙자한 노동자 캠프에 보내지거나 감옥에 투옥되기도 했다.[8] 앞서 언급한 시인 파디야의 사건이 대표적이다.

장르에 관계없이 다양한 문화가 검열 및 탄압을 받았다. 1960년대 말에 록 음악은 체제 전복적이라 여겨졌다. 혁명 정부의 입장에서 록은 미국을 비롯한 자본주의 국가에서 건너온 타락한 양식의 음악이었다. 영어로 된 가사와 록을 부르는 가수들의 얼터너티브 옷차림, 개념 없어 보이는 생활 방식은 혁명 정부가 지양하는 바였다. 국가 관리의 입장에서 록은 혁명 과정에 있는 쿠바 통합에 방해 요소였다. 탈선, 육체적 만족과 자유, 과도한 즐거움을 강조하는 것은 사회주의 정신에 위배되는 것이었다. 그들의 관점에서 록은 이데올로기에서 일탈한 것이기에 진정한 혁명 예술가는 육체를 강조하는 록 음악을 수용해서는 안 된다고 생각했다.[9]

1973년 초에 쿠바 정부는 미국에서 송출되는 방송을 금지했다. 그뿐만 아니라 영국 팝과 포크 등도 금지했다. 미국 팝 문화라고 생각되면 '저항' 음악이라도 인정하지 않았고, 친체제적인 가사라 해도 록 음악이거나 록의 영향을 받은 음악 문화는 금지했다. 또한 태만과 약물로 현실 도피를 하는 것으로 여겨진 히피 문화도 엄격하게 금지했다.

이러한 쿠바 정부의 금지와 검열은 예술가들에게 공포로 여겨졌다. 1968년 1월 '아바나 문화 총회'에서 그 공포가 표면화되었고, 1971년 '교육과 문화 총회'에서 예술가들은 공포를 확실하게 느꼈다. 예술가들은 그들의 진정한 의사를 표현할 수 없음을 알았고, 스스로를 보호하기 위해 문제가 될 수 있는 이슈를 피하기 시작했다. 이 시기 노래 가사는 모두 검열을 거쳤고, 미디어 담당자에 의해 많은 작품이 변경되거나 금지되었다. 색소폰 연주자 파키토 드 리베라는 파블로 밀라네스에게 "젠장, 새로운 노래를 만들 때마다 [라디오와 텔레비전 관리자] 파피토는 혁명윤리위원회 회원들과 함께 이것을 들어야만 해. 당은 그들이 믿는 것에 위배되거나 일부를 잘못 해석한 가사를 수정하게 해"[10]라고 말했다고 하니 검열의 정도를 짐작해볼 만하다.

이러한 검열과 탄압은 누에바 트로바 가수에게도 예외는 아니었다. 누에바 트로바는, 정확히 말하자면, 혁명 이후에 발전된 최초의 정치적 음악 장르이다. 사회 변화 초창기에 발생한 누에바 트로바는 1970년대에 이르러 싱어송라이터로 발전했다. 음악가들은 쿠바 혁명에 대해 거침없이 비판하면서 그들의 생각을 나누었다. 그들은 혁명 정부가 불완전하다고 생각했으며, 그러한 내용을 노래에 담았다. 실제로 정치적 반대나 반체제 활동은 아이러니하게도 누에바 트로바의 발전 초기에 가장 거셌다.

저항 가수라는 이미지는 이들 트로바 가수를 어려움에 직면하게 했다. 누에바 트로바의 유명한 가수 파블로 밀라네스는 처음으로 구속된 음악가이다. 이에 대한 기록은 사실 불명확한데, 구속의 이유가 그의 노래와 연관된 것은 아니라고 알려져 있다. 알려진 바에 따르면, 1966년 즈음에 한 관리가 밀라네스를 동성애자로 고발했고, 혁명 정부는 동성애를 인정하지 않았기에 밀라네스는 카마구에이에 있는 UMAP(Unidades Militares para la Ayuda a la Producción)에 보내졌다고 한다.

밀라네스 이외에도 트로바 가수인 실비오 로드리게스 역시 원인은 다르지만 비슷한 경험을 했다. 로드리게스는 경찰과 거의 충돌이 없었던 음악가로 알려져 있다. 그는 「당신에게 노래를 바칩니다(Te doy una canció)」를 유명한 국가 지도자의 딸인 그의 여자친구에게 선물했다. 로드리게스를 마음에 들어하지 않은 그녀의 아버지는 그의 음악 활동을 방해했다. 그는 이러한 방해에 대항해 혁명 정부가 금지한 문화에 접했다. 문신을 하거나 히피처럼 옷을 입고 록의 중요성을 가사로 썼다. 결국 1960년대 말 그는 캠프에 보내졌다. 이 캠프는 혁명에 동의하는 것이 얼마나 중요한지를 강의하는 곳이었다. 다행스럽게도 '아메리카의 집'의 책임자인 에이데의 도움으로 풀려날 수 있었지만 ICRT에서 해고당하는 등 음악 활동에 많은 피해를 입었다.

1974년 미국 팝 문화에 대한 규제가 완화되어 쿠바 라디오에서 미국 팝 음악을 들을 수 있게 되었다. 그러나 혁명 정부의 규제는 여전히 남아 있다. 산티아고 펠리우, 카를로스 바렐라, 헤라르도 알폰소, 프랭크 델가도 등은 누에바 트로바의 새로운 길을 열었다. 이들 음악가들은 혁명 정부의 문화정책으로 교육 혜택을 받은 이들이다. 그들은 쿠바가 직면한 사회정치문제를 노래했다. 1970년대 말 완화된 규제로 그들은 이전보다는 수월하게 활동할 수 있었다.

그러나 음악가들은 여전히 그들 노래에 대해 끊임없이 스스로 검열해야 했다. 카를로스 바렐라가 이 시기 검열의 대상이 된 대표적인 음악가이다. 반항의 상징으로 항상 검은 옷을 입는 바렐라는 반체제적인 가사를 쓰지는 않았지만, 쿠바가 직면한 문제를 노래했다. 그 중 문제가 된 노래는 「윌리엄 텔(Guillermo Tell)」이다.

윌리엄 텔은 그의 아들을 이해하지 못했네

아들은 머리에 사과를 올리는 것이 지겨워져
던지고 도망가 버렸고 아버지는 아들을 욕했네.
왜냐하면 그때 그는 활솜씨를 시험하려 했거든.
윌리엄 텔, 너의 아들이 자라
활을 쏘려고 하네.
당신의 활을 사용해서
그의 용기를 시험하려고 해.

「윌리엄 텔」은 직접적으로 쿠바 문제를 언급하지는 않았다. 오히려 가사는 아버지와 아들의 대립으로 보인다. 그런데 사람들은 이 작품을 카스트로를 비판하는 것으로 이해했다. 「윌리엄 텔」은 '특별시기'에 다가오는 새로운 세대가 정치와 경제 변화에 대해 느끼는 바를 담은 것으로 보인다. 이 시기 쿠바의 젊은이들은 쿠바에서 경험하는 모든 것에 지쳐 있었다. 실제 바렐라의 의도를 떠나서, 해석에 따라 카스트로를 비판하는 것으로 생각할 수 있다. 이 작품은 엄청난 인기를 얻었고, 문제가 심각해지는 것을 미연에 방지하게 위해 바렐라는 카스트로에 대한 비판이 아닌 세대 간의 갈등, 세대교체로 인한 성장통을 다룬 것이라고 해명했다.

체제에의 순응

카스트로는 혁명에 전적으로 동의하지 않는 음악가들에게 가차 없었다. 혁명에 동의하더라도 그가 경계하는 자본주의로부터 건너온 문화를 수용하는 예술가들을 용서하지 않았다. 그리고 이들 예술가들은 정부로부터 후원을 받지 못했다. 그러나 체제 비판적 이미지의 누에바 트로바는 대중들에게 인기가 있었다. 비록 그들은 표현의 자유를 검열받고 억압받았지만, 오히려 대중들은 혁명 정부의 불완전함을 노래하는 음악을 사랑했다.

혁명 정부는 계속적으로 상승하는 누에바 트로바의 인기에 내재한 혁명의 가능성을 고려하기 시작했다. 검열을 하고 탄압을 했던 혁명 정부는 트로바 가수들에게 원조를 약속하면서 이전과 전혀 다른 태도를 보였다. 원조를 약

▲ 실비오 로드리게스와 피델 카스트로. '아메리카의 집' 설립 50주년 기념 공연에서 서로 인사하고 있다(2009년 5월 23일).

속받은 음악가들은 정치적 비판을 담은 부분을 약화시키고 정부 이데올로기에 적합한 가사를 쓰도록 노력했다. 즉, 음악가들 스스로 검열을 한 것이다. 이 자가 검열은 정부에게 음악가들의 공적 가치로 부각되기 시작했다. 검열의 대상에 올랐던 이 음악가들은 이후 쿠바 혁명의 중요한 대사가 되었다.

사실 음악가들이 검열과 탄압 속에서 쿠바를 떠나지 않는 하나의 방법은 체제에 순응하는 것이다. 원조를 떠나서 쿠바를 사랑했던 음악가의 유일한 선택지였을 것이다. 실비오 로드리게스는 오늘날까지도 전 세계에서 활발한 연주 활동을 하고 있다. 2009년 '아메리카의 집' 설립 50주년 기념 공연에서 로드리게스는 캠프에서 그를 구했던 에이데를 위한 기념 공연을 열었다. 이날 카스트로도 공연에 참여했다. 만약 그가 체제에 순응하는 것을 선택하지 않았다면 우리는 소중한 음악가를 잃었을지도 모른다. 아마 '아메리카의 집'에서 카스트로를 마주하는 로드리게스를 만날 수 없었을 것이다.

누에바 트로바의 또 다른 가수 파블로 밀라네스도 로드리게스와 다

르지 않다. 그는 쿠바 혁명의 불완전함을 알고 있지만, 거침없이 비판하는 것보다는 쿠바에 대한 그의 사랑을 음악에 담으려고 했다. 혁명 정부의 입장에서는 혁명에 대한 반대가 아닌 쿠바에 대한 애정을 담은 밀라네스를 검열할 이유가 사라졌다. 밀라네스의 「나는 남았네(Yo me quedo)」는 쿠바에 대한 그의 애정이 가장 잘 담긴 노래일 것이다.

> 나는 남았네
> 나는 남았네
> 이 자그만 것.
> 조용한 것들과 함께.
> 이것들과 함께 남았네
> 난 더 이상
> 그대에게 다른 것들에 대해 말하지 않으려네
> 훨씬 고상하고, 훨씬 아름다운 것들 말일세.
> 난 그냥 이것들과 함께 남았네.[11]

정부의 후원은 누에바 트로바뿐 아니라 다른 음악 장르에도 영향을 미쳤다. 1990년대 중반 '팀바(Timba)'라는 장르가 쿠바에서 인기를 얻었다. 팀바는 아프로 쿠바 댄스 음악 유형으로 아프로 쿠바 룸바와 손[스페인어로 '음(音)'이라는 뜻의 춤음악]이 융합된 음악이다. 혁명 이후 점차적으로 쇠퇴했지만, 쿠바 댄스 음악은 혁명 정부 집권하에도 여전히 존재했다. 1990년대 중반은 쿠바 경제 역사상 가장 힘든 시기였으며, 쿠바 국민들은 정치적·경제적으로 만족하지 못했다. 팀바 음악가들은 이러한 쿠바의 어려운 현실을 노래했다. 쿠바 국민의 불만을 대변하듯이 등장한 팀바는 대중에게 환영받았다. 그러나 팀바는 곧 정부로부터 검열받기 시작했다. 팀바 연주회는 취소되었고 노래는 검열되었으며 원조가 중단되었다.

쿠바의 계속되는 경제난에 대한 타결책으로 혁명 정부는 외국인에게 쿠바 입국을 허락하였다. 쿠바를 찾은 외국 관광객들은 신나는 팀바 리듬에 매력을 느끼기 시작하였다. 관광 산업이 활발해지고 외국 관광객들의 관심을 모은 팀바는 곧 외화를 벌어들이는 중요한 자원이 되었다. 정부는 쿠바 안팎에서 팀바의 발전 가능성을 보았다. 이후 팀바 음악가들은 나라 안에서 관광객을 위한 연주 활동을 할 수 있었고 해외에 나가는 것까지 허가받았다. 여기에는 외화를 벌어들여 경제난을 해소하기 위한 정부의 의도가 담겨 있는 것이다.

그러나 외화를 벌어들이는 팀바 예술가들은 쿠바에서 혁명 정부가 지양하는 자본주의 시작의 상징이 되었다. 아이러니한 것은 여기에 혁명 정부의 의도가 숨어 있는 것이다. 관광객들의 인기로부터 팀바의 가능성을 본 혁명 정부는 이들 음악가들을 원조하기 시작했다. 그리고 원조를 받은 음악가들은 가사 표현을 완화했다. 음악가들은 여전히 사회 문제를 다루었지만, 표현은 은유적이며 모호했다. 사실 누에바 트로바와 달리 팀바 음악가들의 사회 비판적 노래는 혁명 정부에게 큰 위험이 되지는 않았다. 왜냐하면 팀바라는 장르 자체가 상징적이고 경제적으로 섹스, 돈, 삶과 관련된 속어로 가득한 길거리 삶과 연관되어 있었기 때문이다. 그리고 팀바는 아바나 거주 지역에서 쾌적한 삶을 살지 못하는 쿠바인들이 듣고 춤추는 음악 양식으로 쿠바 '만' 의 문화이기도 하다. '전통적인' 쿠바 음악의 자국적 부활이라는 방법으로 포장한 1990년대 말 부에나비스타소셜클럽(Buena Vista Social Club)과 같은 향수적·부흥적 생산물과는 정반대의 성격을 지니고 있었다는 점에서도, 그 내용을 떠나서 쿠바 정부의 환영을 받을 만한 가치가 있는 것이다.

혁명 정부에게 있어 음악은 그들이 대변하는 것을 표현하는 문화 중 하나이다. 그렇다고 혁명 정부가 굳이 혁명 찬가와 같은 노래를 작곡하고 부르도록 강요하지는 않았다. 그저 혁명에 반하지 않는다면 사회에 대한 최소한의 비판은 너그럽게 포용하기도 했다. 물론 쿠바에서 검열이나 탄압이 없었던 것은 아니다. 혁명에 대한 선동보다는 격변하는 시대의 흐름에서 쿠바를 지키기 위함이라는 명목으로 음악은 검열되었다. 그리고 쿠바에서 음악은 이용 가치가 충분하였다. 간혹 정부와 뜻이 맞지 않더라도 외화를 벌어들이는 것과 같이 쿠바에 긍정적인 측면이 있다면 수용하는 것이다. 음악가들이 노골적인 비판을 하지 않은 것처럼 혁명 정부도 노골적인 탄압은 하지 않았다. 여기서 여타의 독재자들과 다른 면모를 찾아볼 수 있다. 음악의 중요성을 몰랐기 때문에 이용하지 않는 것이 아니라, **자유라는 이름으로 포장하여 검열과 탄압을 교묘하게 감추고 음악가들로부터 반체제적인 성격을 제거**해버린 것이다. 마치 자유가 보장되고 체제에 반하는 음악가가 없다는 듯이.

| 주(註) |

나폴레옹, 전쟁 영웅에 의한 음악적 독재

1 Goerges Bordonove, *Napoléon*, Pygmalion, 2005, pp.404~405.

2 Théo Fleischman, *Napoléon et la musique*, Editions Brepols, Bruxelles, 1965, p.210.

3 라 게테 극장(la Gaite), 랑비귀 코미크 극장(l'Ambigu-Comique), 레바리에테 극장(les Varietes), 르 보드빌 극장(le Vaudeville).

4 파리 오페라 극장, 오페라 코미크 극장, 프랑스 극장(Theatre-Francais, 코미디 프랑세즈의 전신), 황후 극장(Theatre de l'Imperatrice), 라 게테 극장, 랑비귀 코미크 극장, 레바리에테 극장, 르 보드빌 극장.

5 A.N., AJ13 72, Arrêté des Consuls sur le Théâtre des Arts du 25 avril 1807, titre premier, art, 1.

6 Goerges Bordonove, *Napoléon*, Pygmalion, 2005, p.386.

7 Denise Leprou, *Napoléon et la Musique*, In: Le Souvenir Napoleonien, n. 342, 48e année, Août, 1985, p.18.

8 파이시지엘로가 그렇게 좋은 대접을 받았으면서도 파리에 2년밖에 머무르지 않고 나폴리로 돌아간 이유에 대해서는 여러 가지 추측들이 있었지만, 그 가운데 아내의 건강 때문에 날씨 좋은 나폴리로 가는 것이라는 파이시엘로 자신의 주장이 가장 설득력이 없어 보인다.

9 '프랑스 아카데미'는 학문과 회화, 조각, 건축 등을 연구하기 위해 콜베르의 제청에 따라 루이 14세에 의해 1666년 로마에 세워진 기관이다. 대혁명 기간 동안에는 '프랑스 아카데미'가 반프랑스 폭도들의 공격 대상이 되어, 약탈을 당했기 때문에 연구생들이 모두 흩어졌었다.

10 나폴레옹의 아들, '로마 왕'의 탄생을 축하하는 칸타타. 그를 스코틀랜드의 전

설적인 영웅 오시앙에 빗대어 찬미한 아르노의 가사 "너의 하프를 들어라, 오시앙, 하모니의 아버지"에 곡을 붙였다. 1811년 6월 9일 그가 세례를 받은 후에 파리 시가 파리 시청에서 베풀었던 축제에서 파리 음악원의 음악가들에 의해 연주되었다.

11 십자군 전쟁 때 왕들이 썼다고 전해지는 왕관으로 나폴레옹이 프랑스에서 '레지옹 도뇌르' 훈장을 만들었던 것을 모델 삼아 이탈리아에서 만든 훈장. 이탈리아 정복에 공을 세운 군인들에게 주로 수여했다.

12 그라시니가 나폴레옹의 정부였다는 추측이 많으나 공식적으로 드러난 관계는 아니었는데, 이와는 반대로 그녀는 웰링턴 공작과 오페라에도 함께 나타나는 등 그 관계를 숨기지 않았다.

13 베토벤이 자신의 「바이올린 소나타 9번」(일명 '크로이처 소나타')을 헌정한 그 크로이처이다.

14 나폴레옹의 가족들은 대부분 나폴레옹이 권좌에 있을 때는 청탁이나 부정부패로 나폴레옹을 곤경에 빠뜨렸으며, 그가 추락했을 때는 그를 배신했다. 자기 가족의 실상을 알게 된 나폴레옹은, 파리 대사를 지낸 오스트리아의 외교관 메테르니히 대공에게 "내 가족들은 내가 그들에게 베푼 은덕보다 더 많은 고통을 나에게 주었다"라고 가족들에게 받은 실망을 털어놓았다. 또한 세인트헬레나에서 몽틀롱에게 남긴 회고록에서 "나는 가족관계의 성스러움을 믿는 어리석음을 범했다"고 말했다.

15 당대 최고의 음악가인 달비마르에게 배우고 최고의 악기를 갖고 있었음에도 불구하고 그녀는 평생 같은 곡만 연주했다고 알려져 있다.

16 그녀는 나폴레옹의 총애를 받아 1802년 네덜란드 왕인 나폴레옹의 동생 루이 보나파르트와 결혼함으로써 나폴레옹의 의붓딸이면서도 처제이기도 하다. 또한 프랑스 제2제정 황제인 나폴레옹 3세의 어머니이다.

17 Durant, Will & Ariel, *The Age of Napoleon, A history of European civilization from 1789 to 1815*, Simon and Schuster, New York, 1975, pp.574~575.

18 이 리스트는 다음 문헌들을 참고하여 작성한 것이다. M. Elizabeth C. Bartlet, "Bonaparte et Méhul", In: Ardenne Wallonne ed., *Cercle d'histoire régionale de la pointe de Givet et terres limitrophes*, no.37 (June 1989), pp.57~77, no.38 (Sept 1989), pp.43~58; Michel Noiray, "Le nouveau visage de la musique française", In: Bonnet, Jean-Claude, *L'Empire des Muses : Napoléon, les arts et les lettres*, Paris, 2004, pp.199~227.

19 나폴레옹 아들의 애칭. 원래는 자신의 부친인 영웅 핀을 노래한 시를 쓴 것으로 알려진 고대 켈트족의 전설적인 시인이자 용사의 이름.

20 「라 마르세예즈」는 공화력 3년 수확의 달 26일 협약에 의해 국가로 지정되었으나, 정작 나폴레옹이 황제가 된 이후에는 불온한 노래처럼 취급되었다가 1879년이 되어서야 조국의 상징 노래로 복권이 되었다.

21 Allons enfants de la patrie / Le jour de gloire est arrive / Contre nous, de la tyrannie / L'etendard sanglant est leve / Entendez-vous dans nos campagnes / Mugir ces feroces soldats / Qui viennent jusque dans nos bras / Egorger nos fils et nos compagnes? / (Refrain) Aux armes, citoyens! / Formez vos bataillons ! / Marchons, marchons / Qu'un sang impur / Abreuve nos sillons!

22 Madame Veto avait promis / De faire egorger tout Paris / Mais le coup a manque / Grace a nos canonniers / Dansons la Carmagnole / Vive le son, vive le son / Dansons la Carmagnole / Vive le son du canon. (마담 베토가 약속했네 / 파리 전체를 날려버리겠다고 / 하지만 한 방이 부족했지 / 우리의 포수 덕분에 / 카르마뇰을 추자 / 소리 만세, 소리 만세 / 카르마뇰을 추자 / 대포 소리 만세)

23 La Republique nous appelle / Sachons vaincre ou sachons perir / Un Francais doit vivre pour elle / Pour elle un Frnacais doit mourir. (공화국이 우리를 부른다 / 정복하지 않으면 죽는다 / 프랑스인은 공화국을 위해서 살아야 한다 / 프랑스인은 공화국을 위해서 죽어야 한다.)

24 J'aime l'oignon frit a l'huile / J'aime l'oignon qunad il est bon / Au pas camarade, au pas camarade, au pas, au pas, au pas (나는 기름에 튀긴 양파를 좋아해 / 나는 상태가 좋은 양파를 좋아해 / 걸어가자 동지여, 걸어가자 동지여, 걸어가자, 걸어가자, 걸어가자)

25 Goerges Bordonove, *Napoléon*, Pygmalion, 2005, p.308~319 참조.

스탈린, 철권 시대의 음악

1 O Perestroike Literaturno-khudozhestveníkh organizatsiy.

2 작곡가 동맹의 이러한 불분명한 위상은 1940년대까지도 계속되었던 것으로 보인다. 소비에트 연방의 역사를 연구한 토모프는 소비에트 작곡가 동맹이 1939년과 1948년 사이에도 음악가들의 입장에서 그 권익을 보호하는 역할을 수행했다는 흥미로운 연구 결과를 발표했다.

3 A. Sutyagin, ed., *Osnovy marksistsko-leninskoy estetiki*, Moscow, 1960, p.570. (문성호, 「소련의 음악정책과 사회주의 리얼리즘」, 한국예술종합학교 석사학위 논문, 2001, p.15에서 재인용)

4 Marina Frolova-Walker, *Russian music and nationalism: from Glinka to Stalin*, New Haven; London: Yale University Press, 2007, p.311.

5 한양대학교 아태지역연구센터 러시아 유라시아연구사업단, 『유토피아의 환영 : 소비에트 문화의 이론과 실제』, 한울, 2010, p.281.

6 키로프는 1934년 12월 1일 공산당원 청년 니콜라예프가 쏜 총에 맞아 죽었는데, 이 죽음이 스탈린의 음모라는 주장도 있다. 대숙청 시대를 열기 위해 혈안이 돼 있었던 스탈린이 반대 세력 중 한 명을 수배해 암살을 지시했다는 것이다.

7 Robert Service, *Stalin: a biography*, Macmillan Publishers Ltd., 2004. (윤길순 옮김, 『스탈린, 강철 권력』, 교양인, 2005, p.533)

8 당시 스탈린의 조상이 오세티아 사람이라는 확인되지 않은 소문이 돌았다.

9 내무인민위원회. 소비에트 연방의 정부기관이자 비밀경찰이다. 스탈린의 통치 기간 행해진 정치적 숙청의 직접적인 실행 기관이었다. KGB의 전신.

10 서울대학교 서양음악연구소 편, 「188 프라우다」, ≪서양음악사 원전≫, pp.1366~1368.

11 오페라 <세미온 코트코>는 1940년 초연되었다. 메이어홀드가 체포되고 1년이 지난 후였다. 1941년부터는 이 작품을 상연하는 무대를 찾을 수 없었다. 1970년에야 비로소 모스크바 볼쇼이 극장이 이 오페라를 다시 무대에 올렸다.

12 Solomon Volkov, ed., *Testimony: The Memoirs of Dmitri Shostakovich*, Limelight Editions, 1984. (김병화 옮김, 『증언 : 드미트리 쇼스타코비치 회상록』, 이론과 실천, 2001, p.205)

13 앞의 책.

14 1936년 당시, 블루칼라 노동자의 평균 임금이 월 200~300루블이었고, 교사와 의사가 월 300루블이었다. 수입이 줄었다고는 하나 쇼스타코비치의 재정적 상황은 그렇게 심각한 것은 아니었던 것으로 보인다. Solomon Volkov, *Shostakovich and Stalin: The extraordinary relationship between the great composer and brutal dictator*, Alfred A. Knopf, 2004, p.144 참조.

15 Boris Schwarz, *Musical and musical life in Soviet Russia 1917~1970*, Barrie&Jenkins, 1972, p.191.

16 훗날 쇼스타코비치는 교향곡 「레닌그라드」가 전쟁이 시작되기 훨씬 전에 구상되었으며, 히틀러에 버금가는 스탈린에 희생된 수백만 명의 비운을 애도하며 쓴 작품이라고 주장했다.

17 앞의 책, pp.179~180.

18 Robert Service, *Stalin: a biography*, Macmillan Publishers Ltd., 2004, p.767.

19 앞의 책, p.750.

20 전쟁 기간 중에는 소비에트 음악과 서방 음악의 접촉이 심심치 않게 이루어졌었다. 프로코피예프가 영국 작곡가 알란 부쉬와 편지와 음악 자료들을 교환했었고, 서방 음악에 대한 소비에트 음악학자들의 연구 논문들도 상당수 발표되었다. 영국 작곡가들의 음악만을 레퍼토리로 하는 음악회가 모스크바에서 열린 적도 있었다. 전쟁이 막바지였던 1945년 7월 3일에는 USSR 국립 심포니 오케스트라가 조지 거슈윈, 새뮤얼 바버, 로이 해리스 등 미국 작곡가들의 작품들을 연주하기도 했다. 심지어 부대 안에서도 미국 문화를 대표하는 재즈의 인기가 상당했다고 하는데, NKVD도 자체 재즈 밴드를 갖고 있었다.

21 즈다노프는 <므첸스크의 맥베스 부인>을 스탈린과 함께 관람한 정치국원들 중 한 사람이었다. 즈다노프와 스탈린의 관계는 각별했던 것으로 보인다. 스탈린은 즈다노프의 피아노 반주에 맞춰 몇몇 부하들과 노래하는 것을 좋아했다고 한다.

22 창작자와 작품, 혹은 예술 문제에 대해 결의문을 발표해 판결을 내리는 방식은 1950~1960년대 중국 예술계에도 영향을 미쳤다.

23 문성호, 「소련의 음악정책과 사회주의 리얼리즘」, 한국예술종합학교 석사학위논문, 2001, pp.122~123 재인용.

24 앞의 논문.

25 앞의 논문.

26 Alex Ross, *The rest is noise: Listening to the Twentieth Century*, Farrar, Straus and Giroux, 2007. (김병화 옮김, 『나머지는 소음이다』, 21세기북스, 2010)

무솔리니, 이탈리아 파시즘과 음악

1 John Hooper, "Mussolini wasn't that bad, says Berlusconi", *The Guardian*, 2003년 9월 12일자.

2 Hamburger Nachrichten, 1927년.

3 Bruno Barilli, "Cronache musicali romane: una sera in casa del Duce", *L'Arte fascista 11* (1927) No.4, p.175. (Franco Sciannameo, "Turandot, Mussolini, and the Second String Quartet: Aspects of Alfano", *The Musical Times*, Vol.143, No.1881[2002], p.38에서 재인용)

4 Harvey Sachs, *Music in Fascist Italy*, London, 1987, p.16.

5 Benjamin Thorn, "Franceso Balilla Pratella", *Music of the twentieth-century avant-garde: a*

biocritical sourcebook, ed. Larry Sitsky, Westport, Conn. : Greenwood Press, 2002, p.382.

6 Donald J. Grout, Claude V. Palisca, and J. Peter Burkholder, *A History of Western Music*, 2006. (민은기 외 옮김, 『그라우트의 서양음악사』 7판, 서울: 이앤비플러스, 2009, p.246)

7 Filippo Tommaso Marinetti, "The Founding and Manifesto of Futurism", in Selected Writings, trans. R. W. Flint and Arthur A. Coppotelli, New York: Farrar, Straus and Giroux, 1972, p.36.

8 Benito Mussolini, *My Autobiography*, New York: Charles Scribner's Sons, 1928. (Emil Oestereicher, 'Fascism and the Intellectuals: The Case of Italian Futurism', Social Research 41, 3 (1974), p.524에서 재인용.)

9 Filippo Tommaso Marinetti, "The Founding and Manifesto of Futurism", in Selected Writings, trans. R. W. Flint and Arthur A. Coppotelli, New York: Farrar, Straus and Giroux, 1972, 149, pp.158~159.

10 Michael A. Ledeen, "Italian Fascism and Youth", *Journal of Contemporary History*, Vol. 4, No. 3, Urbanism, 1969, p.138.

11 *Popolo L'Italia*(이탈리아 인민), 1936년 5월 11일자.

12 *Popolo L'Italia*(이탈리아 인민), 1928년 8월 24일자; 1929년 4월 26일자. (Michael A. Ledeen, "Italian Fascism and Youth", *Journal of Contemporary History*, Vol. 4, No. 3, Urbanism,1969, p.140에서 재인용.)

13 Mabel Berezin, *Making the Fascist Self: the Political Culture of Interwar*, Ithaca, NY: Cornell University Press, 1997, pp.157~158.

14 Ildebrando Pizzetti, *Musicisti contemporanei: saggi critici*, Milan: Treves, 1914, p.65, 74 (Alexandra Wilson, *The Puccini Problem*, Cambridge: Cambridge University Press, 2007, p.167에서 재인용.)

15 Harvey Sachs, *Arturo Toscanini from 1915 to 1946*, Torino: EDT/Musica, 1970, pp.209~210.

16 앞의 책, p.213.

17 Günter Berghaus, *International futurism in arts and literature*, Berlin; New York: Walter de Gruyter, 2000, p.323.

18 Matthew Boyden and Nick Kimberley, *The Rough Guide to Opera*, London: Rough Guides, 2002, p.548.

19 음악저널 *Musica d'Oggi*에 1924년 실린 푸치니 부고문과 무솔리니의 의회 연설문의 내용. (Alexandra Wilson, *The Puccini Problem*, Cambridge: Cambridge University Press, 2007, p.189, 191에서 재인용.)

히틀러, 독재의 최면에 걸린 음악

1 Michael Kater, *The Twisted muse: musicians and their music in the Third Reich*, Oxford University Press, 1997. p.508

2 Veronika Vecci, *Musiker und Mächtige*, Artemis & Winkler, 2001, p.468 (노승림 옮김, 『음악과 권력』, 컬처북스, 2009)

3 앞의 책, p468.

4 Richard Overy, *The Dictators: Hitler's Germany and Stalin's Russia*, W.W. Norton & Company, 2004, p.511. (조행복 옮김, 『독재자들: 히틀러 대 스탈린, 권력 작동의 비밀』, 교양인, 2008)

5 Michael Kater, *The Twisted muse*, p.78.

6 Richard Overy, *The Dictators: Hitler's Germany and Stalin's Russia*, W.W. Norton & Company, 2004, p.511. 1934년 9월에 열린 뉘른베르크 전당대회에서 히틀러의 연설.

7 David Welch, *The Third Reich: Politics and Propaganda*, Routledge; 2 edition, 1993, p.245. (최용찬 옮김, 『독일 제3제국의 선전정책』, 혜안, 2001)

8 A. Dumling/P. Girth, Op cit., p.225.

9 Herbert Haffner, *Furtwangler*. (이기숙 옮김, 『푸르트벵글러』, 마티, 2007)

10 베토벤 교향곡 9번 「합창」 4악장 '환희의 송가' 중에서 발췌한 것이다. 프리드리히 실러의 시다.

11 Frederic Spotts, *Hitler and the power of Aesthetics*, Hutchinson, London, 2002, p.274.

12 앞의 책, p275.

13 George Ward Price, *I know there Dictators*, London: Harrap 1937, pp.39~40; C. Langer Walter, *The mind of Adolf Hitler : the secret wartime report*, Basic Books, 1972, p.73에서 재인용. (최종배 옮김, 『히틀러의 정신분석』, 솔, 1999, p.73)

14 히틀러가 이날 본 것은 구스타프 말러가 연출한 공연이었다. Alex Ross, *The rest is noise: Listening to the Twentieth Century*, Farrar, Straus and Giroux, 2007, p.474. (김병화 옮김, 『나머지는 소음이다』, 21세기북스, 2010).

마오쩌둥, 붉은 혁명의 음악

1 1919년 학생을 중심으로 베이징에서 일어난 반제국주의, 반봉건주의 혁명 운동으로, 중국 근대사에서 신민주주의 혁명시대의 계기가 되는 중요한 역사적 사건으로 평가받는다.

2 전 세계 공산주의 혁명의 증진을 목표로 삼아, 각국 공산당을 통일적으로 지도

하고자 하는 목적으로 창건된 국제공산당으로, 레닌에 의하여 실현되었다.
3 명청 시대 이후 과거시험에 채택된 팔고문을 빗대어 당대 지식인들과 문인들의 틀에 박히고 형식적인 문체를 비판한 것이다.
4 毛澤東,「在延安文藝座談會上的講話」, ≪文學運動史料選≫ 第4集, 上海敎育 出版社, 1979.
5 장칭(江靑), 야오원위안(姚文元), 왕훙원(王洪元), 장춘챠오(張春橋)를 지칭한다.
6 則是一場大破剝削階級文藝 大立無産階級文藝的徹底革命-이는 계급문예를 크게 부수고 껍질을 벗겨 깎으며, 무산계급 문예를 크게 세우는 철저한 혁명이다.
7 모든 인물 형상 가운데 긍정인물을 '돌출'시키며, 긍정인물 가운데서 영웅인물을 '돌출'시키며, 영웅 가운데서 주요한 영웅인물을 '돌출'시킨다는 것이다. 문학예술작품에 등장하는 모든 인물은 영웅인물을 부각시키는 데 주력해야 하며, 제1의 영웅인물은 반드시 고상하며 완전하고 위대해야 한다는 것이다.
8 "革命樣板戱以黨的基本路線爲指導思想, 深刻地反映了半個世紀以來, 中國的無産階級和廣大人民群衆在中國共産黨領導下進行的艱苦卓越的武裝奪取政權的鬪爭生活, 和無産階級專政下繼續革命的鬪爭生活, 爲我們展現了一幅雄偉壯麗的中國革命的歷史畵卷." 初瀾,『紅旗』, 1974년 1기. <中國革命的歷史畵券 - 談革命樣板戱的成就和意義(혁명양판희의 성취와 의미를 논함)> 中.
9 "八個樣板戱 … 贊襄宅爲無産階級革命文藝的發展樹立了光輝的典範. 歡呼宅是無産階級文化大革命的輝煌成果, 是毛澤東思想的偉大勝利", ≪인민일보≫ 1967년 5월 31일 사설에서 발췌.
10 조사한바 1966~1968년에 毛主席語錄歌(복주:복건인민출판사, 1966) 毛主席語錄歌曲集 제1집~3집(무한: 호북인민출판사, 1967; 서안: 섬서 인민출판사, 1968 외), 毛主席語錄歌曲選(산동: 산동인민출판사, 1967), 毛主席語錄歌曲九首(상해: 문화출판사, 1967) 등 각 지역의 유수한 출판사들이 앞다투어 어록가곡집을 출판하였다.
11 '모든 반란에는 정당한 이치가 있다'는 뜻으로, 마오쩌둥이 홍위병들을 앞세워 류사오치(劉少奇) 등의 정적을 축출하는 데 이용한 구호이다.

김일성, 붉은 독재의 노래
1 「조선민주주의인민공화국:음악」, 『조선대백과사전』 제18권, p.488.
2 김정일, 『음악예술론』, 조선로동당출판사, 1991, pp.1~2.
3 리준무, 「북조선 음악예술을 통해 북녘을 알아본다(8) – 박세영 작사, 김원균 작

곡의『애국가』소개」, ≪민족통신≫.
4 「조선민주주의인민공화국: 음악」, 『조선대백과사전』 제18권, p.488.
5 『음악의 원로 김정일』, 문학예술출판사, 1998, p.13.
6 김일성의 1946년 8월 8일 연설. 서우석, 「1945년 이후 북한의 음악에 관한 연구」, 서울대학교 사회과학연구소, 1990, pp.163~164 재인용.
7 김일성, 「조선로동당 제3차 대회에서 한 중앙위원회사업총결보고(1956년 4월 23일)」, 『김일성 저작선집』 제4권, 조선로동당출판사, 1968, pp.433~571.
8 김일성, 『김일성 저작선집』 제2권, 조선로동당출판사, 1968, p.579.
9 김일성, 『김일성 저작선집』 제4권 pp.142~157.
10 「민족음악」, 『조선대백과사전』 제10권, p.92.
11 김정일, 『음악예술론』, 조선로동당출판사, 1991.
12 『조선민요선곡집』, 문예출판사, 1991, p.230.
13 「민족음악」, 『조선대백과사전』 제10권, p.93.
14 「조선민주주의인민공화국: 음악」, 『조선대백과사전』 제18권, p.494.
15 앞의 책.
16 앞의 책.
17 앞의 책.

박정희, 국가 근대화 프로젝트와 음악

1 박정희는 정권의 민정 이양 공약을 어기고 5대(1963), 6대(1967) 대통령을 연임한 이후, 변칙적 방식으로 3선 개헌을 통과시키고 이를 근거로 7대(1971) 대통령으로 당선되면서 장기집권의 길로 접어들게 된다. 이어 유신체제 선포와 유신헌법(1972)을 통해 강력한 대통령제를 시행하게 되고, 이른바 '체육관 선거'(박정희 단독후보로 전체 대의원 2,359명 참석 가운데 2,357표를 얻어 대통령에 당선, 반대 없이 단 2개의 무효표만이 나온 절대적 찬성의 선거, 대통령 임기는 4년에서 6년으로 연장됨)라고 불리는 대통령간접선거제를 통해 8대(1972) 그리고 9대(1978)까지 대통령직을 연임한다.
2 조희연, 『박정희와 개발독재시대』, 역사비평사, 2007, p.144.
3 ≪문화일보≫, 2005년 1월 28일자/ ≪조선일보≫, ≪한국일보≫, ≪국민일보≫, 2005년 1월 29일자.
4 데틀레프 포이케르트, 『나치 시대의 일상사』, 김학이 옮김, 개마고원, 2003, pp.215~216.
5 미셸 푸코, 『감시와 처벌: 감옥의 역사』, 오생근 옮김, 나남, 1994, 214쪽.

6 "농촌 새 풍속도 (21) 앰프시설 (상) 마을의 하루를 깨우는 전령 – 생활에서 의식까지, 탈바꿈의 현장을 가다", ≪경향신문≫, 1977년 6월 23일자.

7 나운영, "한국을 찾자 (14) 한국의 가요", ≪매일경제≫, 1967년 9월 8일자. 작곡가이자 음대교수였던 나운영의 이 신문 기고문은 당시 한국에서 불리고 있는 가요를 분류, 분석하고 그 중 특히 「황성옛터」, 「타향살이」, 「목포의 눈물」, 「낙화유수」, 「신라의 달밤」, 「동백 아가씨」 등 유행가란 이름으로 불리고 있는 대중가요에 대한 비판을 주된 내용으로 삼고 있다.

8 유선영, 「과민족화 프로젝트와 호스티스영화」, 공제욱 엮음, 『국가와 일상: 박정희 시대』, 한울, 2008, p.332~396, 361.

9 김홍·김은석·하길담·박기석, 「건전한 국민가요와 국민개창운동의 방안」, ≪광주교육대학≫, 제9호, 1974, p.125. (김은경 논문 p.201 재인용)

10 ≪경향신문≫, "KBS 합창단 공연 계기, 대중이 좋아하는 노래 대중과 함께 불러", 1963년 10월 14일자.

11 ≪경향신문≫, "총화의 메아리 건전가요 부르기", 1972년 11월 18일자.

12 ≪경향신문≫, "좌담회, 우리나라의 합창음악 – 보편성, 대중성 위에/국민개창운동으로 멜로디 속에 살자/ 향토적 리듬을 발굴해야", 1966년 10월 29일자.

13 ≪경향신문≫, "최저 7%, 최고는 142%, 15개항 새마을 운동 한달 실적", 1972년 4월 25일자, '내 집앞 쓸기', '이웃돕기', '성미운동', '푼돈 모으기', '혼분식 장려 및 요식업소 지도 단속' 등과 함께 벌어진 서울시 새마을사업에서 합창운동은 '원래 69개 합창단을 조직할 계획이었는데 98개나 조직되어 142%의 실적'을 올린 것으로 보고된다.

14 나운영, "저절로 흥취가 나도록 보급에도 새방식을", ≪동아일보≫, 1961년 7월 23일자; 나운영, "한국을 찾자 (14) 한국의 가요", ≪매일경제≫, 1967년 9월 8일자.

15 ≪조선일보≫, "유행가와 민요", 1935년 4월 27일자. (장유정, 『오빠는 풍각쟁이야』, 황금가지, 2006, p.178 재인용)

16 ≪조선일보≫, "유행가의 정화", 1937년 4월 6일자. (장유정, 앞의 책, pp.178~179 재인용)

17 ≪경향신문≫, "늘 말썽인 대중가요 작사, 작곡, 편곡에 신인이 나와야 한다", 1960년 5월 28일자.

18 ≪경향신문≫, "우리에 맞는 대중가요의 방향", 1963년 3월 8일자.

19 나운영, "한국을 찾자 (14) 한국의 가요", ≪매일경제≫, 1967년 9월 8일자 1면.

20 서경수, "서글픈 넋두리 – 대중가요에 나타나는 애상의 낱말 「가고」싶고 「울

고」 만싶어...실연, 비극, 고독의 복합체", ≪경향신문≫, 1964년 6월 2일자 5면.
21 문옥배,『한국금지곡의 사회사』, 예솔, 2004, pp.141~142.
22 문옥배, 같은 책, p.123 재인용.
23 유선영, 위의 글, p.384.
24 ≪동아일보≫, "문공부 가요·연극·영화·쇼우 등 예술 활동 사전심사 대폭 강화", 1975년 6월 5일자.

카스트로, 혁명에 갇힌 음악

1 '지식인에게 부치는 담화'는 Lanic.utexas.edu/project/castro/db/1961/19610630.html에서 영어 번역을 참고하였다.
2 Robert E. Quirk, *Fidel Castro*, W.W.Norton, 1993. (이나경 옮김,『피델 카스트로』, 홍익출판사, 2002, p.217)
3 ≪연합뉴스≫, "수상자 대신 쿠바 국기가 덮인 빈 의자만…", 2010년 12월 15일자.
4 Simone Christine Münz, "Popular Political Music in Revolutionary Cuba" in Illiano, Roberto & Sala, Massimiliano, ed., *Music and Dictatorship in Europe and Latin America*, Brepols, 2009, p.685.
5 송병선,「쿠바혁명과 라틴아메리카 소설」, ≪트랜스라틴≫, 6호, 2009년 3월, p.69.
6 José Portuondo, "The Cuban Revolution and the Intellectual", *New World Review*, 32(9), October, 1964, p.42. (Sheldon B. Liss, Fidel!: Castro's political and social thought, Westview Press, 1994, p.134 재인용)
7 Ignacio Ramonet, *Fidel Castro: Biografia a Dos Voces*, Random House Espanol, 2006. (송변선 옮김,『피델 카스트로: 마이 라이프[Fidel Castro spoken autobiography]』, guseoanansgkr, 2008, p.434.)
8 Robin D. Moore, p.149.
9 앞의 책, p.150.
10 앞의 책, p.151.
11 이성형,「파블로 밀라네스, 누에바 트로바의 기수」, 2010년 1월의 Rainbow Letter.

| 참고문헌 |

나폴레옹, 전쟁 영웅에 의한 음악적 독재

Bartlet, M. Elizabeth C., "Opera as Patriotic Ceremony: the Case of L'Oriflamme", *International Musicological Society: Congress Report*, Strasbourg 1982, i, pp.327~339.

_____, "A Newly Discovered Opera for Napoleon", *Acta Musicologica, 1984*, pp.266~296.

_____, *Méhul et Bonaparte*, 출판 장소 및 연대에 대한 정보 없음. 파리 국립도서관에 개별 인쇄물로 분류되어 있음. (4-Vm-Pièce 1317)

Bonnet, Jean-Claude, *L'Empire des Muses*: Napoléon, les arts et les lettres, Paris, 2004.

Bordonove, Georges, *Napoléon*, Pygmalion, 2005; 나은주 옮김, 『나폴레옹 평전』, 열대림, 2008.

Boyd, Malcolm, ed., *Music and the French Revolution*, Cambridge University Press, 1992.

Charlton, David, *French Opera 1730~1830, Meaning and Media*, Ashgate, Aldershot, Broookfield, 2000.

Charlton, David & Bartlet, M. Elizabeth C., "Napoleon I, Emperor of France", *Grove Music Online*. Oxford University Press, 2007~2011.

Chaillou, David, "L'Opéra de Paris sous le Consulat et l'Empire", in: Bourdin, Philippe & Loubinoux, Gérard, *Les arts de la scène & la Révolution française*, Presses Universitaires Blaise-Pascal, 2004, pp.117~130.

_____, *Napoléon et l'opéra, La politique sur la scène 1810~1815*, Fayard, 2004.

Claudon, Francis, éd., *Dictionnaire de l'opéra-comique français*, Peter Lang, 1995.

Constant, Pierre, *Les hymnes et chansons de la Révolution, aperçu général et catalogue, avec notices historiques, analytiques et bibliographiques*, Paris, Impr. nationale, 1904.

Dratwicki, Alexandre & Cécile Duflo, "Divertissements et quadrilles sous l'Empire et la

Restauration", *Revue de Musicologie*, T. 90e, No. 1er (2004), pp.5~54.

Dwyer, Philip, *Napoleon, The Path to Power*, Yale University Press, New Haven, 2007, p.653.

Fleischman, Théo, *Napoléon et la musique*, Editions Brepols, Bruxelles, 1965.

Forrest Alan, "Propaganda and the Legitimation of Power in Napoleonic France", *French History*, Oxford University Press, 2004, 18(4), pp.426~445.

Fulcher, Jane F. *The Nation's Image, French Grand Opera as politics and politicized art*, Cambridge University Press, Cambridge, 1987.

Illiano, Roberto & Sala, Massimiliano, ed., *Music and Dictatorship in Europe and Latin America*, Brepols, 2009.

Johnson, J., *Listening in Paris: A Cultural History*, Berkely, University of California Press, 1995.

Julien, Jean-Rémy, et Klein, Jean-Claude, éd., *Orphée phrygien, Les musiques de la Révolution*, Du May, 1989.

Julien, Jean-Rémy, et Mongrédien, Jean, éd., *Le Tambour et la harpe, Œuvres, pratiques et manifestations musicales sous la Révolution, 1788~1800*, Paris, Du May, 1991.

Krakovitch, Odile, *Les Pièces de théâtre soumises à la censure (1800~1830), Inventaire des manuscrits des pièces (F18 581 à 668) et des procès-verbaux des censures (F21 966 à 995)*, Paris, Archives Nationales, 1982.

Legrand, Raphaëlle, "L'information politique par l'opéra, L'exemple de La Prise de Toulon", *Le Tambour et la harpe, Œuvres, pratiques et manifestations musicales sous la Révolution, 1788~1800*, Julien, Jean-Rémy, et Mongrédien, Jean, éd., Paris, Du May, 1991.

_____, Taïeb, Patrick, "L'Opéra-Comique sous le Consulat et l'Empire", *Le Théâtre lyrique en France au XIXème siècle*, Paul Prévost, éd., Mets, Serpenoise, 1995, pp.1~61.

Leprou, Denise, "Napoléon et la musique", *Le souvenir napoléonien*, 48° année, n° 342 août 985, pp.3~29.

Lyons, Martyn, *Napoleon Bonaparte and the Legacy of the French Revolution*, Macmillan, 1994.

Mongrédien, Jean, "La musique du sacre de Napoléon 1er", *Revue de Music*, liii, 1967, pp.137~174

_____, *La Musique en France des Lumière au Romantisme, 1789~1830*, Harmonique/Flammarion, Paris, 1986.

_____, *Le Théâtre-Italien de Paris, 1801~1831, Chronologie et documents*, vol.1: Introduction, tables et index, Symétrie, 2008.

Noiray, Michel, "La propagande par la musique", *La mort de Marot, Jean-Claude Bonnet*, Paris, Flammarion, 1986, pp.129~140.

Nouvel-Kammerer, Odile (ed.), *Symbols of Power, Napoleon and the Art of the Empire Style, 1800~1815*, Abrams, New York, 2007.

Perris, Arnold, *Music as Propaganda, Art to Persuade, Art to Control*, Greenwood Press, 1985.

Prod'homme, Jacques-Gabriel, "Napoléon, la musique et les musiciens", *Mercure de Musique*, 15 mai, 1921, pp.127~158.

Quentin, Henri (필명, Paul d'Estrée), *Le Théâtre sous la Terreur (Théâtre de la peur), 1793~1794*, Paris, Émile-Paul frères, 1913.

Rumph, Stephen, *Beethoven after Napoleon: political romanticism in the late works*, University of California Press, 2004. (e북)

R. Schneider, *The Administrative History of l'Académie Impériale de Musique in the Age of Napoleon: Opera for Gloire and Indoctrination* (diss., U. of Akron, 1990).

Seden, Margery Stomne, "Napoléon and Cherubini", *Journal of American Musicological Society*, 8, 1955, pp.110~115.

Wild, Nicole et Charlton, David, *Théâtre de l'Opéra-comique Paris, Répertoire 1762~1927*, Mardaga, 2005.

Wilson-Smith, Timothy, *Napoleon and His Artists*, Constable, 1996.

Woloch, Isser, *Napoleon and his collaborators, The making of a dictatorship*, Norton & Company, New York, 2001, p.281; 차재호 옮김, 『나폴레옹의 싱크탱크들』, 홍익출판사, 2001.

스탈린, 철권 시대의 음악

1. 논문 및 단행본

김상현, 『소비에트 러시아의 민속과 사회 이야기』, 민속원, 2009.

문성호, 「소련의 음악정책과 사회주의 리얼리즘」, 한국예술종합학교 석사학위 논문, 2001.

서울대학교 서양음악연구소, 「188 프라우다」, ≪서양음악사 원전≫, 서울대학교 서양음악연구소.

이완종, 「스탈린의 언어와 정치: 일국사회주의의 이론과 전술」, ≪호남대학교 인문사회과학연구≫, 제19권, 2008.

이정희, 「스탈린의 문화혁명과 그 사회적 의미에 관한 고찰, 1928~1932년」, ≪슬라브학보≫, 제16권, 2호, 2001.

한양대학교 아태지역연구센터 러시아 유라시아연구사업단, 『유토피아의 환영: 소비에트 문화의 이론과 실제』, 한울, 2010.

황동하, 「소비에트 정치포스터에 나타난 스탈린 개인숭배의 정치문화사」, ≪이화사학연구≫, 제32집, 2005.

Clark, Katerina & Dobrenko, Evgeny, *Soviet culture and power: A History in documents, 1917~1953*, Yale University Press, 2007.

Clark, Toby, *Art and prepanda in the twentieth century: The political image in the age of mass culture*, Calmann & King Ltd., 1997; 이순령 옮김, 『20세기 정치선전 예술』, 예경, 2000.

Edmunds, Neil (ed.), *Soviet music and society under Lenin and Stalin: The baton and sickle*, Routledge Curzon, 2004.

Frolova-Walker, Marina, *Russian Music and Nationalism: from Glinka to Stalin*, Yale University Press, 2008.

Milstein & Volkov, *From Russia to the west: The musical memoirs and reminiscences of Nathan Milstein*, Henry Holt and Company, 1990.

Mikkonen, Simo, *Music and Power in the Soviet 1930s: A history of composers, Bureaucracy*, The Edwin Mellen Press, 2009.

Monsaingeon, Bruno, *Richter, Ecrits et conversations, Editions Van de Velde/Actes Sud/Arte Editions*, 1998; 이세욱 옮김, 『리흐테르 : 회고담과 음악수첩』, 정원, 2005.

Norris, Christopher, *Shostakovich: the man and his miusic*, Lawrence and Wishart, 1982.

Overy, Richard, *The Dictators: Hitler's Germany, Stalin's Russia*, W. W. Norton & Company, 2006; 조행복 옮김, 『독재자들 : 히틀러 대 스탈린, 권력작동의 비밀』, 교양인, 2008.

Ross, Alex, *The rest is noise: Listening to the Twentieth Century*, Farrar, Straus and Giroux, 2007; 김병화 옮김, 『나머지는 소음이다』, 21세기북스, 2010.

Schwarz, Boris, *Musical and musical life in Soviet Russia 1917~1970*, Barrie & Jenkins, 1972.

Service, Robert, *Stalin: A Biography*, Harvard University Press, 2004; 윤길순 옮김, 『스탈린,

강철 권력』, 교양인, 2005.

Stites, Richard, *Russian poopular cultre: Entertainment and Society since 1900*, Cambridge University Press, 1992; 김남섭 옮김, 『러시아의 민중문화』, 도서출판 한울, 2008.

Volkov, Solomon, *Shostakovich and Stalin: The extraordinary relationship between the great composer and brutal dictator*, Alfred A. Knopf, 2004.

Volkov, Solomon (ed.), *Testimony: The Memoirs of Dmitri Shostakovich*, *Limelight Editions*, 1984; 김병화 옮김, 『증언: 드미트리 쇼스타코비치 회상록』, 이론과 실천, 2001.

Wilson, Elizabeth, *Shostakovich : A life remembered*, Princeton University Press, 1994.

2. 기사

≪연합뉴스≫, "러·인권단체, 스탈린 숙청희생자 130만명 명단 공개", 2004년 3월 25일자.

≪경향신문≫, "스탈린시대 러시아는 존중 받았다", 2009년 10월 9일자.

3. 인터넷 자료

Songs about Soviet leaders: Lenin and Stalin,

http://www.sovmusic.ru/english/list.php?part=1&gold=yes&category=stalin

Russia Anthems Museum, http://www.hymn.ru/index-en.html

무솔리니, 이탈리아 파시즘과 음악

박윤경, 「정치 이데올로기와 음악 비평」, ≪음악과 문화 26≫, 2012.

이덕희, 『토스카니니』, 을유문화사, 2004.

차하순 『서양사총론』, 탐구당, 1986.

Arnold, Denis, *The New Oxford Companion to Music*. Oxford: Oxford University Press, 1983.

Berezin, Mabel, *Making the Fascist Self: the Political Culture of Interwar*, Ithaca, NY: Cornell University Press, 1997.

Berghaus, Günter, *International Futurism in Arts and Literature*, Berlin; NY: Walter de Gruyter, 2000.

Bosworth, Richard J. B., *Italy and the Wider World 1860~1960*, Routledge, 1996.

Bowler, Anne, "Italian Futurism and Fascism", *Theory and Society*, Vol.20, No.6 (1991), pp.763~794.

Boyden, Matthew and Kimberley, Nick, *The Rough Guide to Opera*, London: Rough Guides, 2002.

Brigham, Daniel T., "Mussolini Ousted with Fascist Cabinet", *New York Times*(26 July 1943).

Osborne, Charles, *The Complete Operas of Puccini: A Critical Guide*, NY: Da Capo Press, 1993.

Farrell, Nicholas, *Mussolini: a New Life*, Sterling Publishing Company, 2005.

Farrell, Nicholas, "Diary", *The Spectator* (13 September 2003).

Forgacs, David, *Rethinking Italian Fascism*, London: Lawrence and Wishart; Atlantic Highlands, N.J.: Humanities Press, 1986.

Gatti, Guido M., "Some Italian Composers of To-Day", *The Musical Times*, Vol.62, No.946 (1921), pp.833~836.

Grout, Donald J., Palisca, Claude V., and Burkholder, J. Peter, *A History of Western Music* (2006); 민은기 외 옮김, 『그라우트의 서양음악사』 7판, 이앤비플러스, 2009.

Haider, Carmen, "The Meaning and Significance of Fascism", *Political Science Quarterly*, Vol.48, No.4 (1933), pp.556~564.

Hartenian, Larry, *Benito Mussolini* (1988); 김한경 옮김, 『인물로 읽는 세계사: 무솔리니』, 대현 출판사, 1993.

Ignatieff, Michael, *Isaiah Berlin: A Life*, Owl Books, 1999.

Joseph, Frank, *Mussolini's War*, Solihull, West Midlands, England: Helion&Company Ltd., 2010.

Kahn, Douglas, *Noise, Water, Meat: a History of Sound in the Arts*, Cambridge, Mass.: MIT Press, 1999.

Kenek, Ernst, *Horizons Circled: Reflections on My Music*, Berkeley: University of California Press, 1974.

Ledeen, Michael A., "Italian Fascism and Youth", *Journal of Contemporary History*, Vol. 4, No. 3, Urbanism (1969), pp.137~154.

Mallach, Alan, *Pietro Mascagni and His Operas*, Boston: Northeastern University Press, 2002.

Marek, George R., *Toscanini*, London: Vision Press, 1976.

Marinetti, Filippo Tommaso, "The Founding and Manifesto of Futurism", in *Selected Writings*, trans. R. W. Flint and Arthur A. Coppotelli, New York: Farrar, Straus and Giroux, 1972.

Minor, Heather Hyde, "Ritual and Cartography in Public Art during the Second Roman Empire", *Imago Mundi*, Vol.51 (1999), pp.147~162.

Mussolini, Benito, *My Rise and Fall*, NY: Da Capo Press, 1998.

Mussolini, Romano, *My father, il Duce: a memoir by Mussolini's son*, San Diego: Kales Press, 2006.

Oestereicher, Emil, "Fascism and the Intellectuals: The Case of Italian Futurism", *Social Research* 41. 3 (1974), pp.515~533.

Ross, Alex, *The Rest is Noise* (2007); 김병화 옮김, 『나머지는 소음이다』, 21세기북스, 2010.

Sachs, Harvey, *Music in Fascist Italy*, London, 1987.

Sachs, Harvey, *Arturo Toscanini from 1915 to 1946*, Torino: EDT/Musica, 1970.

Salvemini, Gaetano, *The Origins of Fascism in Italy*, NY: Harper & Row, 1973.

Sciannameo, Franco, "Turandot, Mussolini, and the Second String Quartet: Aspects of Alfano", *The Musical Times*, Vol.143, No.1881 (2002), pp.27~41.

Silone, Ignazio, *Fontamara, Manchester*: Manchester University Press, 1977.

Tambling, Jeremy, *Opera and the Culture of Fascism*, Oxford: Clarendon Press, 1996.

Taruskin, Richard, *Defining Russia Musically: Historical and Hermeneutical Essays*, Princeton, N.J.: Princeton University Press, 1997.

Thorn, Benjamin, "Franceso Balilla Pratella", *Music of the Twentieth-Century Avant-garde: a Biocritical Sourcebook*, ed. Larry Sitsky, Westport, Conn.: Greenwood Press, 2002, pp.380~384.

Watkins, Glenn, *Proof through the Night: Music and the Great War*, Berkeley: University of California Press, 2003.

Wilson, Alexandra, *The Puccini Problem*, Cambridge: Cambridge University Press, 2007.

히틀러, 독재의 최면에 걸린 음악

김문환, 『바그너의 생애와 예술-총체예술의 원류』, 느티나무, 2006.

박홍규, 『예술, 정치를 만나다』, 이다미디어, 2007.

신상호, 「독일음악학의 독일정체성 연구에 대한 비판적 고찰–제3제국 시기의 연구를 중심으로」, 서울대학교 석사학위 논문, 2008.

신희주, 「마술피리와 프리메이슨」, 《이화음악논집》, 이화여자대학교 음악연구소 제2호, 1998.

안인희, 『게르만 신화 바그너 히틀러』, 민음사, 2003.

이경분, 「베토벤 수용을 통해 본 나치의 음악 정책」, ≪음악이론연구≫ 제6호, 2001.

_____, 『망명 음악, 나치 음악-20세기 서구 음악의 어두운 역사』, 책세상, 2004.

_____, 『프로파간다와 음악-나치 방송 정책의 낭만적 모더니즘』, 서강대학교 출판부, 2009.

_____, 『현대음악과 나치즘 그리고 카르미나 부라나』, ≪한국미학예술학회≫, 제29호, 2009.

_____, 「바그너 수용을 통해 본 나치의 음악 정책」, ≪낭만음악≫, 2008.

최용찬, 「나치 독재의 문화 혁명 담론과 독일 영화의 혁명화 프로젝트」, ≪독일연구≫, 한국독일사학회, 2007.

Applegate, Celia and Potter, Pamela(ed), *Music and German national identity*, University of Chicago Press, Chicago, 2002.

Bacht, Nikolaus(ed), *Music, theatre and politics in Germany: 1848 to the Third Reich*, Burlington, VT: Ashgate, 2006.

Broszat, Martin, *Der Staat Hitlers: Grundlegung und Entwicklung seiner inneren Verfassung*, München: Deutscher Taschenbuch, 1995; 김학이 옮김, 『히틀러 국가』, 문학과 지성사, 2011.

Currid, Brian, *A national acoustics*, University of Minnesota Press, London, 2006.

David, Claude, *Hitler et le nazisme, Presses universitaires de France*, 1973; 홍순호 옮김, 『제3제국의 전체 주의』, 학문과 사상사, 1981.

David Welch, *The Third Reich: Politics and Propaganda*, Routledge; 2 edition, 1993; 최용찬 옮김, 『독일 제3 제국의 선전정책』, 혜안, 2001.

Detlev J.K. Peukert (translated by Richard Deveson), *Inside Nazi Germany: conformity, opposition, and racism in everyday life*, B. T. Batsford, 1987; 김학이 옮김, 『나치 시대의 일상사』, 개마고원, 2003.

Fest Joachim C., *Hitler: eine Biographie*, Ullstein, 1999; 안인희 옮김, 『히틀러 평전』, 푸른숲, 2001.

Hitler, Adolf, Mein Kampf, *eine abrechnung*, Zentralverlag der NSOAP, Franz Ehr Nachf, 1936; 서석연 옮김, 『나의 투쟁』, 범우사, 1993.

Kater, Michael H., *The twisted muse: musicians and their music in the Third Reich*, Oxford University Press, 1997.

Kater, Michael H. and Riethmüller, Albrecht(ed), *Music and Nazism: art under tyranny, 1933~1945*, Laaber, 2003.

Levi, Erik, *Mozart and the Nazis: how the Third Reich abused a cultural icon*, Yale University Press, London, 2010.

Meyer, Michael, *The Politics of Music in the Third Reich*, P. Lang New York, 1993.

Mosse, George L., *The nationalization of the masses: political symbolism and mass movements in Germany from the Napoleonic wars through the Third Reich*, Cornell University Press, 1975; 임지현·김지혜 옮김, 『대중의 국민화-독일 대중은 어떻게 히틀러의 국민이 되었는가』, 소나무, 2008.

Overy, Richard, *The Dictators: Hitler's Germany and Stalin's Russia*, W. W. Norton & Company, 2004; 조행복 옮김, 『독재자들-히틀러 대 스탈린, 권력 작동의 비밀』, 교양인, 2008.

Potter, Pamela M., *Most German of the arts: musicology and society from the Weimar Republic to the end of Hitler's Reich*, Yale University Press, New Haven, 1998.

Rodgers, Nigel, *Hitler: A Beginner's Guide*, Hodder & Stoughton, 2001; 이영아 옮김, 『30분에 읽는 히틀러』, 랜덤하우스중앙, 2004.

Ross, Alex, *The rest is noise: listening to the twentieth century*, Farrar, Straus and Giroux, 2007; 김병화 옮김, 『나머지는 소음이다』, 21세기북스, 2010.

Spotts, Frederic, *Hitler and the power of aesthetics*, Hutchinson, London, 2002.

Steinweis, Alan E., *Art, ideology & economics in Nazi Germany: the Reich chambers of Music, Theater, and the Visual Arts*, University of North Carolina Press, c1993.

Taruskin, Richard, *The Oxford history of western music*, Oxford University Press, 2005.

Vecci, Veronika, *Musiker und Mächtige*, Artemis & Winkler, 2001; 노승림 옮김, 『음악과 권력』, 컬처북스, 2009.

Walter, C. Langer, *The mind of Adolf Hitler: the secret wartime report*, Basic Books, 1972; 최종배 옮김, 『히틀러의 정신분석』, 솔, 1999.

≪동아일보≫, "히틀러, 경멸했던 러시아-유대인 음악 즐겼다", 2007년 8월 8일자.

마오쩌둥, 붉은 혁명의 음악

『毛澤東選集』, 北京, 人民出版社, 1953.
『毛主席語錄歌曲集』, 北京, 人民出版社, 1967.
『毛主席語錄歌選』, 山東, 人民出版社, 1967.
≪人民日報≫, "革命文藝的優秀樣板", 1967.
『解放日報』, 1965.
『紅旗』, 1974.
毛澤東, 「在延安文藝座談會上的講話」, ≪文學運動史料選≫ 第4集, 上海敎育出版社, 1979.
毛澤東, 『在延安文藝座談會上的講話 毛澤東論文藝』, 北京:人民文學出版社, 1983.
呂澎, 『20世紀中國藝術史』, 北京: 北京大學出版社, 2006.
周揚序, 「馬克思主義與文藝」, ≪文學運動史料選≫, 제5집.
김시준, 「延安文藝座談會上의 講話에 관하여」, ≪中語中文學≫, Vol.10 (1998).
_____, 「중국의 문예정책 수립 및 변화과정에 관한 연구」, ≪중국문학≫ Vol.24, No.1 (1995).
김재선, 『모택동과 문화대혁명』, 한국학술정보, 2009.
김진공, 「文化大革命 時期 文藝 硏究」, 서울대학교 대학원 중어중문학과 박사 학위 논문, 2001.
모택동, 『모택동의 문학예술론』, 이욱연 옮김, 논장, 1989.
모택동, 『모택동 선집』, 김승일 옮김, 범우사, 2001.
비교역사문화연구소, 『대중독재의 영웅만들기』, 휴머니스트, 2005.
시쉬엔·진춘밍, 『문화대혁명사』, 이정남·하도형·주장환 옮김, 나무와 숲, 2000.
신봉수, 『마오쩌둥—나는 중국의 유토피아를 꿈꾼다』, 한길사, 2010.
梁茂春, 「论"语录歌"现象」, 『黄鐘』, 2003.
梁會錫, 「文化大革命의 상징: 樣板戱」, ≪中國人文科學≫, 제35집, 2007.
에드가 스노우, 『모택동 자전』, 신복룡 옮김, 평민사, 2004.
汪义晓, 「毛泽东音乐思想考」, 『黄鐘』, 2007.
윤은설, 「'紅燈記' 서사의 정치화 경향 분석」, ≪중국어문학논집≫, 제62호, 2010.
장거, 『마오쩌둥 어록』, 박지민 옮김, 큰나무, 2010.
조너던 D. 스펜스, 『무질서의 지배자, 마오쩌둥』, 남경태 옮김, 푸른 숲, 2003.

조득창, 「文革時期 '樣板戱' 영웅 현상의 신격화 경향 연구」, ≪中國語文論譯叢刊≫, 특집호, 2005.

존 킹 페어뱅크, 『신중국사』, 중국사 연구회 옮김, 까치, 1994.

첸 카이거, 『어느 영화감독의 청춘: 나의 홍위병 시절』, 이근호 옮김, 푸른산, 1991.

韓國美術硏究所, 『마오쩌둥 시대(1942~1976)의 미술: 文革期의 陶塑』, 韓國美術 硏究所, 2008.

한림대학교 아시아문화연구소, 『중국 문화대혁명 시기 학문과 예술』, 태학사, 2007.

解放軍文藝出版社, 『모택동 자서전』, 남종호 옮김, 다락원, 2002.

현경채, 「중국음악의 현대적 변용」, ≪아시아음악학 총서≫ 8, 2008.

Jiang Dong, "Chinese Ballet during the Great Cultural Revolution", ≪한국무용기록학회지≫, 13권, 2007.

Mao Yu Run, "Music under Mao, its Background and Aftermath", *Asian Music*, Vol.22, No.2(1991).

Meisner, Maurice, *Mao's China and After: A History of the People's Republic*, 3rd ed., Free Press, 1999; 김수영 옮김, 『마오의 중국과 그 이후』, 이산, 2004.

Melvin, Sheila and Cai, Jindong, *Rhapsody in Red-How Western Classical Music Became Chinese*, Algora, 2004.

Parris, Arnold, "Music as Propaganda: Art at the Command of Doctrine in the People's Republic of China", *Ethnomusicology*, Vol.27, No.1 (1983).

_____, *Music as propaganda: art to persuade, art to control*, Greenwood Press, 1985.

Yuan, Gao, *Born Red: A Chronicle of the Cultural Revolution*, Stanford University Press, 1987.

김일성, 붉은 독재의 노래

1. 북한원전

김일성, 『김일성저작선집』 제2권, 조선로동당 출판사, 1968.

_____, 『김일성저작선집』 제4권, 조선로동당 출판사, 1968.

_____, 『사회주의 문학예술론』, 예술교육출판사, 1981.

김정일, 『음악예술론』, 조선로동당출판사, 1991.

『음악의 원로 김정일』, 문학예술출판사, 1998.

『위대한 수령 김일성동지께서 밝히신 작가, 예술인을 사상예술적으로 튼튼히 준비시킨데 대한 사상』, 사회과학출판사, 1976.
『위대한 수령 김일성동지의 로작 해설』 제8권, 제11권, 조선로동당출판사, 1990.
『조선가요 2000곡집』, 문학예술출판사, 1994.
『조선노래대전집』, 문학예술출판사, 2002.
『조선대백과사전』, 백과사전출판사, 2001.
『조선민족악기』, 문학예술출판사, 1994.
『조선민족악기총서』, 문예출판사, 1988.
『해방 후 조선음악』, 문예출판사, 1979.

2. 국내자료

고태우, 『북한현대사 101장면』, 가람기획, 2000.
권오성 외, 『북한음악의 이모저모』, 민속원, 2001.
권오성, 『동북아음악 북한음악』, 민속원, 2006.
김성보·기광서·이신철, 『북한현대사』, 웅진, 2004.
김재용, 「북한의 남로당계 작가 숙청」, 《역사비평》, 제27호, 1994.
노동은·송방송, 「북한음악의 이해」, 『북한의 예술』, 을유문화사, 1990.
노동은, 「북한의 민족음악 현황과 과제」, 《중앙음악연구》, 제3집, 1992.
_____, 「북한 음악 50년, 회고와 전망>, 《북한문화연구》, 제3집, 1995.
_____, 「북한 방문기: '윤이상통일음악회'를 다녀와서(2) 음악으로 일구어 낸 통일」, 《통일한국》, 제182호, 1999.
리준무, "[연재]북조선을 음악예술을 통해 알아본다", 《민족통신》.
민경찬, 「피바다식 혁명가극의 음악적 특징에 관한 연구」, 《한국음악사학보》, 제28집, 2002.
_____, 「제6부 해방 공간 및 한국 전쟁기의 음악-01. 새로운 출발」, 『청소년을 위한 한국음악사(양악편)』, 두리미디어, 2006.
_____, 「북한 음악의 새로운 동향>, 『한국현대사회의 음악문화』, 민속원, 2007.
서대숙, 『현대 북한의 지도자: 김일성과 김정일』, 을유문화사, 2000
서연호·이강렬, 『북한의 공연예술 I』, 고려원, 1990.
서우석 외, 『1945년 이후 북한의 음악에 관한 연구』, 서울대학교 사회과학연구소, 1990.
송방송, 「북한의 주체사상과 민족음악」, 『한국현대사회의 음악문화』, 민속원,

2007.

오금덕, 『북한의 주체음악 개황』, 민속원, 2006.

와다 하루키, 『북조선-유격대국가에서 정규군국가로』, 서동만·남기정 옮김, 돌베개, 2002.

이기봉, 『인간 김일성 그의 전부』, 길한문화사, 1989.

이성천, 「북한의 음악교육」, ≪국악교육≫, 제11집, 한국국악교육학회, 1993.

이용욱, "이용욱교수의 북한문예산책" (인터넷 사이트, 주소 http://www.nkculture.ac.kr)

이현주, 「북한 피바다식 혁명가극에 관한 소고」, ≪한국전통음악≫, 제3호, 2002.

_____, 『북한음악과 주체철학』, 민속원, 2006.

장기범, 「북한의 음악: 철학, 형식, 종류에 대한 고찰」, 한국음악교육학회, 2000.

_____, 「북한음악과 음악교육에 대한 이해」, ≪한국음악교육공학≫, 제2권 2호, 2003.

전영선, 『북한을 움직이는 문학예술인들』, 역락, 2004.

_____, 『북한 사회와 문화』, 역락, 2005.

정병호·이병옥·최동선, 『북한의 공연예술 II』, 고려원, 1991.

정창현, 『인물로 본 북한 현대사』, 선인, 2011.

제인 포털, 『통제하의 북한예술』, 권오열 옮김, 길산, 2005.

조영복, 『월북 예술가, 오래 잊혀진 그들』, 돌베개, 2002.

찰스 암스트롱, 「북한 문화의 형성, 1945~1950」, ≪북한현대사I≫, 한울, 2004, pp.141~166.

천현식, 「'피바다식 혁명가극'과 감정훈련: '집단주의'와 '지도와 대중'을 중심으로」, ≪현대북한연구≫, 제13권 3호, 2010, pp.201~240.

한상우, 『북한음악의 실상과 허상』, 신원문화사, 1989.

황준연, 『북한의 전통음악』, 서울대학교출판부, 2002.

박정희, 국가 근대화 프로젝트와 음악

1. 단행본

공제욱, 『국가와 일상: 박정희 시대』, 한울, 2008.

김진송, 『현대성의 형성: 서울에 딴스홀을 허하라』, 현실문화연구, 1999.

문옥배, 『한국금지곡의 사회사』, 예솔, 2004.

신현준 외, 『한국 팝의 고고학 1960』, 한길아트, 2005.
_____, 『한국 팝의 고고학 1970』, 한길아트, 2005.
이경분, 『프로파간다와 음악: 나치방송정책의 '낭만적 모더니즘'』, 서강대학교
    출판부, 2009.
장유정, 『오빠는 풍각쟁이야』, 황금가지, 2006.
전재호, 『반동적 근대주의자 박정희』, 책세상, 2000.
전인권, 『박정희 평전』, 이학사, 1996.
정문석·이상록, 『근대의 경계에서 독재를 읽다: 대중독재와 박정희 체제』, 그린
    비, 2006.
조희연, 『박정희와 개발독재시대』, 역사비평사, 2007.
데틀레프 포이케르트, 『나치시대의 일상사』, 김학이 옮김, 개마고원, 2003.
미셸 푸코, 『감시와 처벌: 감옥의 역사』, 오생근 옮김, 나남, 1994.

2. 인터넷 자료
박정희대통령인터넷기념관, http://www.parkch.com
박정희바로알리기국민모임, http://cafe.daum.net/uoff
한국사데이터베이스, http://db.history.go.kr
e영상역사관, http://ehistory.korea.kr
음악아카이브, http://www.koccamusic.or.kr
국가기록원, http://www.archives.go.kr

카스트로, 혁명에 갇힌 음악
1. 단행본
박종욱, 『쿠바, 영화 그리고 기억』, 이담Books: 한국학술정보, 2010.
우석균, 『바람의 노래 혁명의 노래』, 해나무, 2005.
陳小雀, 『加勒比海的古巴: 雪茄與蔗糖的革命之歌』, 果實出版社, 2005; 양성희
    옮김, 『쿠바: 잔혹의 역사 매혹의 문화』, 북돋움, 2007.
Carpentier, Alejo, *Music in Cuba*, West-Durán, Alan trans., the University of Minnesota
    Press, 2001.
Eyerman, Ron and Jamison, Andrew, *Music and social movements: mobilizing traditions in the
    twentieth century*, Cambridge University Press, 1998.

Hagemann, Albrecht, *Fidel Castro*, Deutscher, 2002; 박상화 옮김, 『피델 카스트로』, 지식경영사, 2005.

Hatchwell, Emily and Calder, Simon, *Cuba: a guide to the people, politics and culture*, Latin America Bureau, 1995.

Kapcia, Antoni, *Cuba in revolution: a history since the fifties*, Reaktion Books, c2008.

Kwan, Kevin ed., *I was Cuba: treasures from the Ramiro Fernández collection*, Chronicle Books, c2007.

Lievesley, Geraldine, *The Cuban Revolution: past, present, and future perspectives*, Palgrave Macmillan, 2004.

Lightfoot, Claudia, *Havana: a cultural and literary companion*, Interlink Books, c2002.

Liss, Sheldon B., *Fidel!: Castro's political and social thought*, Westview Press, 1994.

Manuel, Peter ed., *Essays on Cuban music: North American and Cuban perspectives*, University Press of America, c1991.

Moore, Robin D., *Music and Revolution : cultural change in socialist Cuba*, University of California Press, 2006.

Münz, Simone Christine, "Popular Political Music in Revolutionary Cuba", in Illiano, Roberto & Sala, Massimiliano, ed., *Music and Dictatorship in Europe and Latin America*, Brepols, 2009.

Perna, Vincenzo, *Timba: The Sound of the Cuban Crisis*, ASHGATE, 2005

Ramonet, Ignacio, *Fidel Castro: Biografia a Dos Voces*, Random House Espanol, 2006; 송병선 옮김, 『피델 카스트로: 마이 라이프(Fidel Castro spoken autobiography)』, 현대문학, 2008.

Roy, Mata, Asfar, Denise and Asfar, Gabriel trans., *Cuban music: from son and rumba to The Buena Vista Social Club and timba cubana*, Markus Wiener Publishers, c2002.

Quirk, Robert E., *Fidel Castro*, W. W. Norton, 1993; 이나경 옮김, 『피델 카스트로』, 홍익출판사, 2002.

Quiroga, José, *Cuban palimpsests*, University of Minnesota Press, c2005.

Sweig, Julia E., *Cuba: what everyone needs to know*, Oxford University Press, c2009.

Tozian, Gregory, Salas, Osvaldo, and Salas, Roberto, *Fidel's Cuba: a revolution in pictures*, Thunder's Mouth Press, 1998; 홍민표 옮김, 『카스트로의 쿠바』, 황매, 2005.

2. 저널

송병선, 「쿠바혁명과 라틴아메리카 소설」, ≪트랜스라틴≫, 6호, 2009년 3월, pp.64~73.

이장직, 「라틴 아메리카의 '새로운노래' 운동」, ≪외국문학≫, 1984년 가을호(제2호), pp.14~482.

정승희, 「쿠바 음유시의 진화: 전통 트로바에서 누에바 트로바까지」, ≪트랜스라틴≫, 6호 (2009년 3월), pp.86~96

Benmayor, Rina, La "'Nueva Trova' : New Cuban Song", *Latin American Music Review* (2:1) 1981, pp.11~44.

Kumaraswami, Par, "Cultural Policy and Cultural Politics in Revolutionary Cuba: Re-reading the Palabras a los intelectuales (Words to the Intellectuals)", *Bulletin of Latin American Research*, Vol.28, No.4, 2009, pp.527~541.

Manuel, Peter, "The Saga of a Song: Authorship and Ownership in the Case of 'Guantanamera'", *Latin American Music Review* (27:2), 2006, pp.121~147.

Manuel, Peter, "Marxism, nationalism and popular music in revolutionary Cuba", *Popular Music*, Vol.6, No.2, Latin America (May, 1987), pp.161~178.

Moore, Robin, "Transformations in Cuban Nueva trova, 1965-1995", *Ethnomusicology*, (47:1) 2003, pp.1~41

Miller, Ivor L., "Religious Symbolism in Cuban Political Performance", *TDR*, Vol.44, No.2, (summer, 2000), pp.30~55.

Miller, Nicola, "A Revolutionary Modernity: The Cultural Policy of the Cuban Revolution", *Journal of Latin American Studies*, 40, 2008, pp. 675~696.

3. 인터넷자료

이성형, "파블로 밀라네스, 누에바 트로바의 기수", 2010년 1월의 Rainbow Letter, img2.kbstar.com/obj/money/rainbow-06-201001/pdf(2011.7.17. 접속)

피델 카스트로, "지식인들에게 부치는 담화", Lanic.utexas.edu/project/castro/db/1961/19610630.html (2011.9.21. 접속)

임주리, "사회주의 50년…쿠바를 가다 (중) 카스트로 동상은 없지만…", ≪중앙일보≫, 2011.06.21. (http://article.joinsmsn.com/news/article/article.asp?total_id=5667120&cloc=olink|article|default)

"Recital en Casa de las Américas de Silvio Rodriguez y Roberto Fernández Retamar: Con las mismas manos por Haydée" (http://dcuba.net/arte-y-cultura/musica/recital-en-casa-de-las-americas-de-silvio-rodriguez-y-roberto-fernandez-retamar-con-las-mismas-manos-por-haydee/)

≪연합뉴스≫, "수상자 대신 쿠바 국기가 덮인 빈 의자만…", 2010.12.15. (http://news.naver.com/main/read.nhn?mode=LSD&mid=sec&sid1=100&oid=001&aid=0004821399)

| 지은이 |

민은기
서울대학교 음악대학 이론전공 졸업
서울대학교 대학원 음악학 석사
프랑스 파리 소르본 대학교 박사
현재 서울대학교 음악대학 교수
대표저서: 『음악과 페미니즘』, 『서양음악사: 피타고스에서 재즈까지』,
『Classic A to Z』(공저), 『음악사회학』(역서), 『음악기보법의 역사』(역서)

박윤경
서울대학교 작곡과 이론전공 졸업
서울대학교 대학원 음악학 석사
영국 킹스칼리지런던 석사
영국 글래스고 대학교 박사
현재 서울대학교, 수원대학교 출강

송화숙
서울대학교 작곡과 이론전공 졸업
베를린에서 음악학과 문화학 수학
베를린훔볼트 대학교 음악학(대중음악학 전공) 박사
현재 이화여자대학교와 세종대학교 등 출강
대표논문: 「대중음악에서의 진정성 개념」(2009), 「팝핑, 사이버소닉」(2010) 등

양인용
서울대학교 작곡과 이론전공 졸업
가톨릭대학교 음악과 교회음악 전공 석사
서울대학교 협동과정 서양음악학 박사 수료
월간 ≪스트라드≫, ≪콰이어 앤 오르간≫ 기자
현재 KBS 클래식 FM 음악작가, 서경대학교, 서울예고 출강

이서현
서울대학교 동양사학과 졸업
서울대학교 대학원 음악학 석사
서울대학교 협동과정 서양음악학 박사
현재 서울대학교, 서경대학교 출강

이재용
서울대학교 작곡과 이론전공 졸업
미국 터프츠 대학교 석사
미국 컬럼비아 대학교 박사 수료
영국 옥스퍼드 대학교 수학, 상해 음악원 고급진수생
현재 경희대학교, 동덕여자대학교 출강

이진경
서울대학교 작곡과 이론전공 졸업
서울대학교 대학원 음악학 석사
현재 서울대학교 작곡과 조교

정주은
서울대학교 작곡과 이론전공 졸업
서울대학교 대학원 음악학 석사 및 경영학 석사
서울대학교 협동과정 서양음악학 박사 과정
월간 ≪피아노음악≫, ≪그라모폰 코리아≫ 기자
현재 KBS 클래식 FM 음악작가, 경희대학교 출강

| 사진 출처 |

대한민국정부기록사진집

도서출판 웅진

민주화운동기념사업회

정부기록포털

한국저작권위원회

Alberto Corda

National Archives and Records

ⓒwikipedia

* 이 책에 쓰인 사진은 해당 사진을 보유하고 있거나 저작권을 가지고 있는 분들의 허락과 도움을 받아 게재한 것입니다. 사진을 제공해주신 분들께 감사드립니다.

독재자의 노래
그들은 어떻게 대중의 눈과 귀를 막았는가

ⓒ (사)음악사연구회, 2012

지은이 민은기, 양인용, 박윤경, 정주은, 이서현, 이재용, 송화숙, 이진경
펴낸이 김종수
펴낸곳 도서출판 한울
편집책임 이교혜

초판 1쇄 인쇄 2012년 7월 16일
초판 1쇄 발행 2012년 7월 23일

주   소 413-756 경기도 파주시 문발동 출판문화정보산업단지 507-14
전   화 031-955-0655
팩   스 031-955-0656
홈페이지 www.hanulbooks.co.kr
등록번호 제406-2003-000051호

Printed in Korea.
ISBN 978-89-460-4622-1 03300

*책값은 겉표지에 표시되어 있습니다.